Masha & Dasha

Juliet Butler

Masha & Dasha

Autobiographie eines siamesischen Zwillingspaars

Aus dem Englischen von
Christine Strüh

Scherz

Erste Auflage März 2000

1

Mutter

Es ist fast Mitternacht in Moskau, und draußen tobt ein Schneesturm, als unsere Mutter, die zweiunddreißigjährige Jekaterina, von Wehen aufgeweckt wird. Wir sind ihre erste Schwangerschaft, aber sie steht ganz ruhig aus ihrem Bett mit dem Metallrahmen auf und zieht sich an. Unser Vater arbeitet als Nachtwächter, sie ist also allein, aber auch das macht ihr keine Sorgen. Sie ist stark, eine einfache Bauersfrau, die weiß, dass eine Geburt kein Honigschlecken ist und dass man sie am besten einfach hinter sich bringt. So machen das alle in ihrer Umgebung, alle haben Kinder, und vor kurzem hat auch sie endlich einen Ehemann gefunden. Also ist sie jetzt an der Reihe.

Die ersten acht Monate unseres ungeborenen Lebens arbeitete unsere Mutter in einer nahe gelegenen Metallfabrik am Rand von Moskau. Sie wäre nicht im Traum auf die Idee gekommen, dass etwas nicht stimmte; sie fühlte sich gut und sah zufrieden zu, wie sich ihr Bauch ganz allmählich rundete. Sie spürte, wenn wir uns bewegten, und überlegte sich, wie wir wohl aussehen würden. Nur ein Mal war sie zur Untersuchung in der Klinik gewesen, kurz nachdem sie gemerkt hatte, dass sie schwanger war, und da machte der Arzt sich nicht einmal die Mühe, sie richtig zu untersuchen. Wie hätte sie da wissen können, dass sie eineiige Zwillinge bekommen würde – und dass wir auch noch zusammengewachsen sind?

Als sie damals beim Arzt war, hat sie eine Menge Formulare ausgefüllt, auf denen stand, sie könne sich krank melden, wenn sie wolle. Aber sie hat davon nie Gebrauch gemacht, keinen einzigen Tag hat sie freigenommen, und sie ist stolz darauf. Letzte Woche war sie noch einmal in der Klinik, zu einer zweiten Untersuchung, und man hat ihr gesagt, alles sei ganz normal.

Normal! Man kann wohl kaum behaupten, dass wir normal sind. Doch in den fünfziger Jahren – wir sind in der Nacht des 3. Januar 1950 geboren – war für einen durchschnittlichen Arzt nicht leicht herauszufinden, was im Bauch einer Frau vor sich ging. Der Krieg war noch nicht lange vorbei, die meisten Menschen hatten kein leichtes Leben, auch wenn sie keine hohen Ansprüche stellten – genau wie unsere Eltern. Sie wohnten in einer Barackensiedlung, in einer Holzhütte mit Lehmboden, der trotz der darüber gestreuten Sägespäne eiskalt war. Es gab weder fließendes Wasser noch eine Toilette im Haus, und der Holzofen wurde nur im Notfall eingeheizt, weil sie sich das Brennmaterial nicht leisten konnten. So war es eben damals: sicher nicht das beste Jahr, um geboren zu werden, und auch nicht das beste Land. Aber man sucht sich seine Mutter und seine Heimat genauso wenig aus wie das Aussehen.

Manchmal fragte sich unsere Mutter, wie sie unter diesen Bedingungen mit einem Neugeborenen zurechtkommen sollte, aber sie wusste, dass es irgendwie gehen musste. Deshalb verdrängte sie solche Gedanken möglichst. Schließlich schaffte es jeder, also würde auch sie es schaffen. Am liebsten wäre ihr natürlich ein kräftiger, robuster Junge gewesen, aber stattdessen strampelten da zwei Mädchen in ihr herum. Andererseits ist es sehr fraglich, ob zwei Jungen in unserer Lage überlebt hätten.

Inzwischen ist sie angezogen. Draußen herrscht strenger Frost, und sie zittert, als sie zur Nachbarin geht, die im nächsten Zimmer wohnt, und sie bittet, sie zum Krankenhaus zu begleiten. Alles ist tief verschneit, der Wind treibt ihnen dicke Flocken ins Gesicht – ein typischer russischer Winter. Etwa eine Stunde brauchen sie, bis sie bei dem langen, grauen vierstöckigen Gebäude, der Geburtsklinik Nummer 16, angelangt sind. Die Nachbarin schiebt unsere Mutter durch die Tür und drückt ihr ermutigend die Hand. *«Nje pucha, nje pera!»* Viel Glück!

Da die Wehen stärker werden, kommt unsere Mutter gleich auf die Entbindungsstation, wo fünf weitere Frauen liegen. Die Hebamme deutet auf ein Bett. «Legen Sie sich hin und machen Sie voran!»

«Es gab nur eine einzige Hebamme für uns alle, aber das war normal, und sie überließ uns mehr oder weniger uns selbst. Aber meine Wehen dauerten und dauerten – ich erinnere mich nicht mehr genau, wie lange, aber jedenfalls bis weit in den nächsten Tag hinein. Die anderen Frauen brachten ihre Babys zur Welt und wurden hinausgebracht, man brachte neue Frauen herein, aber mein Baby wollte einfach nicht kommen. Ein Teil war schon da, aber dann ging es einfach nicht mehr weiter. Mehr und mehr Ärzte wurden herbeigerufen, bis schließlich das ganze diensthabende Personal um mich herumstand. Und die Entbindungsstation war nicht gerade klein. War es für einen Kaiserschnitt vielleicht schon zu spät? Oder warum schlug keiner ihn vor? In meinem Zustand fiel es mir schwer, den Gesprächen richtig zuzuhören. Ich erinnere mich aber, dass die Ärzte und Schwestern am Ende in Panik gerieten – mit ängstlichen Gesichtern liefen sie rein und raus, manche riefen sogar um Hilfe, und das machte mir natürlich noch mehr Angst. Aber dann war es endlich soweit.

Ich erinnere mich noch, als wäre es gestern gewesen, wie der Arzt auf mein Baby hinuntersah und ungläubig den Kopf schüttelte. In seinem ganzen Leben habe er so was noch nie gesehen, murmelte er vor sich hin. Vor lauter Angst fing ich an zu weinen, und als euch schließlich jemand hochhielt, konnte ich vor Tränen nichts sehen.»

So kamen wir auf die Welt – ein ganz seltener Fall von siamesischen Zwillingen, zwei dunkelhaarige Mädchen, an der Taille zusammengewachsen.

«Kurze Zeit später kam eine Frau im weißen Kittel zu mir. Ich wusste nicht, ob sie eine Schwester oder eine Ärztin war, jedenfalls erklärte sie mir, ich hätte ‹Urodzi› zur Welt gebracht – Missgeburten, Monster. Damit war die Sache erledigt. Sie verriet mir nicht, welche Missbildung ihr hattet, wie ihr aussaht – oder ob ihr überhaupt noch am Leben wart. Vermutlich wollte man mich so schon mal darauf vorbereiten, dass man euch mir wegnehmen wollte.»

Selbstverständlich ist es für jede Mutter ein Schock, wenn man ihr sagt, dass sie statt eines munteren kleinen Jungen ein missgebildetes Kind – ein Monster – zur Welt gebracht hat, aber der Mutterinstinkt lässt sich nicht so einfach abschalten, und so wollte auch unsere Mutter uns anschauen, uns im Arm halten. Außerdem schoss schon bald die Milch ein. Doch als sie die Ärzte fragte, ob sie uns stillen dürfe, lautete die Antwort «njet», nein. Die Ärzte würden uns füttern, unsere Mutter sollte uns vergessen. Schnell wieder gesund werden, nach Hause gehen und es noch mal versuchen. Vielleicht hatte sie beim nächsten Mal mehr Glück und bekam ein gesundes Baby.

Wenn man sich das vorstellt! «Gehen Sie heim – wir wünschen Ihnen beim nächsten Mal mehr Glück!» Wie konnte jemand so gemein, so grausam sein? Völlig skrupellos machte man sich die Lage unserer Mutter zunutze. Sie brauchte nicht mal ein Formular zu unterschreiben, mit dem sie uns offiziell freigab. Und nicht nur ihr gegenüber war dieses Vorgehen brutal, uns tat man damit ebenso weh: Gleich nach der Geburt nahmen sie uns unsere Mutter, ohne dabei auch nur einen einzigen Gedanken an unsere Zukunft zu verschwenden. Ich erinnere mich noch gut, wie wir in den staatlichen Heimen, in denen wir aufwuchsen, immer wie zwei Idioten am Zaun standen und warteten, während all die anderen Mütter an uns vorbeidefilierten, um ihre Kinder zu besuchen, und wie wir dann dachten: «Gleich kommt unsere Mami auch...»

«Vielleicht haben Sie beim nächsten Mal mehr Glück!» Diese Einstellung war durchaus nicht außergewöhnlich. In der UdSSR war es üblich, schwer behinderte Babys von ihren Eltern zu trennen. Jede Abweichung von der Norm war eine Beleidigung für die Kommunistische Partei, und so wiesen Ärzte die Eltern geistig und körperlich behinderter Kinder an, diese in speziellen Waisenhäusern unterzubringen – in möglichst abgelegenen Heimen, weit entfernt vom Blickfeld der Öffentlichkeit. Danach sollten die Eltern ihre Kinder vergessen – wie alle anderen auch. In den Heimen gab es keinerlei Ausbildungsmöglichkeit, nicht einmal Messer und Gabel zum Essen. Behinderte waren nicht viel besser als Tiere, also trieb man sie zusammen und vergaß sie. Den Eltern klopfte man auf die Schulter und ermahnte sie, ihre Pflicht gegenüber dem Staat doch noch zu erfüllen und normale Kinder zu zeugen, die zu nützlichen, aufrechten Bürgern heranwuchsen, auf die die Sowjetunion stolz sein konnte. Die meisten Eltern waren dazu bereit. Kein Wunder – sie waren in dem Glauben erzogen, dass die Geburt eines behinderten Kindes ein übler Schicksalsschlag war, den man sobald wie möglich überwinden musste. Koste es, was es wolle.

Aber wir sind nicht nur behindert, wir sind «Missgeburten». In Russland nimmt man kein Blatt vor den Mund. Wenn man in der medizinischen Bibliothek in Moskau etwas über siamesische Zwillinge nachsehen will, muss man unter U wie «urodzi» (Missgeburt oder Monster) nachschlagen. Dabei waren wir nur zwei neugeborene, zufällig zusammengewachsene Zwillingsmädchen, keine Monster! Als Monster könnte man wohl eher die Leute bezeichnen, die uns von unserer Mutter trennten.

Unser Zustand war so ungewöhnlich, dass unsere Existenz strikt geheim gehalten werden musste. Andererseits waren wir natürlich ein einzigartiges Versuchsobjekt für die Wissenschaft, und die Nachricht von unserer Geburt verbreitete sich unter den Moskauer Medizinern wie ein Lauffeuer. Sofort tauchte denn auch der große und allmächtige Physiologe Pjotr Anochin, Mitglied der renommierten medizinischen Akademie, in der Geburtsklinik auf und nahm uns als seine speziellen kleinen Spielsachen in Anspruch. Doch ganz so leicht gab sich unsere Mutter nicht geschlagen. Sie entwickelte sich zu einem regelrechten Ärgernis für die Wissenschaftler, weil sie sich immer noch von ihrem Mutterinstinkt leiten ließ und nicht von uns lassen wollte.

Die Ärzte verboten ihr, uns zu besuchen, aber sie konnte nicht schlafen, sie fand überhaupt keine Ruhe, solange sie uns nicht in den Armen hielt, unseren Geruch in der Nase hatte und uns spürte. Nachts hörten sie und die anderen Mütter ihre Babys aus dem Säuglingszimmer schreien, das nur ein Stück weiter den Korridor hinunter lag. Doch die anderen Frauen wussten, dass ihnen ihre Babys am nächsten Tag wieder ans Bett gebracht würden. Unsere Mutter wusste, dass sie uns nicht zu sehen bekäme. Nicht morgen, nicht übermorgen. Nie! Sie meinte zu hören, wie wir nach ihr schrien, und hielt sich die Ohren zu.

Glücklicherweise gab es eine nette, hilfsbereite Putzfrau. Unsere Mutter konnte sie dazu überreden, uns eines Nachts, als keine Ärzte in der Nähe waren, zu ihr zu bringen. Die Putzfrau hatte selbst ein kleines Kind und Mitleid mit einer Frau, die Tag und Nacht im Bett lag und den Kopf unter einem Kissen versteckte, damit sie das Geschrei ihrer Babys nicht hören musste. In den frühen Morgenstunden jener Nacht ging also die Tür zum Zimmer unserer Mutter auf, und die Putzfrau kam mit einem kleinen, in weiße Tücher gewickelten Bündel herein. An jedem Ende des Bündels lugte ein dunkles Köpfchen hervor. Unsere Mutter streckte uns die Arme entgegen und drückte uns zum ersten Mal an sich. Sie weinte leise und küsste uns behutsam, um uns nicht aufzuwecken und die Ärzte nicht auf unser verbotenes Rendezvous aufmerksam zu machen. Wir schliefen tief und fest. Erst fünfunddreißig Jahre später, als wir unsere

Mutter kennen lernten, erfuhren wir von diesem Augenblick – aber in der Zwischenzeit hatten wir uns vollkommen verändert, waren Fremde füreinander geworden, ohne jede Gemeinsamkeit.

Die Putzfrau war nervös, denn immerhin setzte sie ihre Arbeitsstelle aufs Spiel, und schon nach kurzer Zeit nahm sie uns aus den Armen unserer Mutter und trug uns zurück ins Säuglingszimmer. Untröstlich blieb unsere Mutter zurück.

«Wenn die Ärzte euch mir gelassen hätten, hätte ich euch nie wieder zurückgegeben, aber sie haben ja verboten, dass ich euch auch nur sehe. Nur dieses eine Mal habe ich euch in den Armen gehalten, und das musste ich so geschickt einfädeln, als wollte ich ein Verbrechen begehen. Die Ärzte haben nie davon erfahren. Die kamen nur dauernd zu mir, um mir irgendwelche Spritzen zu verabreichen. Ich habe geweint und nach meinen Babys gefragt, aber sie wollten mich nicht zu euch lassen, und schließlich kam ein Arzt und sagte: ‹Hören Sie, Ihre Kinder sind krank. Sehr krank sogar. Deshalb können Sie sie nicht sehen. Aber machen Sie sich keine Sorgen, wir kümmern uns schon um die beiden.› Was hätte ich da tun können, außer mich geschlagen zu geben? Wenn ihr wirklich so krank wart, konnte ich euch doch nicht in unser winziges Zimmer in der kalten, feuchten Baracke mitnehmen. Dort wärt ihr wahrscheinlich gestorben. Und wenn ich's doch versucht hätte, hätte mein Mann mich verlassen. Also dachte ich, na gut, die Ärzte können sich besser um euch kümmern … und vielleicht darf ich meine Kinder ja irgendwann wenigstens besuchen.»

Aber das war nur ein frommer Wunsch. Es wäre besser für uns gewesen, in der Baracke in ihren Armen zu sterben, als den Wissenschaftlern in die Hände zu fallen. Sie piekten und stachen uns, sie schrieben Doktorarbeiten über uns, sie gratulierten einander zu ihren gelungenen Experimenten und schlugen sich den Rest ihres Lebens den Bauch mit Kaviar voll. Und wir? Unsere Mutter gab uns auf, und wir waren nur noch ein gefundenes Fressen für die Wissenschaft, der wir nun mit Haut und

Haaren ausgeliefert waren. Professor Anochin hatte bereits mit seinen Experimenten begonnen. Um ganz sicherzugehen, dass meine Mutter uns nicht doch noch zurückfordern würde, teilte man ihr mit, wir seien gestorben.

Damals waren wir etwa einen Monat alt und gediehen prächtig. Unsere Mutter war wieder zu Hause, als sie Besuch von einer Ärztin im weißen Kittel bekam. Die Ärztin stellte sich vor und sagte, sie sei gekommen, um meiner Mutter die Nachricht zu überbringen, dass wir – wie zu erwarten war – an einer Lungenentzündung gestorben seien. Natürlich war das eine Lüge, aber unsere Mutter glaubte sie.

Diese Lüge war ein Verbrechen: Im Dienst der Wissenschaft stahl man uns unserer Mutter. Hat je jemand daran gedacht, dass sie darunter leiden würde? Oder was es für uns bedeutete, in Kliniken aufzuwachsen, ohne Liebe, ohne Familie? Nein. Denn wir waren eine einmalige Chance für die Wissenschaft, und in der Sowjetunion wurde dem Dienst an der Wissenschaft alles untergeordnet.

Anfangs stellte unsere Mutter kein Problem dar, denn wir waren so schwach, dass die Ärzte tatsächlich glaubten, wir würden sterben. Nach ein paar Tagen schätzten sie unsere Lebenserwartung auf wenige Wochen, aber als wir einen Monat alt waren, begannen wir zuzunehmen und entwickelten einen gesunden Appetit. Das brachte natürlich neue Schwierigkeiten mit sich: Wenn wir überlebten, wollten die Wissenschaftler das in jedem Fall voll für ihre Zwecke nutzen – aber wie sollten sie mit unserer Mutter fertig werden? Unser Vater war kein Problem, er wollte sowieso nichts von uns wissen. Er hatte sich sogar geweigert, unsere Geburtsurkunde zu unterschreiben. Doch unsere Mutter war anders, und die Wissenschaftler machten sich Sorgen, sie könnte ihre Besitzansprüche geltend machen und wäre vielleicht nicht einverstanden mit den Experimenten, denen man uns unterziehen wollte. Andererseits würden wir ja sicher sowieso nicht allzu lange überleben, so argumentierten sie schließlich, und da war eine kleine Lüge nicht so schlimm.

Genau genommen war sie doch die gnädigste Lösung für alle Beteiligten.

Damals wusste man nicht allzu viel über siamesische Zwillinge, aber etwa zehn Jahre zuvor – 1939 – waren in Moskau zwei Mädchen geboren worden, die ähnlich wie wir miteinander verwachsen waren, nur etwas weiter oben. Ihre Mutter nannte sie Ira und Galja; auch sie wurden der Mutter weggenommen und gnadenlos in den Dienst der Wissenschaft gestellt. Als sie zwei Wochen alt waren, sagte man ihrer Mutter, sie seien gestorben. In Wirklichkeit lebten sie noch ein ganzes Jahr und drei Tage, dann fielen sie tatsächlich einer Lungenentzündung zum Opfer. Natürlich wusste unsere Mutter nichts von Ira oder Galja und wie ihre Mutter betrogen worden war. Sie lag in der kalten Baracke und trauerte um uns.

«Wie ich mich gefühlt habe? Wie fühlt sich eine Mutter, wenn sie erfährt, dass ihre Babys tot sind? Tagelang, vielleicht sogar wochenlang lag ich nur da, starrte an die Zimmerdecke und grübelte, womit ich diesen Schicksalsschlag verdient hatte.»

Unsere Mutter ist 1918 geboren und hatte bisher alles andere als ein leichtes Leben gehabt. Ihre Mutter, unsere «Babuschka», war eine ungebildete Bäuerin, unser Großvater Bergarbeiter. Jekaterina, kurz Katja genannt, war die älteste von acht Geschwistern. Sie wohnten in einem Dorf mitten im Wald in der Provinz Rjasanskij. In den zwanziger Jahren, der Zeit des Bürgerkriegs und der Hungersnot, ging es im ländlichen Russland vornehmlich darum, von einem Tag zum nächsten zu überleben; die Familie war auf eine Milchkuh und das Gemüsebeet neben dem Haus angewiesen. Der Dorfladen führte nur Dinge wie rationiertes Salz, Streichhölzer und Zucker.

Katja war dünn (wie wir), aber zäh (wie wir), und man schickte sie pro Tag ein Dutzend Mal zum Fluss, um Wasser zu holen. Unterwegs musste sie eine schmale, klapprige Brücke überqueren – eigentlich war es nicht mehr als ein Brett –, und sie blieb immer eine Weile davor stehen und nahm all ihren Mut zusammen, bis sie sich mit den schweren Eimern darüber traute – sie konnte nämlich nicht schwimmen. Als Katja sieben Jahre alt war, entschied ihre Mutter, dass es zu schwierig wurde, die ständig größer werdende Familie zu ernähren, und schickte Katja zu ihrer Tante nach Moskau. Unsere Großtante lebte mit ihrem Mann, ihren beiden Söhnen und ihrer Tochter in einem einzigen Zimmer, und da war die arme Katja verständlicherweise nicht gerade willkommen, vor allem, weil sie keine Aufenthaltsgenehmigung hatte. Ein Russe hatte dort zu bleiben, wo er geboren war; es war verboten, herumzureisen und sich irgendwo niederzulassen, wo es einem gefiel, selbst wenn man Familie in der Nähe hatte. Demzufolge ignorierte man Katja, und wenn es eine Razzia gab, musste sie sich im Schrank verstecken. Immerhin konnte sie eine Zeit lang zur Schule gehen. Als sie vierzehn war, verließ sie die Schule, um in einer Metallfabrik zu arbeiten.

Sie war Anfang zwanzig, als der Zweite Weltkrieg ausbrach, und nun musste sie den Weg zur Fabrik zu Fuß zurücklegen – dreieinhalb Stunden hin und dreieinhalb Stunden zurück –, denn es gab keine Elektrizität, und weder die Straßen- noch die U-Bahn funktionierte. Wenn sie abends völlig erschöpft nach Hause kam, ließ sie sich auf den nächstbesten Stuhl sinken und hoffte inständig, eine Bombe würde das Haus treffen und ihrem elenden Leben ein Ende bereiten.

Nach dem Krieg lernte sie unseren Vater kennen. Michail Kriwoschljapow (der Nachname bedeutet «schiefer Hut») war dunkel, stämmig und nicht mehr ganz jung. Mit ihrem runden Gesicht und ihren Locken galt unsere Mutter als recht hübsch, aber die Männer waren vier Jahre lang im Krieg gewesen, und mit ihren einunddreißig Jahren war sie nach russischen Maßstäben bereits eine alte Jungfer. Ihre Freunde machten die beiden miteinander bekannt: Michail brauchte eine Frau, Katja einen Mann.

«Ich lernte Mischa kurz nach dem Großen Patriotischen Krieg (dem Zweiten Weltkrieg) kennen. Er hatte im Fernen Osten gegen die Japaner gekämpft (die hätten ihm die Hoden wegschießen sollen, dann hätte es keine ‹Missgeburten› gegeben!), und als er zurückkam, hatte er keine Bleibe. Mir hatte die Fabrik ein Zimmer zur Verfügung gestellt, und ich hatte keinen Mann, also machten unsere Freunde uns miteinander bekannt, und wir beschlossen zu heiraten. Ich kann nicht behaupten, dass es eine reine Zweckehe war, aber es war auch nicht gerade die große Liebe. Wir heirateten, weil das Leben für uns beide schwer war und wir hofften, dass es gemeinsam etwas leichter würde.»

Katjas Tante war gegen die Verbindung. Michail war wesentlich älter als Katja, und er war kein reiner Russe, sondern halber Moldawier, und die Tante fand, sie sollte auf einen geeigneteren Mann warten. Aber nach dem Zweiten Weltkrieg, dem in der Sowjetunion zwanzig Millionen Menschen (hauptsächlich Männer) zum Opfer gefallen waren, nahmen die Frauen, wen sie kriegen konnten. Katja wollte einen Mann und Kinder, und Michail war der einzige Mann, der zur Verfügung stand. Deshalb setzte sie sich gegen ihre Tante durch und heiratete, obwohl ihre Verwandtschaft daraufhin kein Wort mehr mit ihr redete.

Eine Woche nach der Heirat wurde sie mit uns schwanger – und freute sich, dass es so schnell geklappt hatte. Von ihren Eltern hatte sich Katja nie wirklich geliebt gefühlt. Zwar war auch ihr Ehemann nicht der liebevollste Mensch, aber bald würde sie ein Baby haben, das sie lieben konnte und das seine Mutter ebenfalls lieben würde.

Die Nachricht von unserem Tod war ein großer Schock für unsere Mutter. Bis heute zieht sie sich zurück, wenn sich dieser Tag jährt, weint und denkt daran, wie wir hätten aufwachsen können, wie wir ausgesehen, welche Persönlichkeit wir gehabt hätten. Vielleicht hatte sie eine Ahnung, dass wir in Wirklichkeit nicht weit entfernt von ihr aufwuchsen. Das Herz einer Mutter lässt sich nicht so leicht täuschen, und das eines Kindes auch nicht. Uns erzählte man, unsere Mutter sei tot, aber wir gaben die Hoffnung nie auf, dass wir sie eines Tages wie durch ein Wunder kennen lernen würden.

An dem Tag, als sie die Todesnachricht erhielt, fühlte sie sich von der Ungerechtigkeit des Schicksals wie erschlagen. Warum musste ausgerechnet sie siamesische Zwillinge bekommen – sie hatte bisher nicht einmal gewusst, dass es so etwas gab! Und warum musste sie uns verlieren? Sie, die sich sonst immer in ihr Schicksal gefügt hatte! Sie, die sich damit zufrieden gab, zu den einfachen Menschen, zur Masse zu gehören – man wurde geboren, man arbeitete, man heiratete und bekam Kinder wie Millionen andere Russen. Und wir waren doch ihre Babys, ganz gleich, wie wir aussahen oder was sie über uns zu hören bekam. Sie brauchte uns. Das wusste sie genau, denn sie hatte uns gesehen, im Arm gehalten und geküsst. Aber jetzt waren wir verschwunden.

Deshalb lag sie da, starrte an die Decke, und das Leben war für sie zum Stillstand gekommen.

Aber sie war stark. Sie hatte schon einiges durchgemacht und würde noch einiges durchmachen müssen, und am Ende rappelte sie sich immer wieder auf. Unserem Vater hingegen fiel ein Stein vom Herzen, als er hörte, dass wir tot seien. Nach unserer Geburt hatte man ihn in die Klinik geholt und in das Zimmer geführt, in dem wir lagen, nackt und brüllend. Normalerweise zog man ein Baby hübsch an, wenn man es den Eltern zeigte, aber die Ärzte wollten unserem Vater ganz genau vor Augen führen, was wir waren – Monster! Natürlich wollte er uns nicht haben, er wollte nicht mal, dass sein Name auf der Geburtsurkunde erschien, und er verbot sogar, seinen Vornamen, wie in Russland üblich, als Mittelnamen für uns zu verwenden.

Nun, da wir tot waren, beschlossen unsere Eltern, niemandem zu verraten, dass wir siamesische Zwillinge waren. Sie erzählten nur, sie hätten Zwillingsmädchen bekommen, die kurz nach der Geburt gestorben seien. Schließlich war es schon schlimm genug für einen durchschnittlichen Sowjetbürger, ein behindertes Kind zu haben, aber unsere Existenz war so entsetzlich, dass man sie lieber ein Leben lang geheim hielt. Michail war Alkoholiker, wie viele russische Männer aus der Arbeiterklasse, und als er allmählich begriff, was unsere Geburt bedeutete, trank er bis zum Exzess. Wenigstens ließ ihn unsere Existenz nicht gänzlich kalt ... Wir stellen uns gern vor, dass er doch so etwas wie Zuneigung für uns empfand, als er uns da liegen sah, auch wenn er es sich nicht eingestehen konnte, auch wenn nur in einem kleinen Winkel seines Herzens ein Gefühl vorhanden war. Es muss so gewesen sein. Wir hatten seine dunklen Haare geerbt, das war ihm bestimmt aufgefallen. Mutter hatte ihre Tränen, um ihren Kummer wegzuschwemmen, er als richtiger Mann hingegen brauchte den Alkohol, um seinen Schmerz abzutöten.

Mutter stellte unseren Tod nie in Frage. Inzwischen wollte sie alles nur noch möglichst schnell vergessen und fragte nicht einmal nach einem Totenschein. Ein paar Jahre später kam ihr plötzlich der schreckliche Gedanke, dass man uns vielleicht in einem Glas konserviert und im Museum, der berühmt-berüchtigten «Kunstkammer», aufgestellt hatte, das Peter der Große in Sankt Petersburg einrichten ließ und in dem die Besucher zahlreiche Missbildungen «bewundern» können. Sie besuchte das Museum, fand uns aber nicht – Gott sei Dank sind wir diesem Schicksal bis dato entgangen. Jedenfalls nahm sie schließlich den Rat der Ärzte an und versuchte, wieder schwanger zu werden. Zwei Jahre nach uns bekam sie einen normalen Jungen namens Serjoscha und ein paar Jahre darauf einen weiteren Sohn, Tolja. Unterdessen wuchsen wir heran, ohne zu wissen, dass wir Brüder hatten (und Eltern!), die ihrerseits nichts von uns wussten.

Genau genommen hätte unsere Mutter nie herausbekommen können, was aus ihren beiden kleinen Töchtern geworden war, denn unsere medizinische Akte war bereits als «Sowerschenno Sekretno», als streng geheim, eingestuft worden. Drei Monate behielt man uns in der Geburtsklinik Nr. 16, dann kam Professor Anochin zu der Erkenntnis, dass wir nicht in unmittelbarer Lebensgefahr schwebten. Er und seine Kollegen beschlossen, uns in die renommierte Filatowski-Kinderklinik im

Zentrum von Moskau zu verlegen und zu untersuchen, ob und gegebenenfalls wie man uns trennen konnte. An einem kalten Frühlingsmorgen verließen wir die Geburtsklinik und fuhren im Krankenwagen quer durch die Stadt zum Zweiten Therapiegebäude der Klinik, einem alten vierstöckigen Haus, umgeben von Fliederbüschen und Kirschbäumen.

Die junge Krankenschwester Nastja Firsowa arbeitete schon seit ein paar Jahren an der Klinik. Als sie am Morgen nach unserer Ankunft zum Dienst erschien, fand sie das ganze Krankenhaus in heller Aufregung.

«Ich ging auf unsere Station, und die diensthabende Ärztin grinste mich an und sagte: ‹Na, Nastja, hast du sie schon gesehen?› Ich fragte: ‹Wen denn, Faina Iwanowna?› ‹Geh nur und sieh sie dir an›, meinte sie. ‹Es ist unglaublich!› Und ich ging rein. Ihr wart in eine Decke gewickelt und habt ausgesehen wie ein normales einzelnes Baby, nur dass an jedem Ende des Bündels ein winziges Gesicht hervorlugte. Es war wirklich faszinierend. Ein Wunder der Natur. Die ganze Belegschaft kam, um euch anzusehen – Ärzte, Schwestern, Putzfrauen –, sogar die Mütter, die bei ihren kranken Kindern auf der Station waren.»

Im Filatowski-Krankenhaus wurden schwer kranke Kinder aus der ganzen Sowjetunion behandelt, und da man davon ausging, dass wir nicht mehr lange leben würden, wurden wir vierundzwanzig Stunden am Tag beobachtet. Auf unserer Station lagen noch zwei andere Babys, aber im Gegensatz zu uns waren sie krank und mussten ständig medizinisch versorgt werden. Wir bekamen keine Sonderbehandlungen außer dem üblichen Baden, Windelnwechseln und Füttern. Gegen jede Erwartung gediehen wir weiter. Pjotr Anochin besuchte uns regelmäßig und stellte mit seinen Physiologen allerlei Beobachtungen an.

Schließlich bekamen wir auch einen Namen. Vom Pflegepersonal wusste niemand, wer unsere Eltern waren, aber die beiden für uns verantwortlichen Professoren, Dr. Stanislaw Doljetski und Dr. Andrei Worochopow, fanden, sie könnten uns nicht ewig nur als «die Mädchen» bezeichnen. Also fingen sie an, uns im Spaß Mashka-Dashka zu nennen. Das klang ein bisschen wie «Fix & Foxi».

Als es Zeit wurde, unsere Geburt aktenkundig zu machen, waren alle so daran gewöhnt, uns Mashka-Dashka zu rufen, dass die Namen hängen blieben. Aber wie es aussah, brauchten wir nur einen Namen, denn es wurde auch nur eine Geburtsurkunde ausgestellt. Deshalb gab man uns offiziell den Namen «Daria»; Dasha, Dashka oder Dash sind Koseformen davon. Probleme warf nur der Mittelname auf, der vom Vornamen des Vaters abgeleitet wird, denn auf unserer Geburtsurkunde war dort, wo der Name des Vaters stehen sollte, ein dicker schwarzer Strich. Wieder schafften die Professoren Abhilfe: Sie nahmen einfach den häufigsten russischen Vornamen – Iwan –, und von nun an hießen wir Daria Iwanowna Kriwoschljapowa.

Außer uns gab es im Krankenhaus eineinhalb tausend weitere Kinder, aber die beiden Professoren Doljetski und Worochopow interessierten sich für uns ganz besonders und waren von unserer robusten Gesundheit angenehm überrascht. Etliche Jahre später wurden wir kurz in einem medizinischen Lehrbuch erwähnt, das die sowjetische Akademie der Wissenschaften über Zwillinge veröffentlichte: als Beispiel für die äußerst seltene «Ischiopagus»-Zwillingsform (die etwa sechs Prozent aller siamesischen Zwillinge ausmacht).

«Diese urodzi (Missgeburten) überleben ihre Geburt selten sehr lange. Sie können nicht stehen, da ihre Beine unterentwickelt bleiben. Ein solches Zwillingspaar mit Namen ‹Masha-Dasha› lebt in einer Moskauer Klinik und steht unter ständiger Beobachtung von Spezialisten, die diesen Fall intensiv erforschen.»

Damit waren wir abgehandelt.

Mit neun Monaten sorgten wir für Aufregung, weil wir uns eine Grippe zugezogen hatten. Unsere Professoren gluckten zwei Wochen lang über uns wie zwei Hennen über ihren Küken, bis es uns schließlich besser ging. Alle fürchteten, wir würden nicht durchkommen, aber wir überraschten sie einmal mehr. Vielleicht weil wir alle vier Stunden eine Penicillinspritze bekamen – die neue Wunderdroge, soeben erst nach Russland gekommen. Als wir uns wieder erholt hatten, waren unsere Betreuer sehr erleichtert und räumten ein, wir seien wirklich «kräftig». Das stimmt. Wir sind sehr selten krank.

Als wir elf Monate alt waren, wurde eine Konferenz der führenden russischen Ärzte einberufen, um darüber zu beraten, ob unsere Verfassung stabil genug für eine chirurgische Trennung war. Dass wir jede eine eigene Wirbelsäule und ein eigenes Nervensystem haben, wurde als positiver Faktor gewertet. Außerdem haben wir zwei Herzen, zwei Verdauungssysteme, je zwei Nieren und eine separate Leber. Aber wir besitzen nur eine Blase, teilen unsere Fortpflanzungsorgane und den Blutkreislauf. Falls man uns also operieren würde, könnte eine von uns oder vielleicht sogar wir beide sterben. Also beschlossen die Ärzte, der Natur ihren Lauf zu lassen.

Einer freute sich ohne Frage ganz besonders darüber, dass wir nicht getrennt wurden, nämlich Professor Anochin. Für ihn, den führenden Physiologen des Landes, waren wir ein Geschenk des Himmels, das ideale Versuchsobjekt. Jetzt, da unser Schicksal besiegelt war, ließ er uns unverzüglich ins Moskauer Institut für Kinderheilkunde bringen, wo er und seine Wissenschaftler die nächsten sechs Jahre unseres Lebens freizügig mit uns experimentieren konnten.

2

Dasha

Ja, Masha und ich waren ein Geschenk für Pjotr Anochin. Als wir geboren wurden, war er zweiundfünfzig und bereits eine Koryphäe auf physiologischem Gebiet und in der Gehirnforschung. Er hatte beim weltberühmten Dr. Pawlow studiert, und genau wie dieser benutzte auch Anochin Hunde als Versuchstiere. Jahrelang war er fasziniert von der Theorie, dass im Blut ein chemischer Stoff enthalten sei, der das Gehirn und damit auch das Verhalten beeinflusste, aber bevor wir in sein Leben traten, konnte er das weder beweisen noch widerlegen. Dann tauchten wir auf – Mashinka und Dashinka –, zwei kleine Mädchen mit demselben Blutkreislauf, jedoch separaten Nervensystemen und Gehirnen. Wenn man mit einem feinen Filzstift sozusagen eine Trennlinie auf uns zeichnet, fühlt Masha (die von uns aus gesehen rechts ist) alles auf ihrer und ich alles auf meiner Seite. Weniger als einen Millimeter neben dieser imaginären Grenze spüre ich nichts. Masha ist auf ihrer Seite für alles zuständig – einschließlich ihres eigenen und unseres gemeinsamen dritten Beins – und ich für alles auf meiner Seite. (Wir müssen sogar zu unterschiedlichen Zeiten zur Toilette.) Für

Anochin lautete die Frage nun also: Würden wir uns identisch verhalten, oder würden wir uns zu unterschiedlichen Persönlichkeiten entwickeln?

Damals war Anochins Forschungsansatz durchaus nicht ungefährlich, denn nach der marxistisch-leninistischen Doktrin wird die Persönlichkeit eines Menschen ausschließlich von seiner Umwelt und nicht von seinen Genen bestimmt. In den dreißiger Jahren befanden sich die stalinistischen Säuberungsaktionen auf ihrem Höhepunkt, Gentechnologie als Wissenschaft war verboten, führende Genforscher wurden verhaftet und in Gefangenenlager gesperrt. Selbst in den Fünfzigern durfte man in der Sowjetunion nicht einmal andeuten, dass siamesische Zwillinge sich trotz identischer Umgebung unterschiedlich entwickeln könnten.

Marx hatte verhängt, dass wir in jeder Hinsicht identisch werden mussten, und Marx war das Gesetz. Aber Anochin war ein «utschoni», ein Wissenschaftler, kein Politiker, und wir waren für ihn ein unglaublicher Glücksfall, eine Chance, die er nicht ungenutzt lassen konnte. Wahrscheinlich muss man ihm zugute halten, dass er im Namen der Wissenschaft Kopf und Kragen riskierte. Aber mit seinen widerwärtigen Experimenten riskierte er auch unseren Kopf und Kragen. Natürlich gab es genug Mediziner, die ebenfalls gern von uns profitiert hätten, doch der berühmte Anochin war leitendes Mitglied der Akademie, und deshalb hatte kein anderer auch nur die geringste Chance. Das Moskauer Institut für Kinderheilkunde wurde von einem seiner Freunde und Kollegen, Dr. Spiranski, geleitet. Anochin konnte uns nicht in dem von ihm geleiteten Physiologischen Institut unterbringen (das früher zu dem inzwischen geschlossenen Institut für Experimentelle Medizin gehörte), weil das ein reines Forschungszentrum war, in dem nur an Versuchstieren experimentiert wurde. Also einigte er sich mit Spiranski, dass wir zwar im Institut für Kinderheilkunde untergebracht waren, aber Anochins Physiologen mit uns arbeiten würden.

Der Zweite Weltkrieg war noch nicht lange vorüber, und das Institut – ein Gebäude aus dem achtzehnten Jahrhundert mit einer Fassade aus weißen Säulen direkt an der Moskwa – war überfüllt mit Kindern aus ganz Russland, die unter Kriegsfolgen wie Auszehrung oder beispielsweise an der Ruhr litten. Wir waren gesund, wurden aber die nächsten sechs Jahre in ein kleines Bett in einer Glaskabine auf der Intensivstation gesteckt. Unsere frühesten Erinnerungen stammen alle aus dieser Kabine – aus der «Box», wie man sie nannte. Es gab endlose Reihen solcher Räume, alle vollkommen identisch.

Jeden Tag unterzog man uns irgendwelchen wissenschaftlichen Experimenten, aber das war an sich nichts Neues. Vom Tag unserer Geburt an hatte man Tests mit uns durchgeführt. Ein Schwarzweißfilm der Sowjetischen Medizinischen Akademie zeigt uns beispielsweise nackt im Alter von zwei Monaten. Wir schlafen. Dann erscheint ein Arzt im weißen Laborkittel, packt mich am Fuß und kratzt mit einem scharfen Metallinstrument daran herum, so dass ich schreiend aufwache. Dann sticht der Arzt Masha in ihr angeschwollenes Bäuchlein und bekommt von ihr dieselbe Reaktion.

Doch das war erst der Anfang. Nachdem man uns unter Anochins Fittichen sicher im Institut für Kinderheilkunde versteckt hatte (der «Paediatrija», wie alle es nannten), wurde uns routinemäßig – und oft genug vollkommen sinnlos – im Dienst der Wissenschaft Schmerz zugefügt. Nicht einmal unseren schlimmsten Feinden wünsche ich, dass sie durchmachen müssen, was wir durchmachen mussten. Eine von uns bekam Glukose gespritzt, weil die Wissenschaftler sehen wollten, wie schnell sich die Substanz im Blutkreislauf der anderen ausbreitete. Der einen verabreichte man radioaktives Jod, weil überprüft werden sollte, welche Wirkung es auf die Schilddrüse der anderen hatte. Mich ließ man über lange Zeiträume hinweg hungern, um zu sehen, ob ich weinen würde, wenn nur Masha gefüttert wurde und ich weiter hungrig blieb. Unsere Körpertemperatur wurde auf sechsundzwanzig Grad Celsius abgesenkt, indem man uns in Eis packte, und ständig wurden uns Magenschläuche gelegt, um die Zusammensetzung unserer Magensäfte zu vergleichen. Nur eine von uns wurde geimpft, um zu sehen, ob die andere auch immun wurde. Wir mussten Barium zu uns nehmen, bevor man zum x-ten Mal unsere inneren Organe röntgte.

Auf menschlicher Ebene fühlte sich niemand für uns verantwortlich. Wir waren die Versuchsobjekte in einem endlosen Experiment. Als wir heranwuchsen, erkannten wir deshalb auch sehr schnell, dass wir allein auf uns gestellt waren – gleichgültig wie stark oder schwach wir sein mochten, wir waren die Einzigen, die unser Leben in die Hand nehmen konnten.

Eine von Dr. Anochins Wissenschaftlerinnen, Dr. Tatjana Alexejewa, arbeitete besonders intensiv mit uns. Sie schrieb eine vierhundert Seiten umfassende Doktorarbeit über unseren Organismus, die den Nazis alle Ehre gemacht hätte. Ihre Dissertation beschreibt in klinischen Begriffen unsere tägliche Folter: Uns Schmerz zuzufügen, war ein maßgeblicher Teil der Experimente. Dr. Alexejewa beschreibt, dass wir in den ersten Monaten neunzehn Stunden pro Tag schliefen und nur zum Füttern und für die sogenannten «medizinischen Manipulationen» geweckt wurden.

«Die Kinder lernten rasch, die Menschen zu erkennen, die sie mit Schmerz assoziierten. Beispielsweise entwickelten sie schon bald einen konditionierten Reflex gegenüber der Verfasserin dieser Arbeit, die häufig Untersuchungen zur Schmerzempfindung mit ihnen durchführte.» Das erste Anzeichen dieses «konditionierten Reflexes» war, dass wir anfingen zu schreien, wenn wir die Nadel sahen. Später schrien wir schon, sobald Dr. Alexejewa den Raum betrat. Wegen dieser natürlichen Angst vor unserem Folterer wurde «mit allen schmerzhaften Tests begonnen, solange die Kinder schliefen, wenn sie entspannt oder abgelenkt waren».

Was für Menschen waren das, diese Ärzte und Wissenschaftler mit Mundschutz und Kappen, die – abgesehen von den Putzfrauen – in unserer frühen Kindheit unsere einzigen Kontaktpersonen darstellten und die uns behandelten wie Versuchskaninchen? Manchmal frage ich mich, ob je einer von ihnen Skrupel hatte. In dem Dokumentarfilm der Akademie haben wir hübsche, putzige Gesichter und ein verschmitztes Lächeln. Wir sind süß und offensichtlich darauf aus, es allen recht zu machen. Es fällt mir immer noch schwer, Dr. Alexejewa zu verurteilen. Sie war selbst Mutter, sie muss etwas wie Schuldgefühle oder Mitleid empfunden haben, wenn sie diese Tests mit uns durchführte. Aber sie befolgte strikt die Befehle von Dr. Anochin.

Stets ging es um Schmerz. Dr. Alexejewa schloss uns an ein EKG-Gerät an und stach uns dann mit einer Nadel in empfindliche Körperteile, in den Magen oder die Hüfte, um zu sehen, wie sich unser Herzschlag als Reaktion auf den Schmerz beschleunigte. Oder sie verlangsamte unsere Herzfrequenz, indem sie uns den Daumen auf die Augen drückte. «Um die Herzfrequenz zu drosseln, setzten wir den Auge-Herz-Reflex ein. Es ist eine bekannte Tatsache, dass man den Herzschlag durch Druck auf den Augapfel verlangsamen oder sogar gänzlich zum Stillstand bringen kann.»

Sie wollte herausfinden, wie lange es dauern würde, bis wir vor Kälte erstarrten. Veränderungen unserer Körpertemperatur wurden getestet, indem man Eis in dünnwandige Messingzylinder packte und diese an verschiedene Stellen unserer kleinen Körper hielt, beispielsweise an den Bauch, die Hüfte, die Stirn und die Fußsohlen. «Nach zweieinhalb Minuten fiel die Körpertemperatur auf sechsundzwanzig Grad Celsius. Es dauerte fünfzehn Minuten, um sie wieder auf die normalen sechsunddreißig Grad zu erhöhen.» Man spielte mit unserem Leben. Angeblich waren wir doch so schwächlich – war das etwa die wissenschaftliche Methode, für uns zu sorgen? Man untersuchte unsere Reaktion auf Hitze, indem man uns Flaschen mit kochend heißer Milch in die Hand drückte. Masha schrie auf und steckte die verbrannten Hände unters Kopfkissen, aber ich stieß die Flasche häufig weg und brüllte wütend.

In ihrer Dissertation schreibt Dr. Alexejewa unter anderem über eine sehr «interessante» Beobachtung: Wenn nur eine von uns gefüttert wurde, blieb die andere hungrig. Nun, das hätte ihr jede Mutter sagen können, ohne fünf Jahre lang über einer wissenschaftlichen Arbeit zu brüten. Aber nein, sie hatte die primitive Theorie aufgestellt, dass das Blut, das bei uns bekanntlich zum anderen Zwilling weiterfloss, «angereichert» sein sollte und deshalb bei uns beiden den Hunger stillen müsste. «Wir führten spezielle Untersuchungen durch, bei denen das eine Kind gefüttert wurde, während das andere über lange Zeiträume nichts bekam. Das gefütterte Kind war nach der üblichen Menge satt und zufrieden … Das nicht gefütterte Kind dagegen zeigte alle Anzeichen von Hunger und aß bis zu dreißig Prozent mehr, wenn es endlich essen durfte.»

Sogar das medizinische Personal im Institut für Kinderheilkunde ignorierte unser Geschrei und akzeptierte die Experimente als wissenschaftliche Notwendigkeit. Was hätten sie auch tun können? Anochin war ein bedeutender Mann. Wem stand es zu, ihm Vorschriften zu machen? Vielleicht gab es gelegentlich Gewissensbisse, aber niemand unternahm etwas. Wir waren der Wissenschaft ausgeliefert. Und so lernten wir noch etwas: Wir mussten uns selbst verteidigen, denn niemand erledigte das für uns. Anna Jefimirowa, eine junge Ärztin, die damals am Institut arbeitete (und heute Professorin und Leiterin des Epidemiologischen Labors im Institut für Kinderheilkunde ist), besteht bis heute darauf, dass die Tests uns nicht geschadet hätten.

«Wir mussten euch isolieren, denn wir konnten nicht zulassen, dass sich eure Existenz herumspricht; ihr wart ein Geheimnis. Das Filatowski-Krankenhaus hatte die Entscheidung getroffen, dass man euch nicht trennen konnte, und unsere Aufgabe war es nun zu erforschen, wie euer Organismus funktionierte, und vorherzusagen, wie lange er euch am Leben erhalten konnte.»

Sie hätte uns sterben lassen sollen. Andererseits wären wir

wahrscheinlich nicht gestorben – warum sollten wir eines natürlichen Todes sterben, wenn uns nicht mal die ganzen Experimente umbrachten? Wir haben gehört, dass in Afrika die Eltern zusammengewachsene Zwillinge töten, wenn sie nicht innerhalb von drei Monaten nach der Geburt von allein sterben. Vielleicht ist das die humanste Methode ... Doch wir waren ein robustes Pärchen. Nur speziell auf Sicherheitsrisiken überprüftes Personal bekam uns zu Gesicht, alle hatten spezielle Pässe und mussten einen Mundschutz tragen wie Chirurgen bei einer Operation, ehe sie mit uns Kontakt aufnehmen durften. Deshalb sahen wir immer nur Augen. Aber: Warum gaben sie sich solche Mühe, uns vor Infektionen zu schützen, wenn sie uns gleichzeitig unterkühlten, verbrannten, mit Nadeln stachen, ständig röntgten und jeden Tag Blut abzapften? Wäre es nicht so schrecklich gewesen, hätte man es schon fast lächerlich finden können.

Aber uns war nicht nach Lachen zumute. Die Glaswände unserer «Box» begannen in Taillenhöhe, so dass die Schwestern zu uns hinein-, wir aber nicht hinaussehen konnten. Als wir größer wurden und uns mit Hilfe der Gitterstangen an unserem Bett zum Sitzen hochziehen konnten, gelang es uns wenigstens, aus dem Fenster zu schauen. Stundenlang beobachteten wir dann die Autos und Busse draußen auf der Straße.

Wir waren im Erdgeschoss untergebracht, und eine unserer frühesten Erinnerungen ist, dass plötzlich ein Junge am Fenster erschien und uns eine Grimasse schnitt. Wir erschraken dermaßen, dass wir brüllten, bis die Wände wackelten. Danach hatten wir Angst, aus dem Fenster zu sehen, und bis zum heutigen Tag ziehen wir immer die Vorhänge in unserem Zimmer zu, selbst im zwanzigsten Stock. So fühlen wir uns sicherer, und es ist auch gemütlicher. Aber als Kinder in der Paediatrija baten wir natürlich nicht um einen Vorhang. Wir kamen nie auf die Idee, um etwas zu bitten. Im Gegenteil – wir unterwarfen uns gehorsam und widerspruchslos sämtlichen Untersuchungen, die man von uns verlangte.

Was immer Marx und Lenin über dieses Thema gedacht haben mögen – wir waren jedenfalls nicht identisch, und das machte uns das Leben nicht gerade leichter. Ich war passiver als Masha. Als wir zwei oder drei Jahre alt waren, versuchte sie mich wegzuschubsen, wurde immer frustrierter, weil ich nicht verschwand, und ging schließlich mit den Fäusten auf mich los. Für die Ärzte war das nicht etwa Anlass, einzugreifen und uns zu beschwichtigen – nein, sie beobachteten uns mit großem Interesse. Natürlich wäre es schwierig gewesen, einem schreienden kleinen Mädchen zu erklären, dass seine Schwester nicht weg kann, ganz gleich, wie sehr sie es selbst möchte. Manchmal wurde auch ich so wütend, dass ich mich wehrte, und dann fingen wir an, uns zu kratzen, zu beißen und zu prügeln, bis wir beide blutig und voller blauer Flecke waren.

Später – als wir vielleicht vier oder fünf waren – wurde mir klar, dass es so nicht weitergehen konnte, und ich realisierte auf einmal, dass wir uns wohl oder übel mit unserer Situation abfinden mussten. Und das tat ich. Aber Masha war nicht bereit, sich mit etwas zufrieden zu geben, was ihr nicht gefiel. Sie mochte es nicht, dass ich mit ihr zusammen war, sie hasste die Experimente, und so begann sie zu rebellieren. Als wir fünf Jahre alt waren, unterzog uns Alexejewa einer Unmenge von Tests, um unsere konditionierten Reflexe zu untersuchen. Die beliebteste Versuchsanordnung sah so aus, dass wir auf einen Lichtblitz oder einen Piepton reagieren mussten, indem wir auf einen Gummiball drückten.

«Dasha war wesentlich fügsamer; sie hörte sich die Anweisungen aufmerksam an und war ganz bei der Sache», schrieb Alexejewa in einem Artikel für ein russisches Wissenschaftsmagazin. «Mashas Verhalten war vollkommen anders. Ihre Reaktion auf unsere Instruktionen war bestenfalls intermittierend: Sie verlor rasch das Interesse, ihre Aufmerksamkeit schweifte ab, sie wurde müde. Oft drückte sie einfach nach dem Zufallsprinzip auf den Ball, bis sie die Worte ‹Gut gemacht› hörte (statt ‹Gut gemacht, Dasha›), was bedeutete, dass sie beide gelobt wurden. Gelegentlich weigerte sie sich, überhaupt an einem Experiment teilzunehmen.

Dasha machte bei allen Untersuchungen gewissenhaft mit, bei Masha war dies eher der Ausnahmefall. Nach acht bis zehn Tests wandte sich Masha ab oder warf den Ball weg. Wenn man sie anwies, ihn wieder aufzuheben, drückte sie manchmal lustlos auf ihm herum, und manchmal weigerte sie sich sogar rundheraus zu ‹spielen› und sagte: ‹Ich will nicht› oder ‹Drück doch selbst drauf!›»

Gut für Masha! Ich hätte nie gewagt, den Wissenschaftlern zu widersprechen, aber Masha hatte keine Angst, ihre Gefühle frei und offen auszuleben, ganz gleich, wem gegenüber. Sie war selbstbewusst und auch ein bisschen großspurig; ich war sensibler und regte mich schneller auf. Außerdem war Masha viel mutiger – bei manchen lauten Geräuschen verlor ich vor Angst fast den Verstand (z.B. wenn sie zur Aufzeichnung unserer Herzfrequenz plötzlich eine schrille Hupe ertönen ließen). Masha fürchtete sich nicht so schnell.

Natürlich war Anochin begeistert, dass wir uns so unterschiedlich entwickelten. Auf frühen Fotos von uns kann man die Unterschiede auch in unserem Aussehen erkennen. Ich entwickelte mich sowohl geistig als auch motorisch schneller. Ich versuchte als Erste, mich im Bett aufzurichten, und ich lernte auch als Erste sprechen. Wenn ich etwa mit Klötzen einen Turm baute, schmiss Masha ihn um. Als wir zwei Jahre alt waren, wurde ihre Aggressivität mir gegenüber auch für unsere Umwelt offensichtlich. In dieser Zeit zwickte sie mich, um mich zum Weinen zu bringen, und nahm mir immer meine Lieblingsspielsachen weg. Ich war passiv und brav, Masha wild und aufsässig. Wenn jemand kam, um uns zu besuchen, versteckte sie das Gesicht hinter den Händen und wollte nicht, dass man sie sieht. Ich freute mich hingegen, eine neue Bekanntschaft zu machen.

Wir haben beide ein gutes Gedächtnis. Wir erinnern uns an unser Zimmer und an die Schwestern, die Putzfrauen, das Essen

– aber was die Experimente angeht, ist alles wie ausgelöscht. Wir wissen nur das, was wir in Filmen gesehen, von den Ärzten gehört oder in der Dissertation gelesen haben.

«Wir haben die Erinnerung gelöscht, weil es ein Alptraum war! Anochin hat uns bei lebendigem Leib begraben! Das waren Faschisten, die ganze Bande!»

Du hast völlig Recht, Masha. Wir haben Glück, dass uns nur relativ angenehme Erinnerungen von der Paediatrija geblieben sind. Beispielsweise der Reispudding mit dem Klecks Marmelade, den es zum Frühstück gab.

«Der war lecker! Ich weiß noch genau, wie er geschmeckt hat.»

Eine von Spiranskis Ärztinnen, Anna Petrowna, war immer sehr nett zu uns. Sie gehörte nicht zu Anochins Physiologengruppe und brachte uns manchmal kleine Spielsachen mit, beispielsweise einen Tintenfisch aus Metall zum Aufziehen, der sich drehte und summte. Von Anna Petrowna bekamen wir auch Puderzucker zum Naschen, und wir nannten sie sogar «Mami», denn wir waren ja noch klein und hätten gern eine Mami gehabt.

Einige der Krankenschwestern, die uns wuschen und fütterten, unterhielten sich mit uns und nahmen uns auch gelegentlich in den Arm. Aber eine von ihnen war richtig gemein. Sie verspottete uns, weil wir keine Mutter hatten: «Niemand will euch haben, ihr kleinen Monster, nicht mal eure Mutter.» Masha streckte ihr die Zunge raus und riet mir, die Frau zu ignorieren, aber ich konnte das nicht. Ich weinte und weinte. Zwar nannte Masha mich dann einen Dummkopf, aber es tat ihr auch weh, wenn ich traurig war. Eines Tages hielt sie es nicht mehr aus und klatschte der Schwester einen Teller voller Essen ins Gesicht.

«Warum versuchen manche Leute, ihre Mitmenschen noch mehr fertig zu machen, wenn Gott doch schon so gründliche Arbeit geleistet hat?»

Trotz unserer fürsorglichen und liebevollen Ersatzmutter

Anna Petrowna war das Leben in der Paediatrija alles andere als leicht. Man schor uns die Köpfe kahl, denn das war so Sitte bei Kindern, die in staatlicher Obhut lebten; bei den Mädchen ließ man als Erkennungszeichen eine Strähne über der Stirn stehen. Nie bekamen wir eins der Kinder zu Gesicht, die in die Boxen neben uns gebracht wurden, aber durch die Glaswand hörten wir sie oft weinen. Ich erinnere mich, wie sie einmal einen Jungen brachten, ich glaube, er hatte schlimme Verbrennungen. Die ganze Nacht hindurch schrie er ganz erbärmlich, und das machte uns solche Angst, dass wir die Schwester baten, das Licht anzulassen. So lagen wir dann eng umschlungen da und zitterten. Bis heute klingt mir sein Schreien in den Ohren. Irgendwann hörte er auf, und man brachte ihn weg. Vermutlich war er tot.

Anna Jefimirowa, die junge Ärztin, ist noch immer fest davon überzeugt, dass das Krankenhauspersonal sich nach Kräften darum bemüht hat, uns unsere Familie zu ersetzen, und dass wir sehr undankbar sind, weil wir anders darüber denken. Uns ist ihre Einstellung unbegreiflich. Man hat uns nichts beigebracht, man hat uns fast keine Zuwendung geschenkt. Wenn man sich den Dokumentarfilm über uns ansieht, wie wir – zwei kleine dunkelhaarige Mädchen – versuchen, uns die Strümpfe anzuziehen, wie wir mit Bausteinen bauen, dann kann man sich kaum vorstellen, dass man uns so wenig Wärme und Zuneigung entgegenbrachte. Die Ärzte haben nicht versucht, uns die Familie zu ersetzen – für sie waren wir eine Laune der Natur, ein außergewöhnlicher Organismus, aber nicht zwei Kinder, die heranwuchsen und eine Zukunft hatten. Niemand nahm uns auf den Arm und tröstete uns, wenn wir weinten. Niemand setzte sich zu uns und schmuste mit uns. Wir wurden nur auf den Arm genommen, wenn man uns in den Experimentierraum brachte. Selbstverständlich war das Personal nach all den Gräueln und Entbehrungen des Zweiten Weltkriegs daran gewöhnt, Kinder leiden zu sehen. Aber wie kann man behaupten, dass die Ärzte in Schutzmaske und Kittel, die kaum ein Wort mit uns sprachen, sofern es nicht Teil eines Experimentes war, versuchten, uns eine normale Kindheit zu ermöglichen? Das taten sie nicht, es ist eine glatte Lüge!

Wir erinnern uns nicht an die Experimente, aber eine besonders verhasste, demütigende Prozedur ist uns im Gedächtnis geblieben: wie man uns nackt auszog für Fotos, die in medizinischen Fachzeitschriften erscheinen sollten. Ich versuchte mich zu verstecken, aber Masha brüllte und schrie, man solle uns gefälligst in Ruhe lassen. Einmal weigerte sie sich einfach, aber Anochin hatte gleich eine Lösung parat: «Wir verbinden den beiden einfach die Augen, dann regen sie sich nicht so auf.»

«Als wären wir Gefangene, die standrechtlich erschossen werden sollen!»

Allem Anschein nach kam niemand auf die Idee, wir könnten Hilfe brauchen, um mit dem psychischen Trauma, dass wir zusammengewachsen waren, besser fertig zu werden. Niemand erklärte uns, was genau an uns so ungewöhnlich war oder warum. Mit drei Jahren begriff ich zum ersten Mal, dass wir anders waren. Jeden Morgen kam eine der Schwestern, um uns Blut abzunehmen (das gehörte zu einem Experiment, bei dem festgestellt werden sollte, wie der Schlaf unsere Durchblutung beeinflusste), und eines Tages streckte ich die Hand durch die Gitterstäbe und schob den Rock der Schwester hoch, um mir ihre Beine näher anzusehen. «Warum hast du zwei Beine für dich ganz allein?», fragte ich. Sie machte sich nicht einmal die Mühe, mir zu antworten.

Mit sechs Jahren waren wir körperlich und geistig katastrophal zurückgeblieben, aber die Wissenschaftler hatten ihre Experimente endlich beendet; auch die Dissertation war abgeschlossen. Doch nun stellte sich die Frage: Wohin mit uns?

Da wir kaum sitzen konnten – geschweige denn gehen –, entschied Anochin, wir sollten ins Moskauer Zentralinstitut für wissenschaftliche Prothetik (Z.N.I.P.P.) gebracht werden, um zu sehen, ob man dort etwas für uns tun konnte. Er lud den Direktor des Instituts, Professor Popow, ein, uns zu besuchen.

Dieser kam zusammen mit Lydia Michailowna, einer Ärztin seines Instituts. Sie war sprachlos über den Zustand, in dem sie uns antraf.

«Es war offensichtlich, dass niemand euch als menschliche Wesen betrachtet hatte. Nach unserem Besuch standen Professor Popow und ich buchstäblich unter Schock. Ihr wart schon sechs Jahre alt und hattet euer Leben in einem Bett verbracht, liegend, in einem Winkel von neunzig Grad zueinander. Niemand hatte sich um eure Sauberkeitserziehung gekümmert. Ihr konntet euch nicht aufsetzen. Euer Wortschatz war äußerst begrenzt – genau genommen habt ihr einen ziemlich üblen Dialekt gesprochen und konntet fluchen wie die Bierkutscher. Kein Wunder, denn ihr hattet eure Sprache ja hauptsächlich von den Krankenschwestern aufgeschnappt, und das waren einfache Frauen aus der Arbeiterklasse.

Die Paediatrija teilte uns mit, ihr solltet bei uns laufen lernen, aber höchstwahrscheinlich war es eher so, dass sie dort einfach keine Verwendung mehr für euch hatten. Offensichtlich waren sie fertig mit euch und fragten sich: ‹Was sollen wir jetzt mit den beiden anfangen?› Und sie glaubten, wenn sie euch zu uns schickten, könnten sie sich selbst auf die Schulter klopfen, weil sie so fürsorglich waren und sich darum bemühten, dass ihr auf die Beine kommt. Als hätte sie das auch nur im Geringsten interessiert! Für diese Leute wart ihr keine menschlichen Wesen. Das ging sogar so weit, dass einer von Anochins Physiologen in unserem Institut vorstellig wurde und sich bei Professor Popow darüber beschwerte, dass wir euch behandelten wie normale Kinder. ‹Ist Ihnen denn nicht klar, dass für die beiden alles nur noch schwerer wird, wenn Sie sie so verhätscheln?›, meinte er. ‹Warum wollen Sie unbedingt Menschen aus ihnen machen? Das kann doch nur ins Auge gehen.›»

Ich würde diesem Mann zu gern einmal in die Augen schauen. Nur ein einziges Mal.

Ist es nicht verständlich, wenn wir sagen, Anochin war brutal zu uns? Sicher, uns ist klar, dass dies teilweise mit der Psychologie der damaligen Sowjetwissenschaftler zu tun hat – erst Stalins Säuberungsaktionen in den dreißiger Jahren, bei denen so viele Menschen hingerichtet wurden oder in den Arbeitslagern ums Leben kamen, dann die Schrecken des Zweiten Weltkriegs –, da blieb einfach nicht viel Mitgefühl für Kinder wie uns übrig. Sonderbarerweise behauptet Dr. Jekaterina Golubewa, die damals als eine von Anochins Assistentinnen im Physiologischen Institut arbeitete, Anochin habe großes Mitleid mit uns gehabt – sie meint, er habe uns auf seine Art sogar richtig gern gehabt.

«Ihr tatet Anochin furchtbar Leid. Er liebte Kinder. Er konnte gut mit ihnen umgehen, und die Kinder mochten ihn. Er hat euch Spielzeug mitgebracht. Es stimmt natürlich, dass ihr für ihn ein wichtiges Forschungsobjekt wart. Er war ein sehr bedeutender, viel beschäftigter Mann, aber er setzte sich zu euch und unterhielt sich mit euch, oder er beobachtete euch einfach. Alles an euch hat ihn fasziniert: dass euer Herzschlag im wachen Zustand unterschiedlich war, im Tiefschlaf jedoch absolut identisch. Oder dass eine von euch hohes Fieber hatte und die andere schwitzte, aber kein Fieber hatte, weil das thermoregulatorische System in ihrem Hirn das kontrollierte. Vor allem aber interessierte er sich für eure psychische Verfassung, und als ihr älter wart, hat er Spezialisten zu euch geschickt, die euch untersuchen sollten. Aber das funktionierte überhaupt nicht! Ihr wolltet keine Psychologen in eurer Nähe, um keinen Preis! Vor allem Masha wurde richtig aggressiv. Vielleicht ist das kein Wunder – man hatte wirklich schrecklich viele Untersuchungen mit euch angestellt: Wissenschaftler wollten euren Blutkreislauf erforschen, euer Nervensystem, die Funktionsweise eurer Organe und eures Gehirns, eure Verhaltensweisen und eure Reflexe. Ich glaube, am Ende habt ihr einfach beschlossen: Jetzt reicht's!»

Selbst jetzt, mit über achtzig Jahren, glaubt Dr. Golubewa fest daran, dass wir in der Paediatrija gut behandelt wurden. «Wir waren nicht brutal – ihr wurdet sauber gehalten, bekamt reichlich zu essen und wurdet permanent medizinisch versorgt. Es war sicher das Beste für euch. Und im Physiologischen Institut hätte man euch nicht unterbringen können, wir hatten keine Infrastruktur für Patienten – bei uns gab es nur Versuchstiere wie Hunde, Kaninchen, Vögel und Frösche. Ich persönlich habe nie mit Hunden gearbeitet. Ich mochte Hunde viel zu sehr.»

Wir mögen Hunde auch, aber Hunde mögen uns nicht. Wenn man es recht bedenkt, gab es auch nicht sonderlich viele Menschen, die uns mochten. Mit etwa sechs Jahren begann ich mir zu überlegen, ob ich selbst uns mochte. Aber als wir dann ins Institut für wissenschaftliche Prothetik (Z.N.I.P.P.) kamen – wir nannten es immer «Snip» –, da begann für uns das Leben.

3

Masha

An einem verschneiten Frühlingstag verließen wir die Paediatrija. Niemand erklärte uns, was vorging – man packte uns einfach ein und schob uns in ein schwarzes Auto. Wir fragten nicht, wohin wir fuhren, weil es uns eigentlich egal war, solange man uns nur von hier wegbrachte – je weiter, desto besser, fand ich. Nachts hatten Dasha und ich in der Paediatrija oft wach gelegen und geweint; wir gingen davon aus, dass wir unser ganzes Leben in diesem Bett verbringen würden – wie zwei lebendige Leichen.

Wir wussten nicht, warum man uns wegbrachte oder wohin, aber ausnahmsweise waren wir hübsch angezogen – wie Brautjungfern auf dem Weg zur Hochzeit. Das verdankten wir Anna Petrowna, der netten Ärztin, die für unsere Reise in die neue Welt ein paar neue Kleider besorgt hatte.

Zum ersten Mal sahen wir unser neues Zuhause durch einen Schneesturm. Um kein Aufsehen zu erregen, wurden wir auf einer Trage zum Hintereingang gebracht. Aber nachdem wir im Bett lagen, kamen alle, um uns in Augenschein zu nehmen. Wir waren starr vor Angst, denn wir hatten noch nie im Leben so viele Menschen gesehen, die keine Ärzte waren. Aber sie machten einen ganz freundlichen Eindruck. Einer nahm uns sogar auf den Arm und wollte uns ein bisschen auf der Schulter herumtragen – wir wären vor Angst fast gestorben! Bisher hatte uns überhaupt selten jemand auf den Arm genommen, schon gar nicht irgendein Wildfremder, und wir dachten, er würde uns bestimmt Kopf voran fallen lassen.

Damals wussten wir noch nicht, dass wir uns im Moskauer Institut für wissenschaftliche Prothetik (Z.N.I.P.P.) befanden, das landläufig Snip genannt wurde und in dem wir die nächsten acht Jahre unseres Lebens verbringen sollten.

Für uns verantwortlich war Lydia Michailowna, eine Ärztin mittleren Alters, verheiratet mit einem Journalisten der KP-Zeitung «Prawda». Sie machte es sich zur Aufgabe, uns zumindest eine Grundbildung angedeihen zu lassen, denn in dieser Hinsicht waren wir laut ihrer Einschätzung «wie zwei kleine wilde Tiere».

«Ihr wart normal intelligent, aber in eurer geistigen Entwicklung weit hinter anderen Kindern in eurem Alter zurück. Ihr kanntet ein paar einfache Wörter wie ‹Stuhl›, ‹Bett›, ‹Tisch› oder ‹Teller›, Sätze wie ‹Geh weg› oder ‹Ich will nicht›, aber nicht viel mehr, einfach weil man euch nie als menschliche Wesen betrachtet hatte. Deshalb beschlossen wir, euch zunächst einmal ein Grundwissen über die Welt zu vermitteln. Ich hoffte, euch so weit rehabilitieren zu können, dass ihr eines Tages eine Arbeitsstelle würdet annehmen können.»

Jetzt wurden wir also behandelt wie Menschen – eine angenehme Abwechslung. Vom Personal wurden wir geradezu verwöhnt: Manche setzten Himmel und Hölle in Bewegung, um nett zu uns zu sein. Beispielsweise «Tante Nadja», Nadeschda Gorochowa, die damals als Physiotherapeutin im Snip arbeitete. Sie war mit einem ehemaligen Patienten verheiratet, der im Krieg beide Beine verloren hatte, und hatte selbst keine Kinder. Vielleicht war sie deshalb so vernarrt in Waisen wie uns; wir jedenfalls waren für ihre liebevolle Zuwendung so dankbar, dass wir sie bald nur noch Tante Nadja nannten.

Als sie uns das erste Mal sah, war sie allerdings entsetzt – nicht nur, weil wir zusammengewachsen waren, sondern weil man uns so vernachlässigt hatte.

«Es war schrecklich. Ich bin sofort in mein Zimmer gelaufen, habe die Tür zugemacht, mich hingesetzt und geheult. Wir standen alle unter Schock. Es war ein furchtbarer Anblick: Ihr beiden kleinen Püppchen konntet euch nur auf dem Bauch oder dem Rücken winden, aber nicht aufsetzen. Ihr konntet kaum sprechen, eure Köpfe waren kahl geschoren, ihr wart nicht sauber und hattet eine völlig durchnässte Windel um. Mit euren sechs Jahren konntet ihr nicht mal selbständig essen! Wahrscheinlich hat es euch einfach niemand beigebracht, aber ich fragte mich natürlich gleich, was sie dort sonst noch mit euch angestellt hatten.

Unsere vorrangigen Aufgaben waren also: Sauberkeitserziehung, selbständiges Essen. Letzteres erwies sich als gar nicht so einfach, weil Dasha Rechtshänderin, Masha aber Linkshänderin ist und sich so beide ständig mit dem Ellbogen anrempelten. Die Glatze war für Heimkinder normal, aber wir ließen euch die Haare wachsen, und bald hattet ihr nette kleine Rattenschwänzchen. Damit saht ihr sehr süß aus, aber es waren sehr dünne Zöpfchen, weil ihr so feine Haare habt. Ich hab immer zu euch gesagt: ‹Esst brav eure Suppe auf, dann bekommt ihr schöne, kräftige Haare.› Manchmal habe ich euch für besondere Anlässe Locken aufgedreht, dann habt ihr noch hübscher ausgesehen.

Von dem Moment an, als man euch herbrachte, war klar, dass du, Masha, die Bestimmende bist. Du warst laut und konntest dich durchsetzen, Dasha dagegen war still und nachgiebig.»

Wir wurden zunächst allein auf einer Station untergebracht (obwohl ich lieber mit anderen Kindern zusammen gewesen wäre) und gewöhnten uns widerspruchslos an unser neues Zuhause. Mir gefiel es, endlich in einem Zimmer mit einer anderen Aussicht zu sein (diesmal waren wir im vierten Stock, also konnte niemand zu uns hereinglotzen – eine große Erleichterung). Aber nicht nur die Aussicht war anders, alles kam uns seltsam vor! Zwar erschienen auch hier Ärzte im weißen Kittel, aber ohne Mundschutz und mit freundlich lächelndem Gesicht, und sie stellten auch keine bösartigen Versuche mit uns an. Sie wollten uns beibringen, zu sprechen und zu sitzen, statt uns eklige Schläuche in den Hals zu stecken. Außerdem gab es im Snip eine Menge Kinder in unserem Alter, und das war wirklich großartig. Bis dahin hatte ich keinen Kontakt zu anderen Kindern gehabt, und jetzt entdeckte ich auf einmal, was mir entgangen war. Mit Kindern zusammen zu sein, machte ungeheuer viel Spaß, denn sie dachten genau wie ich.

Zum ersten Mal in meinem Leben fühlte ich mich wohl. Ich war glücklich. Zwar erklärte mir immer noch niemand, warum ich mit Dasha zusammen war, aber inzwischen wusste ich, dass es den Erwachsenen peinlich war, darüber zu reden, und die anderen Kinder kümmerten sich eigentlich gar nicht darum. Sie hatten ja selbst allesamt irgendein Gebrechen, manchen fehlten die Arme oder die Beine, andere hatten missgebildete Gliedmaßen, und so bestand die stillschweigende Übereinkunft, dass man hier über solche Dinge nicht redete. Sie nannten uns «Mashdash», als hätten wir nur einen Namen. Aber das war auch in Ordnung, weil ich sowieso immer für Dasha und für mich sprach.

Ein paar von den Leuten, die uns versorgten, versuchten ihre Zuneigung auch körperlich auszudrücken, aber ich hasste es, berührt zu werden. Vielleicht hatte das etwas mit den Experimenten zu tun. Nicht mal von Dasha ließ ich mich allzu oft anfassen, und Küssen und Schmusen mochte ich schon gar nicht leiden. Tante Nadja liebte uns sehr und behandelte uns in mancher Hinsicht wie ihre eigenen Kinder, aber sie war auch recht streng und bewahrte eine gewisse Distanz.

An der Oberfläche war Lydia Michailowna viel strikter als Tante Nadja, aber das gefiel mir, weil sie uns nicht als eine Kuriosität zu sehen schien – ich hatte genug von Sonderbehandlungen wie in der Paediatrija. Lydia Michailowna ließ sich von keinem Kind auf der Nase herumtanzen. Aber weil die anderen Patienten im Gegensatz zu uns meist nur kurze Zeit da waren, entwickelte sie zu uns eine engere Beziehung. Manchmal ließ sie uns mit den größeren Kindern fernsehen, und sie brachte uns oft irgendwelche Leckereien von zu Hause mit. Aber ich fühlte mich nie als Außenseiterin mit Sonderstatus, nur weil wir zusammengewachsen waren. Sie mochte uns einfach.

Manchen Leuten sah ich den Schock sofort an, wenn sie in unser Zimmer traten und uns entdeckten. Die meisten gingen davon aus, dass wir geistig behindert waren, deshalb starrten sie uns an, als hätten wir sowieso keine Gefühle, aber nach ein paar unmissverständlichen Worten meinerseits begriffen die meisten, dass sie sich irrten. Wenn sie kapiert hatten, dass unser Gehirn normal funktionierte, taten sie plötzlich, als hätten sie furchtbar Mitleid mit uns armen kleinen Krüppeln. Aber ich war ganz bestimmt kein armer kleiner Krüppel, nein danke. Nur weil ich mit Dasha zusammen war? Wenn ich damit klarkam, warum schafften sie das nicht? Das Letzte, was ich wollte, war so ein blödes Mitgefühl und besorgtes Kopfgeschüttel.

Aber Lydia Michailowna war nicht so. Sie hatte ihr Leben lang mit behinderten Kindern gearbeitet, und nichts konnte sie mehr erschüttern; als wir dann ins Institut kamen, fand sie, dass es ihre Aufgabe als unsere Ärztin sei, uns etwas über die Welt beizubringen.

«Es wäre schön gewesen, wenn sie uns auch hätte helfen können, besser mit unserem Schicksal umzugehen, was meinst du, Masha? Aber sie war keine Psychologin, und wir hatten das sowieso mehr oder weniger untereinander geregelt.»

Richtig. Du hast getan, was ich gesagt habe, weil das besser für uns war. Du warst die Sensible, aber ich musste mich ums Grobe kümmern ... schließlich musste eine von uns sagen, wo's langgeht. Jeder, der uns kennen lernt, findet, dass man sich mit mir gut amüsiert und dass Dasha süß ist, aber meistens ist den

Leuten nicht klar, wie sehr Dasha mich braucht. Ich heitere sie auf, wenn sie sich schlecht fühlt, ich verteidige uns beide, wenn jemand uns angreift, während Dasha sich nur in ihr Schneckenhaus zurückzieht und heult. Wir ergänzen einander – das Negative und das Positive –, und zusammen sind wir die perfekte Mischung! Lydia Michailowna dachte, ich sei gemein zu Dasha, aber sie hat nicht verstanden, wie wir zusammen funktionieren.

«Ihr habt ganz verschiedene Persönlichkeiten, fast diametral entgegengesetzte sogar. Da kann man nichts machen, so ist es eben. Dasha ist sanft und nett, sie gibt immer nach. Du, Masha, bist härter und ungehobelter. Du gibst gern Befehle, und dass es zwischen euch keine Konflikte gibt, liegt nur daran, dass Dasha ihre eigenen Bedürfnisse unterdrückt, damit du deinen Willen bekommst. Das ist immer so gewesen, soweit ich zurückdenken kann.

Dasha hat eine sehr freundliche, nachgiebige Art, und davon profitierst du. Du bist hart, manchmal sogar grausam, du bist alles andere als ein gutmütiger Mensch, du bist wild entschlossen, dir das Heft nicht aus der Hand nehmen zu lassen, nicht mal bei der kleinsten Kleinigkeit. Als ihr etwa ein Jahr bei uns wart, seid ihr einmal auf ein Schwätzchen in mein Büro gekommen, und ich habe euch eine Orange gegeben. Du hast deine sofort geschält und gegessen, während Dasha ihre erst ein wenig in ihrer kleinen Hand festhielt. Als deine Orange dann aufgegessen war, hast du Dasha ihre weggenommen, und Dasha hat sie dir ohne ein Wort des Protests überlassen. ‹Und wenn Dasha ihre Orange selbst essen möchte?›, habe ich gefragt, und du hast geantwortet: ‹Ach, Dasha macht das nichts aus!›

Ich habe nie erlebt, dass ihr euch ernsthaft gestritten habt, weil Dasha ja fast nie widersprach, aber du warst schon wütend, dass sie einfach nur da war. Wenn Dasha irgendwohin wollte, hat sie dich nach deiner Meinung gefragt, und wenn du nicht wolltest, war das Thema erledigt. Aber wenn du irgendwas machen wolltest, hast du es einfach gemacht. Du hast Umgangssprache gesprochen, mit einer Menge Gassenausdrücken und

Schimpfwörtern. Dasha hatte einen größeren Wortschatz und konnte treffender formulieren, aber sie stotterte manchmal stark. Sie war immer auf deine Bestätigung aus und sagte oft: ‹Nicht wahr, Masha?›, ‹Findest du nicht auch, Masha?›, ‹Du hast vollkommen Recht, Masha!› Du bist rücksichtslos über ihre sensible, zarte Natur hinweggetrampelt, obwohl du tief in deinem Innern genau wusstest, dass Dasha ständig nachgab, aber das hat dich nur noch mehr aufgebracht. Du hast sie gestoßen, geschlagen und gekratzt, du hast sie angeschrien: ‹Ich hab die Nase voll von dir – warum kannst du nicht einfach verschwinden? Warum kann ich mich nicht hinsetzen, ganz für mich allein?› Du hast alles getan, um ihr wehzutun, und Dashas Sanftheit und Geduld schienen deinen Zorn nur noch zu vergrößern.

Ich habe gesehen, was du anscheinend nie bemerkt hast: dass Dasha in ihrem Innern einen permanenten Kampf ausficht. Jede Minute ihres Lebens verbringt sie damit, ihre Wut und ihre Wünsche zu unterdrücken. Eine übermenschliche Aufgabe. Bei jedem Schritt ist sie gezwungen, etwas zu tun, was sie gar nicht will.»

Gut und schön, aber Lydia hat etwas ziemlich Wichtiges außer Acht gelassen: Ich bin Dashas Schwester, ich kenne sie besser als jeder andere – weil Dasha so schwach und hilflos ist, muss jemand die Verantwortung übernehmen. Ich lasse nicht zu, dass wir gedemütigt werden, indem sie vor anderen weint. Wir haben unseren Stolz. Das ist das Wichtigste für mich, und Dasha versteht das. Ich weiß, dass manche anderen Leute das nicht begreifen können, sie glauben, sie haben mich und Dasha durchschaut, aber das stimmt nicht. Nicht mal Lydia Michailowna hat das geschafft, und sie stand uns sehr nahe. Vielleicht hatte sie Mitleid mit Dasha, weil sie selbst von ihrem Mann rumkommandiert wurde. Wenn sie morgens zur Arbeit erschien und besonders schlecht gelaunt aussah, flüsterte ich Dasha zu: «Sie hat viele einsame Stunden vor sich.» Nicht weil sie keine Kinder hatte, sondern wegen ihres Ehemanns. Aber sie hatte ihn sich ja ausgesucht.

«Mein Mann und ich aßen, wenn *er* Hunger hatte; wir standen auf, wenn es *ihm* passte; wir sahen die Fernsehsendungen, die *ihm* gefielen. Mir fiel es sehr schwer, damit zurechtzukommen. Aber immerhin hatten wir beide unser eigenes Leben und unsere eigene Arbeit. Könnt ihr euch vorstellen, wie barbarisch es ist, für immer an so einen Menschen gebunden zu sein? Für mich grenzt es an ein Wunder, dass Dashinka nicht die Wände hochgegangen ist...»

Warum Dasha nicht die Wände hochgegangen ist? Typisch, diese Frage! Ich weiß nicht, warum ich nicht verrückt geworden bin! Dauernd diese Heulsuse auf der Pelle zu haben! Wenn ich genauso wäre wie Dasha, wäre unser Leben eine einzige Tragödie – wir wären längst im Meer unserer Tränen ertrunken. Nein, ich bin hart, Gott sei Dank. Vielleicht war den Erwachsenen die nette, nachdenkliche kleine Dashinka lieber, aber ich war dafür bei den anderen Kindern sehr beliebt.

«Ihr habt beide rasch Freunde gefunden, aber vor allem du, Masha. Das war nie ein Problem. Ich glaube, es kam daher, dass auch die anderen Kinder eine Körperbehinderung hatten, deshalb haben sie euch akzeptiert, wie ihr seid, und wollten nicht dauernd wissen, warum ihr so seid. In der ganzen Zeit, die ihr bei uns wart, hat nur ein einziges Mal ein kleiner Junge so etwas wie Überraschung gezeigt. Er hat mich gefragt: ‹Warum sind die denn zusammengewachsen?›»

Wir machten alles zusammen – genauer gesagt: Dasha machte das, was ich machte. Ich war ein Wildfang, manchmal ganz schön hinterhältig, und ich geriet oft in Schwierigkeiten, vor allem, nachdem wir laufen gelernt hatten. Deshalb zog ich Dasha in alle möglichen Streitereien mit rein, und ich spielte auch liebend gern anderen Leuten irgendwelche Streiche. Dasha war der Liebling aller Lehrer und wollte mit meinen verrückten Ideen eigentlich nichts zu tun haben, aber sie konnte sich nicht wehren. Wenn ich etwas wollte, machten wir es, wenn wir dafür bestraft wurden, dann beide. Man hat uns nie geschlagen, dafür aber die Kleider weggenommen. Dann blieb uns nichts anderes übrig, als im Bett zu bleiben. Mir wäre eine Tracht Prügel wesentlich lieber gewesen, als mich eine Woche im Bett rumzudrücken, nackt, wie der Herrgott mich geschaffen hat. Aber obwohl ich genau wusste, was mir drohte, konnte ich die Streiche nicht lassen. Eines Abends schüttete ich Salatöl auf den Korridor, der zur Eingangshalle führte. Als Erster kam ein gebrechlicher alter Mann mit einem verkrümmten Bein auf seinen Krücken dort entlang, und er stürzte so ungeschickt, dass er sich das andere Bein brach! Ha! Ich muss immer noch grinsen, wenn ich daran denke, wie es ihn buchstäblich umgehauen hat.

Ein paar von den Kindern waren echt witzig, und ich kam gut mit ihnen aus, aber es gab auch ein paar, die uns hänselten, und mit denen hab ich mich geprügelt. Ein Kind, das zu einer Operation aus dem Waisenhaus gekommen war, mochte uns aus irgendeinem Grund nicht und schrie uns immer irgendwelche albernen Schimpfwörter nach. Eine Weile fand ich mich damit ab, aber dann dachte ich, jetzt reicht's, du kleiner Blödmann. Ich beschloss, ihm eine Lektion zu erteilen, ein für alle Mal. Ich nahm unsere Krücken und briet ihm damit eins über. Er ging zu Boden, und ich beförderte ihn mit der Krücke immer weiter den Flur runter, wie einen Fußball. Das reichte, um dem kleinen Scheißkerl zu zeigen, wer der Boss war – von da an hatten wir Ruhe, er belästigte uns nie wieder.

«Ja, dafür hatten wir die Ärzte am Hals. Die waren ganz schön sauer...»

Die haben sich eigentlich ganz korrekt verhalten; als sie fragten, warum ich das getan habe, erklärte ich ihnen, dass der Knabe uns beschimpft und beleidigt habe. Da sind wir nicht bestraft worden – diesmal nicht. Denn sie haben eingesehen, dass ich nicht tatenlos zusehen konnte, wenn andere uns beleidigten. Wenn jemand gemein zu Dasha ist, bohrt sie sich die Fäuste in die Augen und weint, und das macht mich verrückt. Ich sage dann immer: «He, wie kannst du dich nur so jämmerlich aufführen? Du musst dich wehren, du musst ihnen wehtun, dann tun sie dir nicht mehr weh.»

«Denk mal dran, was uns das gebracht hat, als wir aus dem Fenster geworfen wurden.»

Na schön, das war an dem Tag, als wir die Auseinandersetzung mit dieser Gruppe Jungs hatten. Die wurden sauer, haben uns am Kragen gepackt und zum Fenster rausgeschubst, aus dem ersten Stock. Glücklicherweise landeten wir mitten in einer riesigen Schneewehe, in der wir kopfüber stecken blieben – nur im Pyjama! Irgendwie schafften wir es, rauszukriechen und uns wieder ins Haus zu schleppen, aber natürlich waren wir tropfnass von Kopf bis Fuß. Die Schwester war entsetzt. «Wo wart ihr denn?», hat sie geschrien. Sie hatte Angst, dass wir uns erkältet hätten, deshalb rieb sie uns erst mal mit Alkohol ab. Aber wir wurden nicht krank.

Tag und Nacht trugen wir Pyjamas, das ging mir wirklich auf die Nerven. Nur als der Film für das Gesundheitsministerium mit uns gedreht wurde, bekamen wir richtige Kleider. Man putzte uns raus mit Hosen und Blusen und hübschen Bändern im Haar und weiß der Himmel was allem. Aber das erste Mal, als ich eine Unterhose anhatte, war ich vierzehn und schon nicht mehr im Snip. Davor kannten wir nur unseren Pyjama.

Aber wir lernten laufen, und Lydia Michailowna tat für uns, was sie konnte. Ich mochte besonders an ihr, dass sie uns zwar half, aber nie irgendwelche Besitzansprüche an uns stellte; ich kann es gar nicht leiden, in einer Umarmung regelrecht zu ersticken. Wir haben Lydia respektiert. Sicher, sie hat uns ständig in ihr Büro zitiert, um uns die Leviten zu lesen, aber sie war immer für uns da.

«Sie hat uns auch vor den Medizinstudenten gerettet, die dauernd versuchten, uns in die Finger zu kriegen.»

Sie hat uns gerettet? Jetzt mach aber mal 'nen Punkt – ich hab uns gerettet! Ich hatte diese Freundin, Lussia, die war ein echter Wirbelwind, und wir zwei haben die Studenten immer mit faulen Eiern und Tomaten beworfen. Lussias Eltern waren bei einem Autounfall ums Leben gekommen. Sie war älter als ich, aber wir haben uns glänzend verstanden. Sie hat mich morgens geweckt, und dann zogen wir den ganzen Tag herum und dachten uns Streiche aus – wir stellten das Institut auf den Kopf. Beispielsweise legten wir den Lift lahm. Die Liftfrau war eine gemeine alte Babuschka, deren einzige Aufgabe darin bestand, dass sie im Lift auf einem Hocker saß und die Knöpfe drückte. Wenn sie Lussia und mich nur von weitem sah, wurde ihr schon ganz mulmig, denn sie wusste genau, dass wir es mal wieder schaffen würden, mit dem Lift zwischen zwei Stockwerken stecken zu bleiben. Es gab hundert Möglichkeiten, das zu bewerkstelligen, und ich kannte sie alle. Und dann mussten wir warten, bis jemand uns befreite. Unvorstellbar, was wir alles ausheckten!

Einem kleinen Mädchen – sie hieß Natascha – haben wir die Haare abgeschnitten. Diese Frisur hat sie garantiert nie vergessen! Am Ende sah sie aus wie ein zerzauster Billardball! Als Lydia Michailowna gefragt hat, wer dafür verantwortlich sei, hab ich alles abgestritten, denn ich wollte nicht dafür bestraft werden.

Ein Glück, dass ich Lussia hatte. Irgendwie musste ich mich ja amüsieren, und Dasha war eine unglaubliche Langweilerin. Lussia hatte einen Klumpfuß, aber als man sie auf den Operationstisch setzte, stieß sie alle Ärzte weg, sprang runter und rannte davon. Man musste ihr eine Beruhigungsspritze verpassen, ehe man sie wieder in diesen Raum kriegte.

Wir spielten oft Verstecken mit den anderen Kindern, und einmal beschlossen Lussia und ich, uns hinten auf einem Lastwagen zu verstecken, der im Hof stand, weil wir dachten, er sei nicht in Gebrauch. Da saßen wir dann und haben gekichert (Dasha hat natürlich geschmollt, weil es kalt und schmutzig war), als auf einmal die Tür zugeschlagen wurde und der Laster losfuhr! Dasha war zu Tode erschrocken und wollte an die Tür klopfen, damit der Fahrer anhielt, aber Lussia hat sie daran gehindert, denn das war doch ein echtes Abenteuer! Raus aus dem Tor – ab in die Freiheit! Aber wir fuhren bloß zur nächsten Tankstelle und nach dem Tanken gleich wieder zurück zur Klinik. Wir verpassten das Mittagessen, und die Schwester regte sich höllisch auf, weil sie uns nirgends finden konnte.

Ein andermal versteckte ich mich oben in dem Raum, in dem die Versuchstiere für die Experimente gehalten wurden, und kroch zu den Kaninchen in den Käfig. Wenn ich es mir heute überlege, kann ich mir überhaupt nicht vorstellen, wie ich mich und Dasha da reingekriegt habe, aber wir waren eben schon immer ziemlich sportlich. Dort saßen wir dann eine halbe Ewigkeit, aber das Versteck war so gut, dass uns niemand fand. Deshalb krochen wir irgendwann raus und gingen wieder nach unten. Inzwischen hatten die anderen längst aufgegeben.

Lydia Michailowna war immer sehr wütend über solche Faxen. «Was ist bloß los mit dir, Masha? Bist du verrückt oder was?», hat sie oft geschimpft. Und ich habe geantwortet: «Ich bin nicht verrückt, aber wenn ich mich nicht wenigstens ein bisschen amüsieren kann, dann werd ich verrückt!»

4

Dasha

Die ersten Jahre im Snip hatten wir ein Einzelzimmer, das wir nur sonntags verlassen durften. Unsere Freundschaften waren kurzlebig, weil die anderen Patienten nur ein paar Wochen oder vielleicht auch mal zwei Monate in Behandlung waren und dann von ihren Eltern nach Hause geholt oder wieder in ein Heim für behinderte Kinder geschickt wurden. Bei uns war das anders; wir hatten keine Wahl: Das Krankenhaus war unser einziges Zuhause. Wir hatten keine Mutter, die uns am Besuchstag Äpfel mitbrachte. Ironischerweise kamen die Besucher immer sonntags, also an dem Tag, an dem wir auch hinausdurften. Und da wollten wir unser Zimmer eigentlich gar nicht verlassen, denn es wimmelte überall von Angehörigen, die uns anstarrten, bevor sie mit den Süßigkeiten und selbst gebackenen Plätzchen und ihren Küssen zu ihren kleinen Anjas und Tanjas weiterzogen. An solchen Tagen versteckten wir uns jeweils auf der Hintertreppe, hielten einander fest und weinten.

Immerhin hatten wir Tante Nadja. Sie war liebevoll und nett, sie verwöhnte uns, aber an den Abenden und Wochenenden ging auch sie heim und ließ uns allein. Natürlich – sie hatte ja ihr Privatleben und musste sich um ihren Mann kümmern. Aber sie hatte keine eigenen Kinder, sie hatte uns unter ihre Fittiche genommen, und deshalb fragten wir uns natürlich manchmal, ob sie uns vielleicht adoptieren würde. Wie alle Waisenkinder träumte auch ich davon, dass unsere Mutter eines Tages zurückkommen und uns mitnehmen würde. Ein kleiner Teil tief in meinem Innern weigerte sich zu glauben, dass sie tot war. Nur Masha wusste von meiner geheimen Hoffnung. Da unsere Mutter aber nie auftauchte, konzentrierten wir uns auf Tante Nadja.

Eines Tages kam sie herein, setzte sich auf unser Bett und erzählte uns, dass sie und ihr Mann beschlossen hätten, Nadjas Neffen zu adoptieren (weil ihre Schwester «sonderbar» war und das Kind vernachlässigte). Das war ein harter Schlag für uns. Wir fühlten uns betrogen. Ich war ganz sicher gewesen, dass Tante Nadja uns lieber mochte als alle anderen Kinder. Wie konnte sie da einfach hingehen und diesen Jungen in ihre Familie aufnehmen, den sie kaum kannte? Sie wusste doch, dass wir davon träumten und eigentlich nur dafür lebten, dass sie uns adoptierte!

«Aber Mädels, ihr müsst doch gewusst haben, dass ich euch beide nie hätte adoptieren können! Wie hätte ich das denn schaffen sollen? Mein Mann war an den Rollstuhl gefesselt, meine Schwester nicht ganz richtig im Kopf – ich musste ihren Sohn adoptieren, ich hatte keine andere Wahl. Aber ich habe den Kleinen in eine Tagesstätte gegeben, damit ich weiter arbeiten konnte. Wenn ich euch zu mir genommen hätte, hätte ich meine Arbeit aufgeben müssen. Wovon hätten wir dann leben sollen? Ihr hattet nicht mal eine staatliche Schwerbehindertenrente – nichts! Ich bin bestimmt kein habgieriger Mensch, und ich gab so viel aus, wie ich mir leisten konnte, um euch das Leben im Snip möglichst angenehm zu machen, weil ich euch so ins Herz geschlossen hatte. Aber nachdem mein Neffe Wasja bei mir lebte, habt ihr mir dauernd unter die Nase gerieben, dass ich ihn adoptiert hatte und nicht euch. ‹Siehst du›, habt ihr gesagt, ‹ihn hast du adoptiert, aber uns nicht.› Und wenn ich ihn ins Institut mitbrachte, habt ihr ihn gezwickt und geschubst, so eifersüchtig wart ihr. Dabei hab ich alles für euch getan, was ich konnte. Zum Glück war mein Mann ein großzügiger Mensch und hat nie einen Ton gesagt, wenn ich die letzte Kopeke für euch ausgegeben habe. Ich habe immer dafür gesorgt, dass ihr ein paar Orangen im Nachtschränkchen hattet. Ich weiß noch, wie sich die Stationsschwester bei Popow, unserem Direktor, beschwert hat. ‹Masha und Dasha essen nichts, weil die Gorochowa ihnen immer Hühnchen oder Suppe und Obst von zu Hause mitbringt.› Popow rief mich zu sich, klopfte mit dem Finger auf den Tisch und fragte: ‹Was hat das zu bedeuten – sind Sie reicher als wir anderen? Oder wie können Sie es sich leisten, Ihren ganzen Lohn für die beiden Mädchen auszugeben?›»

Also wurden wir nicht adoptiert, aber wir waren trotzdem dankbar für Tante Nadjas Zuwendung. Das Leben in einem Einzelzimmer in der Klinik war besser als das in der Paediatrija, aber es war auch nicht gerade spaßig, trotz Mashas Witzen und Streichen. Glücklicherweise kam jeden Tag eine Grundschullehrerin in die Klinik und unterrichtete die Langzeitpatienten. Ich hätte gern viel mehr gelernt …

«Und ich viel weniger!»

… denn wir lagen mindestens drei Jahre hinter unseren Altersgenossen zurück. Weil wir für unser Alter klein und zierlich waren, fiel das aber niemandem auf. Unsere Lehrerin war nett und sehr gerecht. Sie behandelte alle gleich, ob wir Eltern hatten oder nicht, spielte keine Rolle, und mir machte das Lernen großen Spaß. Masha war nicht so schnell wie ich, aber sie konnte gut von mir abschreiben! Schließlich bestand Lydia Michailowna darauf, dass zwischen uns ein Brett angebracht wurde, um der Sache ein Ende zu bereiten.

«Ja, die alte Spielverderberin! Aber meine Dashinka hat mir trotzdem durch das Brett vorgesagt oder das Ding einfach ein Stück weggeschoben. Dasha war immer lieb zu mir – sie kann nicht anders …»

Ich lernte gern, aber Masha zog lieber mit Lussia durch die Gegend. Einmal haben die beiden gleichzeitig den Krankenwagen, die Feuerwehr und die Polizei alarmiert, und wir haben vom Fenster aus zugesehen, wie alle Notfallwagen mit quietschenden Reifen die Einfahrt zum Institut hochbrausten. Plötzlich wimmelte es von Uniformierten und Ärzten, die alle wissen wollten, wo denn nun der Notfall sei, und der Direktor, Professor Popow, kam zu uns hereingestürmt, musterte Masha und Lussia mit einem wütenden Blick und rief: «Wenn ich rausfinde, wer das getan hat, bringe ich ihn um!»

«Aber wir leben immer noch!»

Das erste Jahr im Institut war Tante Nadja fast jeden Tag von morgens bis abends bei uns, weil wir laufen lernen sollten. Zuerst einmal musste sie unsere Körperstellung ändern, denn als wir ins Snip gebracht wurden, lagen wir diametral zueinander. Mit Hilfe einer Art Korsett – wir trugen jede eins –, das sie jeden Tag etwas fester zuband, drückte sie unsere Oberkörper immer näher zusammen. Ich sah ein, dass wir uns damit abfinden mussten, wenn wir laufen und ein einigermaßen normales Leben führen wollten, aber Masha hasste es zutiefst. Schließlich war sie so sauer, dass sie das Korsett herunterriss und es in den Müllschlucker warf. Lydia Michailowna war furchtbar wütend, als sie es nicht mehr fand, und hielt uns eine lange Moralpredigt, aber Masha zeigte nicht die geringste Reue. Sie hielt es einfach nicht mehr aus, fertig, und sie fand, dass es sich anfühlte, als würde sie entzweigerissen. Vermutlich hatte sie gar nicht mal so Unrecht.

So viel zum Korsett. Man hat uns jedenfalls kein zweites gegeben, nicht wahr, Masha? Nadja brachte uns bei, wie wir unsere beiden normalen Beine in Form halten konnten, denn die waren dünn und schwach, und wie wir sie koordinieren mussten. Unser drittes, verkümmertes Bein, das nach hinten abstand, benutzten wir, um das Gleichgewicht zu halten. Zuerst versuchten wir, mit Krücken aufzustehen, aber weil wir dauernd umkippten, gab man uns einen Stuhl zum Festhalten. Aber selbst so war die Koordination schwierig, und anfangs fielen wir regelmäßig samt Stuhl um.

«Ich hab mir so oft den Kopf angeschlagen, dass ich dachte, ich hätte eine Gehirnerschütterung! Kein Wunder, dass mein Hirn im Unterricht nicht funktionierte …»

Dann hat Nadja uns auf ein kleines Dreirad gesetzt, und das machte einen Riesenspaß.

«Ihr wart beide ganz verrückt auf dieses Dreirad, und so haben wir es zusätzlich noch für das Sauberkeitstraining genutzt. Wir sagten, wenn ihr euch nass macht, dürft ihr nicht fahren. Auf diese Weise seid ihr dann tatsächlich sauber geworden. Und ich habe unermüdlich mit euch geübt.

Anfangs seid ihr immer umgefallen und hattet überall blaue Flecken und Beulen. Manchmal wart ihr so müde, dass ihr euch in eine Ecke verkrochen habt und eingeschlafen seid, aber nach ein paar Minuten Pause habe ich euch wachgerüttelt, und wir haben weitergemacht.»

Ironischerweise begriffen wir das Ausmaß unserer Behinderung erst richtig, als wir mobiler wurden. Wir waren ungefähr neun Jahre alt, als wir eines Tages loszogen, um einen anderen Teil des Krankenhauses zu erforschen. Wir trabten eine Treppe hinunter und bogen in einen Korridor ein. Am anderen Ende des Korridors hing ein großer Spiegel, aber wir erkannten uns nicht darin. Erst als wir näher kamen, dämmerte uns, dass wir zum ersten Mal im Leben unserem Spiegelbild gegenüberstanden. Ich begann zu zittern, so erschrocken war ich über unsere Erscheinung. So also sahen uns andere Menschen! So hatte ich immer ausgesehen, so würde ich immer aussehen!

Der Vorfall beschäftigte mich sehr. Masha versuchte mich abzulenken und meinte, wir hätten doch immer gewusst, wie wir aussehen, wir hätten schließlich Augen im Kopf, wozu also das Theater? Aber aus irgendeinem Grund war es für mich ein Schock, mich selbst so distanziert, vom anderen Ende des Korridors aus, zu betrachten.

Noch schlimmer wurde die Sache, als wir anfingen, im Garten neben dem Institut Spaziergänge zu machen. Einerseits war das natürlich angenehm, andererseits aber bedeutete es, dass uns jeder sehen konnte – und die Öffentlichkeit war den Anblick von Behinderungen nicht gewöhnt, ganz gleich welcher Art sie waren, da diese bekanntlich schnell hinter hohen Mauern versteckt wurden. Beim ersten Spaziergang begleitete uns Lydia Michailowna, aber der Wind auf unserer Haut, die Gerüche und das Gefühl fast unendlicher Weite versetzten uns dermaßen in Angst und Schrecken, dass wir sofort kehrtmachten und im Haus Zuflucht suchten. Lydia Michailowna war wütend.

«Wir beschlossen, euch mit hinauszunehmen, weil es höchste Zeit war, dass ihr mal an die frische Luft kamt und endlich ein paar Bäume sehen konntet. Aber das erste Mal, als ich mit euch beiden im Garten war, hattet ihr schreckliche Angst. Das nächste Mal habt ihr euch einfach hingesetzt und euch geweigert, auch nur einen Schritt vorwärts zu machen. Ihr hattet ja noch nie Gras unter den Füßen gehabt, und als ihr gemerkt habt, dass es nachgibt, seid ihr furchtbar erschrocken. Ich fragte: ‹Wovor habt ihr denn solche Angst? Ihr habt doch von eurem Fenster aus schon Gras gesehen oder nicht? Steht auf und macht euch nicht lächerlich!›»

Schritt für Schritt gewöhnten wir uns ans Freie, aber an die Blicke der Passanten gewöhnten wir uns nie. Erst blieb einer stehen, dann wurden es fünf, dann zehn, und innerhalb weniger Minuten hatte sich eine ganze Meute versammelt, um zu gaffen. Ich erinnerte mich an unser Spiegelbild und wusste plötzlich, warum sie uns so anstarrten, und das war ein scheußliches Gefühl. Sofort stiegen mir Tränen in die Augen, aber weil ich wusste, dass Masha es nicht leiden konnte, wenn ich weinte, versuchte ich wegzulaufen und mich möglichst weit weg vom Zaun zu verstecken. Aber in diesem Garten gab es keine Möglichkeit, den Gaffern wirklich zu entkommen. Masha reagierte genau entgegengesetzt: Sie wollte sich auf die Leute stürzen und sie beschimpfen. Aber das nützte auch nichts – da hatten sie nur noch mehr zu glotzen.

Jenseits des Zauns lag eine andere Welt, und eines Tages schaffte es Masha, uns durch den Zaun zu quetschen. Nie zuvor waren wir außerhalb des Zauns gewesen, das war tabu. Nur die älteren Patienten durften hinaus, und wir beobachteten sie, wie sie sich anzogen und dann in die Stadt verschwanden, als gäbe es nichts Einfacheres auf der Welt. An jenem Tag war niemand in der Nähe; wir fanden einen Riss im Zaun, und weil wir so dünn waren, konnten wir durchschlüpfen. Doch schon nach dem ersten Schritt blieben wir vor Schreck wie angewurzelt stehen. Es war wie der erste Schritt auf dem Mond.

«Als hätten wir die Grenze in ein anderes Land überschritten – in eine andere Welt.»

Ich weiß nicht, wie lange wir da standen, wahrscheinlich nicht sehr lange. Als wir uns wieder rühren konnten, verzogen wir uns schnell wieder durch die Lücke im Zaun. Niemand erfuhr je davon, und wir sprachen auch miteinander nie darüber.

Nach einer Weile wollten wir überhaupt nicht mehr hinaus. Wozu auch? Aber Lydia Michailowna bestand darauf. Sie erklärte uns, es sei unsere Pflicht, mit den Leuten da draußen Geduld zu haben, denn wir hätten eben das Pech, so geboren worden zu sein, und nun müssten wir uns in unser Schicksal fügen. «Ihr müsst euch nur daran gewöhnen», sagte sie immer wieder, «ihr müsst euch nur daran gewöhnen.» Wenn wir nicht aufhörten, uns über das Glotzen und die Rufe so aufzuregen, würden wir nie Frieden finden, und es sei ihre Pflicht, uns so früh wie möglich gegen die öffentliche Meinung abzuhärten. «Ob ihr wollt oder nicht, man wird euch immer anstarren», meinte sie. «Es ist Zeit, dass ihr das kapiert.»

Natürlich war es leicht für sie, das zu sagen. Ihr Anblick rief in den Augen von wildfremden Menschen nicht dieses blanke Entsetzen hervor, das Masha zur Weißglut brachte und mich mit einer abgrundtiefen Traurigkeit erfüllte, die in meiner Brust begann, in meine Kehle stieg und mir die Tränen in die Augen trieb, ganz gleich, wie sehr ich mich dagegen wehrte.

Eines Samstagmorgens wachten wir ganz aufgeregt auf. Ein

Filmteam sollte heute kommen und Aufnahmen für den Dokumentarfilm der Akademie der Wissenschaften machen.

Erst vor wenigen Wochen hatten wir gelernt, ohne fremde Hilfe die Treppe hinauf- und hinunterzulaufen, und das sollte nun gefilmt werden. Wir würden keinen scheußlichen Pyjama anziehen müssen, sondern richtige Kleider, die Tante Nadja für uns genäht hatte. Aus alten Vorhängen von Professor Popow hatte sie Hosen für uns geschneidert und dazu Blusen aus einem alten Rock. Nach dem Frühstück kam sie, um uns Schleifen ins Haar zu binden. Etwas barsch ermahnte sie uns, nicht so aufgeregt zu sein, aber ich merkte ihr an, dass sie selbst ganz nervös war. Immerhin war die Dokumentation ja ein Tribut an ihre Leistung – sie hatte uns beigebracht zu gehen.

Das Filmen machte uns Spaß. Teilweise, weil wir mit unseren Schleifen und hübschen Kleidern so fein waren, aber hauptsächlich, weil wir jetzt Filmstars waren, und Filmstars wurden nicht kahl geschoren und bekamen auch den Kopf nicht mit Petroleum gegen Läuse eingerieben. Dank der Dokumentation entgingen wir diesem Schicksal. Als das Team endlich auftauchte, führte man uns hinaus auf den Korridor und zur Hintertreppe. Wir rannten voraus, mächtig stolz darauf, dass wir ohne Krücken so schnell waren. Aber da kam uns auf halbem Weg eine Besucherin entgegen, blieb zu Tode erschrocken stehen und kreischte: «Hilfe! Der Teufel! Ein böser Geist!» Und dann fiel sie direkt vor uns in Ohnmacht.

Wie soll man sich an so was gewöhnen, Lydia Michailowna? Da muss man schon tot sein.

Wenn ich an die Paediatrija zurückdenke, war ihr einziger Vorteil der, dass sie uns vor der schlimmsten Erfahrung in unserem Leben geschützt hatte: vor der Öffentlichkeit. Jetzt, da wir mobiler waren und mehr Bewegungsfreiheit hatten, wurden wir unbarmherzig mit ihr konfrontiert. Die ersten Jahre im Snip waren die glücklichsten unseres Lebens gewesen; ich hatte allmählich das Gefühl, immer besser damit zurechtzukommen, dass wir zusammen waren. Ich hatte gelernt, mit Masha zu leben und unsere Behinderung zu überwinden – wir konnten rennen, hüpfen und sogar auf Bäume klettern, wenn wir unbedingt wollten. Wir hatten Freunde, Tante Nadja liebte uns, wir bekamen Unterricht, und die Menschen, die uns kannten, behandelten uns wie ganz normale Kinder. Die Zukunft sah rosig aus, die Welt begann sich für uns zu öffnen. Lydia hatte sogar davon gesprochen, dass wir später vielleicht als Laborassistentinnen im Institut arbeiten könnten.

Aber nun begannen all diese optimistischen Kartenhäuser plötzlich einzustürzen. Draußen im Garten hörten wir die Leute Dinge sagen wie: «Warum hat man die nicht bei der Geburt umgebracht?» Das machte mich nachdenklich. Warum hatte man uns eigentlich nicht getötet? Und ich begann mir zu wünschen, man hätte es getan.

Masha dachte praktischer. Sie wollte sich nicht vor den Leuten verstecken, sie wollte alles daran setzen, sie zu verjagen. Einmal waren wir draußen, und die Leute machten ihre üblichen Kommentare. Da hielt Lussia es plötzlich nicht mehr aus, holte einen Gartenschlauch und stellte ihn an.

«Sie hat diese Ratten von oben bis unten nass gespritzt!»

Die Schaulustigen wichen ein Stück zurück, aber sie kamen wieder, um weiter zu glotzen, tropfnass, wie sie waren. Wahrscheinlich hätte es schon ein ausgewachsenes Erdbeben gebraucht, um sie zu verscheuchen.

Zum Snip gehörte ein Hund, eine Art Wachhund namens Bunjan. Er war ziemlich wild und gehorchte nur dem Chauffeur des Direktors, Stepan Jakowlitsch. Wenn Stepan sah, wie sich wieder eine Meute von Gaffern am Zaun versammelte, ließ er Bunjan von der Leine und sagte: «Fass, Bunjan, fass!» Wie sie da in alle Richtungen davonstoben! Wundervoll!

«Ich hatte auch Angst vor Bunjan. Vor allem, nachdem er uns einmal über das ganze Gelände gejagt hatte, bis wir hinfielen. Dann stand er bellend und mit gefletschten Zähnen über uns – ich dachte schon, mein letztes Stündlein hätte geschlagen!»

Hunde mögen uns nicht, weil wir zusammen sind. Das verstehen sie nicht. Stepan Jakowlitsch war ein harter Bursche, aber ziemlich nett zu uns. Er sagte immer: «Ihr braucht's mir nur zu sagen, Mädels, dann such ich euren Vater und polier ihm die Fresse.» Er erklärte nie, warum er das tun wollte, aber wir fragten Stepan auch nicht danach. Vermutlich wollte er unseren Vater bestrafen, weil er uns nicht hatte haben wollen. Von den anderen erwähnte niemand je unsere Eltern. Die Ärzte in der Paediatrija hatten Lydia Michailowna gesagt, sie solle uns erzählen, dass unsere Mutter bei der Geburt gestorben sei. Zwar hatte sie keine Ahnung, ob das stimmte oder nicht, aber sie hielt es für ihre Pflicht, uns die Hoffnung auszureden, dass unsere Mutter irgendwann einmal kommen und uns holen würde. Trotzdem träumten wir weiterhin davon. Niemand kann einen am Träumen hindern, und ich gab die Hoffnung nicht auf, dass sie noch lebte und nur nichts von uns wusste. Ich schrieb ihr Briefe, die ich Tante Nadja zum Einwerfen mitgab, aber sie wusste auch nichts von unserer Mutter. Sie nahm die Briefe mit und versprach, sie zur Post zu bringen. Aber natürlich tat sie das nie – wie denn auch? So bekamen wir natürlich auch nie die erhoffte Antwort. Es blieb mein Wunschtraum, der den Alptraum beenden sollte.

Als ich etwa zehn war, begann ich zu stottern. Schuld daran war meiner Meinung nach ein Mädchen, das auf uns losgegangen ist und mich halb zu Tode erschreckt hat, aber vielleicht hat es ja auch psychische Gründe. Masha hat stärkere Nerven. Sie stottert nicht – nur wenn es bei mir ganz schlimm wird, kommt sie gelegentlich auch durcheinander, nicht wahr, Masha? Aber ich stottere auch nur dann, wenn ich nervös oder irgendwie durcheinander bin. Zum Beispiel habe ich es immer gehasst, mich an Feiertagen vor alle Patienten und Eltern hinzustellen und ein Gedicht aufzusagen, weil ich dann automatisch anfing zu stottern. Einmal bin ich fast bis ans Ende eines Gedichts gekommen, ohne mich zu verhaspeln, nicht wahr, Masha? Aber am Schluss ging es doch los, und ich wurde bestraft. Danach kam ich nicht mehr über die erste Zeile hinaus.

Aber eine gute Seite hatte der Sprachfehler. Die Ärzte kamen nämlich zu der Erkenntnis, dass es unsere geistige Entwicklung beeinträchtigte, wenn wir immer in unserem kleinen Zimmer isoliert blieben. Wir waren einsam. Nachdem die Ärzte einige Zeit über mein Stottern diskutiert hatten, beschlossen sie, uns mit zehn Jahren auf die allgemeine Kinderstation zu verlegen. Wir waren ganz aus dem Häuschen. Bis jetzt hatten wir uns nur zu bestimmten Zeiten dort aufhalten dürfen, beispielsweise zum Unterricht, für die Physiotherapie mit Tante Nadja oder anlässlich unseres wöchentlichen Bades, was uns – nebenbei bemerkt – einen Riesenspaß machte. Jeden Samstagabend rannten wir die Treppe in den zweiten Stock hinunter, um als Erste vor dem Badezimmer zu stehen, in dem die drei Badewannen standen. Und wenn wir mal spät dran waren, fand Masha immer Mittel und Wege, um uns nach ganz vorn zu bringen, zur Not auch mit den Ellbogen. Masha erkämpfte uns immer einen Platz an der Sonne …

5

Masha

An den Badetagen war ich als Erste im Wasser und als Letzte draußen. Lussia hüpfte aus ihrer Wanne in unsere, fing an rumzuspritzen, und ich rief: «He, he! Ist nicht genug Platz in deiner eigenen Wanne, dass du dich unbedingt auf mich draufsetzen musst?»

Die Frau, die uns badete – unsere «banschiza» – nahm das nicht weiter krumm. Sie schrubbte uns alle drei ab, und ich schnurrte dabei wie ein Kätzchen, das gestreichelt wird. Wenn wir sauber waren, holte sie uns aus der Wanne, trocknete uns ab und verfrachtete uns zurück auf die Station. Jetzt, da wir auf der allgemeinen Abteilung untergebracht waren, konnten wir uns fast völlig frei bewegen, und wir hatten beinahe die ganze Zeit Freunde um uns herum. Allerdings war das Krankenhaus für Kinder aller Altersstufen, und niemand blieb sehr lange. Der Abschied fiel uns oft schwer, vor allem von guten Freundinnen wie Lussia, weil wir wussten, dass wir sie wahrscheinlich nie wieder sehen würden.

«Jedes Mal hatten wir das Gefühl, wir würden jemanden begraben …»

Das Personal tat sein Bestes, um uns dafür zu entschädigen, dass wir keine Familie hatten. Wir bekamen kleine Geschenke, Schals oder irgendwelche anderen Kleinigkeiten, aber ansonsten war alles in unserem Leben «kasjionnaja» – Staatseigentum. Unsere Schlafanzüge, unsere Laken, unsere Socken, alles hatte den Stempelaufdruck «Eigentum des Zentralinstituts für wissenschaftliche Prothetik», und über jedes einzelne Stück wurde Buch geführt. Wir wussten nicht viel über die Welt draußen und noch weniger über Politik, aber wir wussten, dass es bei manchen Dingen schlimme Engpässe gab, und es wurde viel gestohlen. Deshalb gab es ja auch den Stempel. Was keinen Stempel trug, war persönliches Eigentum und musste unter Einsatz des Lebens beschützt werden.

Zu unserem zehnten Geburtstag beispielsweise bekamen wir von den Ärzten eine kleine Gummipuppe, die wir Maruscha nannten. Solche Puppen waren damals groß in Mode – ich glaube, sie kamen aus der DDR. Alle erzählten, wie schwierig sie zu beschaffen seien, und Maruscha war unser heiß geliebter Schatz. Weil sie aus Gummi war, fühlte sie sich warm und fast lebendig an, wenn man sie lange genug im Arm hielt, man konnte sie baden und ihr die Haare bürsten – nicht wie die schlappen Flickenpuppen, mit denen man gar nichts anfangen konnte. Aber wir besaßen sie noch keine zwei Wochen, da wurde sie aus unserem Spind gestohlen, wo wir sie aufbewahrten, wenn wir sie gerade mal nicht mit uns rumschleppen konnten. Später fanden wir heraus, dass die Wirtschafterin die Puppe für ihre eigenen Kinder geklaut hatte. Das war eine Lektion, die wir nie vergessen sollten. Wenn man in einer staatlichen Institution wohnt, muss man ständig auf der Hut sein und das bisschen, was einem gehört, scharf bewachen.

Lydia Michailowna brachte uns keine Geschenke. Sie wollte uns nicht verwöhnen oder uns den anderen Kindern vorziehen. Für sie war es wichtiger, unseren «Verstand zu schulen», wie sie es ausdrückte. Beispielsweise sollten wir Gedichte auswendig lernen. Na wunderbar.

«Ich hatte mir vorgenommen, euch alles Mögliche beizubringen, beispielsweise auch kleine Verse. Von all den Jahren ist mir mit am deutlichsten in Erinnerung geblieben, wie grässlich es war, euch auch nur vier Zeilen von einem Gedicht lernen zu lassen. Dasha war schneller, weil sie gewissenhafter war und es einem gern recht machen wollte. Sie ließ sich nicht so leicht ablenken, sie sah sich nicht dauernd gelangweilt in der Gegend um, sie war nicht so stur. Aber du hast gegähnt und aus dem Fenster gestarrt – du hattest den Kopf voll anderer Gedanken. Morgens kamst du dann in mein Büro gerannt, und ich fragte: ‹Und – was ist mit dem Gedicht?› Du konntest es natürlich wieder nicht, und wir waren alle sauer. Du warst einfach faul.»

Unsinn! Schuld daran waren bloß all diese Gehirnerschütterungen. Wie konnte jemand von mir erwarten, dass ich diese ganzen Gedichtzeilen in meinem Kopf sortiert kriegte, wenn außen die Beulen sprossen, weil wir wieder mal mit unserem dritten Bein umgefallen waren? Ich hab mich nach den Übungsstunden immer übergeben und total schlecht gefühlt, aber es hat sich gelohnt, weil wir laufen lernten. Dafür sind wir dankbar. Später haben wir herausgefunden, dass es noch andere Zwillinge gibt, die wie wir geboren worden sind, beispielsweise die Brüder Giovanni und Giacomo Tocci, aber die konnten nicht laufen. Das Lernen überließ ich Dasha. Ich spielte und lachte lieber – und manchmal hatte ich auch Lust auf eine kleine Prügelei. Wie das eine Mal an einem Mittwochnachmittag, als ich mit Lussia die Treppe runterkam. Am Fuß der Treppe stand eine Gruppe Kinder, die auf uns warteten. Auf den einzelnen Abteilungen bildeten sich «Gangs», die untereinander um eine überlegene Position kämpften. Eine solche «Gang» hatte beschlossen, uns eine Abreibung zu verpassen, weil wir am längsten im Krankenhaus waren und am besten Bescheid wussten. Das ärgerte sie. Deshalb standen sie also alle unten an der Treppe, und Lussia rief: «Ich nehme den größten und du kümmerst dich um den Rest», und dann gingen wir ganz langsam die

Treppe runter auf die anderen zu. Die wurden ganz still, und wir spazierten einfach an ihnen vorbei. Aber nach diesem Vorfall trug ich immer ein Skalpell und eine Spritze bei mir. Die hatte ich im Müll gefunden …

«Stimmt, du hast immer so gern im Müll rumgewühlt.»

Na und? Da findet man die interessantesten Sachen – das weiß doch jedes Kind! Zum Glück musste ich das Skalpell nie benutzen. Und die Spritze wurde von einer Krankenschwester konfisziert, nachdem ich sie aus Versehen damit angespritzt hatte – ich stand hinter der Tür, und sie kriegte die Ladung mitten ins Gesicht. Ich dachte nämlich, es sei Lussia. Danach waren wir ein für alle Mal berüchtigt – alle hatten furchtbare Angst, ich würde wieder durch die Gegend ziehen und das Personal anspritzen!

«Wir waren ein Alptraum …»

Was mich verrückt machte, war dieser gnadenlose, immer gleiche Alltagstrott. Aufstehen um acht. Schlafengehen um acht. Und dazwischen alles nach Stundenplan, aber ohne dass wir wirklich was zu tun gehabt hätten: Im Snip wurde nur bis zum Alter von neun Jahren Schulunterricht erteilt, und nachdem wir unsere drei Jahre absolviert hatten, konnten wir bloß noch die Uhr anstarren. Eines Morgens, als ich um fünf wach wurde, bin ich aus reiner Langeweile auf einen der Essenswagen gesprungen und mit lautem Gebrüll durch die Gegend gesaust. Wir haben alle aufgeweckt, und die anderen Kinder waren so wütend, dass sie uns nach draußen schleppten und uns mitsamt dem Wagen in die Brennesseln kippten. Wir haben geschrien und geschrien, weil wir nicht mehr rauskamen – irgendwie hatten wir uns im Wagen verkeilt. Schließlich taten wir den anderen Kindern doch noch Leid, und sie zogen uns wieder raus, weil die Nachtschicht einfach nicht aufwachte.

Die Ärzte bestraften uns später dafür. Aber sie haben uns nie geschlagen. Nie. Sie haben uns einfach die Kleider weggenommen, was echt schlau war, denn sie wussten genau, dass wir das am allermeisten hassten. Wenn wir dann ein paar Tage nackt unter dem Laken gelegen und gelitten hatten, liehen wir uns Kleidungsstücke von unseren Freunden, obwohl die uns natürlich nicht passten. Wir nahmen Pyjamahemden und -hosen, steckten sie mit Sicherheitsnadeln irgendwie zusammen, zogen eine Socke über unser drittes Bein und spazierten in dieser Aufmachung ins Fernsehzimmer. Wir mussten ja irgendwas unternehmen, denn manchmal ließen sie uns eine ganze Woche ohne Klamotten. Bis wir um Verzeihung baten. Aber ich hab nie gesagt, dass mir etwas Leid tat. Nicht mal zu Lydia Michailowna.

«Wir haben sie sehr bewundert, nicht wahr, Masha? Aber es gab auch Grenzen. Unsere Bewunderung entstand mehr aus Respekt als aus Liebe, denn sie war alles andere als eine zugängliche Frau – eher eine von der Sorte harte Schale, weicher Kern.»

Aber ich glaube, sie hatte eine Schwäche für uns – für uns beide, für die freche Masha ebenso wie für die sanfte Dasha. Wir waren jahrelang ihre Schützlinge, sie hat sich für uns verantwortlich gefühlt. Und wir sind ihr überallhin nachgelaufen, wie kleine Hündchen.

«Ihr seid mir immer gefolgt, wo es nur ging. Wenn ich beispielsweise in die Küche musste, seid ihr mitgekommen. Aber an der Treppe war kein Geländer, und dann habt ihr gesagt: ‹Geh ruhig voraus, Lydia Michailowna, wir holen dich gleich ein.› Ihr wusstet genau, dass ich euch immer sagte, ihr solltet euch an der Wand festhalten, aber ihr habt Treppen verabscheut, und deshalb habt ihr mich vorgeschickt, damit ihr auf dem Hintern runterrutschen konntet. Wenn ihr dann in der Küche aufgetaucht seid, hab ich gefragt: ‹Wie habt ihr denn die Treppe so schnell geschafft?› Und dann hast du, Masha, geantwortet: ‹Wir haben uns an der Wand festgehalten, wie du es uns gesagt hast!› Und ich meinte: ‹Gut, und jetzt erzählt mir die Wahrheit.› Dann gestand Dasha schuldbewusst: ‹Wir sind auf dem Hintern gerutscht›, und ich sagte: ‹Das nächste Mal geh ich hinter euch her!›»

Ich war ein Wildfang, und ich spielte lieber mit Jungs als mit

Mädchen. Die meisten Meinungsverschiedenheiten wurden mit den Fäusten ausgetragen, nicht mit schlauen Worten, und das passte mir gut. Dasha war angeblich die Hübsche, aber ich kam mit den Jungen besser zurecht. Natürlich bedeutete das nicht, dass ich sie alle toll fand – ich war ja noch ein Kind. Ich lachte und machte Blödsinn mit ihnen, aber da waren keine Jungen-Mädchen-Geschichten, wie alle glaubten, sogar Lydia.

«Du hast immer wie wild mit den Jungs geflirtet. Du hast ihnen kleine Liebesbriefe geschrieben und heimlich mit ihnen Küsse ausgetauscht. Du und Dasha, ihr mochtet unterschiedliche Jungen. Dasha war viel romantischer, du hattest eine andere Art, mit ihnen umzugehen. Du hast mit ihnen Witze gemacht, oft ziemlich derbe … und du hast dein Interesse am anderen Geschlecht immer offener gezeigt als Dasha.»

Ich hatte viele Jungen als Freunde, und wir haben gemeinsam darüber gelacht, wenn die anderen dachten, wir seien verknallt, aber Dasha hatte als Erste einen richtigen Freund. Ein Junge – er hieß Genka – wollte mir unbedingt beibringen, wie man richtig küsst. Aber nach der dritten Lektion hat er es aufgegeben, weil ich ihn immer gebissen habe.

Lydia Michailowna hat geglaubt, sie würde uns durch und durch kennen, und vielleicht wusste sie tatsächlich mehr über uns als die meisten, aber unsere Gedanken konnte auch sie nicht lesen. Beispielsweise begriff sie nie, warum wir es hassten, uns für medizinische Fotos nackt auszuziehen. Sie sagte immer: «Ihr wisst doch genau, es ist nur für die Ärzte, wir hängen die Bilder nicht ans schwarze Brett, warum macht ihr so ein Theater? Stellt euch doch nicht so albern an!»

Und sie trichterte uns ständig ein, wir müssten verstehen, warum die Leute uns anstarrten, und es einfach ignorieren. Ich hab genickt, aber in Wirklichkeit dachte ich: Warum zum Teufel soll ich mich damit abfinden, dass mich diese Idioten anstarren und mit dem Finger auf mich zeigen, als wären wir ein Verkehrsunfall oder so was. Aber sie hat die ganze Zeit geglaubt, wir würden uns ihren Rat zu Herzen nehmen.

«Im Großen und Ganzen würde ich sagen, dass ihr ziemlich schnell damit zurechtgekommen seid, wenn die Leute euch anstarrten – obwohl ich damit natürlich nicht behaupten will, dass es euch gefiel. Beispielsweise kam einmal ein Handwerker auf die Station, um ein Radio zu reparieren, und er machte große Augen, als er euch entdeckte. ‹Das reicht jetzt›, habe ich ihm gesagt. ‹Sie sind wegen des Radios hier, also kümmern Sie sich darum.› Wenn so etwas passierte und ihr euch aufgeregt habt, sagte ich: ‹Warum haltet ihr euch denn für so etwas Besonderes? Die anderen Kinder hier haben auch Behinderungen. Manche haben keine Arme oder keine Beine – ihr habt wenigstens Arme, mit denen ihr essen, und Beine, mit denen ihr gehen könnt – glaubt ihr vielleicht, die Leute starren die anderen Kinder nicht an? Ihr müsst euch nur daran gewöhnen.›»

Wie sollten wir glauben, wir seien normal, wenn der große und allmächtige Professor Anochin noch immer gelegentlich zu Besuch kam, hereinschwebte, als sei er der Herr des Hauses, und alles um ihn herum in eine tiefe Verbeugung versank? Das heißt alle bis auf Lydia Michailowna. Er ließ uns nicht in Ruhe, auch nicht, solange wir im Snip lebten. Wir bekamen auch Besuch von seinen Wissenschaftlern. Anochin war in Brasilien gewesen und hatte dort zwei Jungen kennen gelernt, die drei Jahre jünger waren als wir und auf die gleiche Art zusammengewachsen. Obwohl sie nicht laufen konnten, war der Professor von der Idee besessen, wir sollten die beiden heiraten. Tante Nadja war der Ansicht, dass er das Ganze absolut ernst meinte.

«Anochin sagte: ‹Wir verheiraten unsere Mädchen mit diesen brasilianischen Jungen, komme, was wolle.› Er hielt das für die ideale Lösung. Er wollte ein Treffen arrangieren und dann die Heirat persönlich in die Wege leiten. Doch Anochin hatte ein Herzleiden und starb ein paar Jahre später ganz plötzlich, noch relativ jung. Ich glaube, sonst hätte er die Sache tatsächlich arrangiert. Und euch beiden schien die Idee nicht schlecht zu gefallen.»

Wir waren Kinder und hatten einen Heidenrespekt vor ihm

und seinen Ansichten – und wir wollten natürlich heiraten! Ist das nicht normal? Aber als wir älter wurden und anfingen, selbständig zu denken, fragten wir uns, ob es wirklich so klug wäre, Männer zu heiraten, mit denen gar kein richtiger Austausch stattfinden konnte, weil sie noch stärker behindert waren als wir. Außerdem überlegten wir, was Anochin eigentlich vorhatte. Noch ein interessantes, umfassenderes Experiment vielleicht? Er schickte ja noch immer seine Lakaien, um irgendwelche Tests mit uns durchzuführen, und das ging uns zunehmend auf die Nerven. Wir wollten auch nicht mehr nackt einer Gänseschar von Medizinstudenten vorgeführt werden. Jedes Jahr mussten wir uns unbekleidet vor eine weiße Wand stellen, wo für die Dokumentation des Gesundheitsministeriums neue Filmaufnahmen von uns gemacht wurden, und je älter wir wurden, desto mehr hassten wir auch das.

«Ich wäre am liebsten im Erdboden versunken!»

Ich hab sie angespuckt und geschimpft wie ein Bierkutscher. Lydia Michailowna war entrüstet. Wir wollten Ärztinnen werden, wenn wir groß waren, und sie sagte: «Wie könnt ihr diese Ärzte so behandeln, wenn ihr selbst einmal Medizin studieren wollt?» Da erklärte ich ihr, dass wir einfach nicht mehr bereit seien, Versuchskaninchen zu spielen. Nur weil wir zusammengewachsen sind, muss man uns doch nicht derart demütigen! Lydia Michailowna sah das ein, und sie setzte durch, dass die Studenten uns nicht gar so sehr auf die Pelle rücken durften, aber gegen die großen Tiere kam sie nicht an. Erst als wir ungefähr zwölf waren, habe ich selbst richtig Stellung bezogen. Man hatte uns wieder einmal in Aussicht gestellt, dass wir von einer Abordnung junger Wissenschaftler begutachtet werden sollten. Während wir auf sie warteten, wurden wir immer aufgeregter. Würden wir uns ausziehen müssen? Würde man uns zwingen, uns auf der Bühne im Scheinwerferlicht zu drehen und zu wenden, damit das Publikum auch bestimmt jeden Zentimeter unseres Körpers begutachten konnte? Plötzlich war das Maß für mich voll. Ich weigerte mich mitzumachen. Alle waren schockiert. «Was ist los? Sonst haben sich die Mädchen den Ärzten doch auch immer gezeigt, warum wollen sie auf einmal nicht mehr?» Zufällig befand sich ein amerikanischer Arzt in der Gruppe, und als er hörte, dass wir uns nicht zur Schau stellen wollten, lachte er nur und meinte: «Diese beiden Mädchen werden euch garantiert noch ganz schön zu schaffen machen.»

Da wir einen niedrigen Hämoglobinwert hatten, bekamen wir dreimal im Jahr eine komplette Bluttransfusion. Ich dachte immer, Dasha werde ohnmächtig, wenn wir stundenlang dalagen und zusahen, wie das Blut aus uns rauslief und durch die Schläuche gluckerte, aber mir machte das nichts aus, weil ich wusste, dass das neue Blut besser für mich war. Ich hatte nie was gegen Spritzen, denn sie bedeuteten doch nur, dass das Medikament schneller wirkte. Aber Dasha wollte immer nur Pillen. Manchmal war sie wirklich unerträglich, diese Heulsuse. Immer wollte sie verhätschelt werden, immer sollte man ihr das Leben versüßen, und das konnte sie von unseren Ärzten ganz bestimmt nicht erwarten.

Schon als kleine Kinder bekamen wir den Unterschied zwischen sowjetischen und ausländischen Ärzten zu spüren. Zum Beispiel kam einmal ein junger Arzt aus Indien, und wir löcherten ihn mit Fragen über seine Heimatstadt, die Hitze, die Tiere. Er war sehr nett und hat sich lange mit uns unterhalten. Dann war da noch ein kanadischer Arzt, der durch die Klinik geführt wurde, weil sie als Vorzeigeobjekt der Sowjetunion galt. Als er auf unsere Station kam, blieb er an unserer Tür stehen, grinste und sagte «Hallo!» Die anderen Ärzte – unsere Landsleute – standen hinter ihm und meinten: «Nun gehen Sie schon rein, Sie können sich die beiden ruhig näher ansehen», aber er entgegnete: «Ich sehe von hier aus genug, vielen Dank.» Dann verabschiedete er sich und ging zur nächsten Station. Wir flüsterten ihm ein Dankeschön nach, das er natürlich nicht mehr hörte. Er hatte uns wie Menschen behandelt. Für die anderen waren wir wie Tiere im Zoo.

Eine von Anochins Wissenschaftlerinnen hatte die Aufgabe,

unsere Gehirnströme zu messen, und dafür mussten wir Helme mit Drähten aufsetzen. Mir tat das höllisch weh, und schließlich weigerte ich mich rundheraus, das Ding zu tragen. Nur Dasha zu testen, wäre sinnlos gewesen, also steckte die Ärztin in der Klemme. Sie war eine stille junge Frau, und sie konnte uns schlecht an die Heizung fesseln und uns die Helme aufzwingen, um die Enzephalogramme zu machen, also gab sie schließlich auf. Ihr Name war Dr. Golubjewa.

«Wir wollten herausfinden, ob euere Gehirne identisch funktionierten. Selbstverständlich stellte sich heraus, dass sie ganz unterschiedlich waren, aber Anochin wollte, dass ich trotzdem weitermache. Ich weiß auch nicht genau, warum. Ihr wart immer außer euch, wenn ich euch die Helme aufsetzte. Sicher, es ist keine schöne Prozedur, weil der Kopf so eingequetscht wird, aber das war auch alles. Eigentlich kein Grund zur Aufregung. Als ihr zwölf wart, habt ihr euch geweigert, den Helm aufzusetzen. Es war seltsam – als hätte euch jemand dazu angestiftet. Ihr habt gesagt, ihr wärt keine Versuchskaninchen.»

Natürlich hatte uns niemand dazu «angestiftet», uns reichte es einfach. Wozu brauchten sie die ganzen Untersuchungen denn noch? Ganz bestimmt nicht, um uns zu helfen, denn wir waren gesunde, robuste Kinder. Abgesehen von den üblichen Kinderkrankheiten wie Mumps, Masern, Windpocken und einer gelegentlichen Grippe waren wir kaum einmal krank. Na gut, einmal hatte Dasha eine Blinddarmentzündung. Wir haben zwar nur einen Blinddarm, aber wie sich herausstellte, gehörte er Dasha. Ich spürte überhaupt nichts, und Dasha hatte schreckliche Schmerzen.

Immer wenn Dasha krank war, wurde ich ungeduldig, und als sie sich diesmal plötzlich den Bauch hielt, dachte ich, sie stellt sich bloß an. Aber dann hat ein Arzt aus dem Snip sie sich angeschaut und gesagt: «Ab ins Krankenhaus mit euch, das ist eine Blinddarmentzündung.» Doch kein Krankenhaus war bereit, uns zu operieren – niemand wollte die Verantwortung übernehmen, aus Angst, wir würden auf dem Operationstisch sterben und der Arzt würde seinen Job verlieren. Außerdem hatten wir ja diese Geheimakte, und da fürchteten sich gleich alle noch mehr. Dasha ächzte und stöhnte, und das Personal telefonierte in der Gegend herum nach einer Klinik, die bereit war, uns aufzunehmen. Schließlich gaben sie auf, packten uns in einen Krankenwagen und fuhren uns zum Botkin, dem angeblich besten Krankenhaus von Moskau – dahin gehen auch die Ausländer, wenn sie krank werden, also mussten sie besondere Fälle eigentlich gewohnt sein. Fehlanzeige. Ich erinnere mich noch an die Ärztin, die uns rausgescheucht und uns die Tür vor der Nase zugeschmissen hat. Das machte mich so wütend, dass ich dachte: «Okay, ihr wollt meine Dasha nicht? Dann will ich euch auch nicht.» Und da wir Krankenhäuser sowieso hassen, weil sich immer alle Ärzte gleich auf uns stürzen, brachte ich Dasha dazu zu behaupten, es täte gar nicht mehr so weh. Die Ärzte des Snip stießen einen Seufzer der Erleichterung aus und schickten uns wieder nach Hause. Als wir wieder auf unserer Station waren, hatte Dasha hohes Fieber und krümmte sich vor Schmerzen. Irgendwie glaubte ich immer noch nicht recht daran, dass wir Blinddarmentzündung hatten, also aß ich mein Abendessen und das von Dasha noch dazu, aber dann musste ich mich übergeben, und das tat ihr noch mehr weh, und wir wurden wieder in den Krankenwagen verfrachtet.

Dieses Mal brachte man uns zu einem kleinen Krankenhaus, dem Usokowski. Aber auch dort wollte niemand zum Skalpell greifen, bis sie jede Menge Stempel und juristische Ermächtigungen vom Snip in der Tasche hatten. Ich verstand überhaupt nicht, was da vorging, dafür war ich noch zu jung, aber ich weiß noch, wie Lydia Michailowna reingerannt kam und ihnen einen Stapel Papiere unter die Nase hielt, um den sich alle begierig scharten, und dann nahmen sie uns noch mal in Augenschein und beschlossen, sich ans Werk zu machen. Endlich kam unser Blinddarm raus – gerade noch rechtzeitig.

Ein paar Monate später beschlossen die Ärzte, unser drittes, deformiertes Bein zu amputieren, das rechtwinklig nach hinten abstand. Es gehörte uns gemeinsam, wir konnten es beide bewegen, aber wir hatten keinen direkten Nutzen davon. Ich war nicht besonders erpicht auf die Amputation, aber die Ärzte überzeugten uns davon, und ich sah auch ein, dass es vermutlich leichter sein würde, sich ohne dieses Bein hinzusetzen und herumzulaufen, denn es war ziemlich schwer.

«Wir dachten auch, dass uns die Leute dann nicht mehr so anstarren würden.»

Also fand ich mich damit ab, obwohl ich mich natürlich nicht gerade auf die Operation freute. Das Bein sollte unter örtlicher Betäubung amputiert werden. Die anderen Kinder auf der Station versammelten sich um uns und erzählten uns, dass man, auch wenn man die Augen fest zumache, trotzdem höre, wie der Chirurg den Knochen durchsägt, und dass man das Vibrieren im ganzen Körper spüre. Sie sagten, wir hätten Glück, überhaupt eine Betäubung zu bekommen. In manchen anderen Krankenhäusern, selbst in Moskau, würde ohne Narkose operiert, weil zu wenig Novokain verfügbar sei. Dasha fand das durchaus nicht beruhigend. Sie wimmerte und schniefte die ganze Zeit und hatte Alpträume. Ständig machte sie Theater. Als wir hörten, dass Professor Anochin und seine Getreuen anwesend sein würden und die Operation für den Dokumentarfilm der Akademie aufgenommen werden sollte, machte das die Sache nicht gerade besser. Natürlich würde auch Dr. Golubjewa mit dabei sein, um uns die grässlichen Helme aufzusetzen und die Reaktion unserer Gehirne während des Eingriffs aufzuzeichnen.

Am Tag der Operation war Dasha ein Nervenbündel, und das machte mich stinksauer. Das Ganze war wirklich schlimm genug, auch ohne ihre hysterischen Anfälle. Sie bestand darauf, dass Tante Nadja mitkommen und ihre Hand halten solle, aber die Ärzte sagten nein. Im Operationssaal würde es schon genug Gedränge geben, da könnten sie niemanden brauchen, der Dashas Hand hielt. Aber am Ende mussten sie doch nachgeben, weil Dasha sich so reinsteigerte, dass sie schon dachten, sie müssten ihr ein Beruhigungsmittel geben. Tante Nadja kauerte sich unter den Operationstisch, damit sie nicht im Weg war. Ich kann mich nicht erinnern, wie man uns schließlich in den Operationssaal gebracht hat, nur an die hellen Lichter dort. Keine Ahnung, ob die für die Kameras oder für die Chirurgen waren. Wir bekamen die Helme übergestülpt, der Anästhesist spritzte uns Novokain zur örtlichen Betäubung, dann begann der Chefchirurg mit seinen Instrumenten rumzuklappern. Die waren riesig; ich konnte sie nicht ansehen und hatte das Gefühl, ich müsse mich gleich übergeben. Da fing Dasha plötzlich am ganzen Leib zu zittern an.

Tante Nadja, die unter dem Tisch saß, weiß noch, was passiert ist: «Der Operationssaal war brechend voll mit dem Kamerateam und den Spezialisten für dies und jenes. Deshalb sollte ich mich so weit wie möglich unter den Tisch verziehen. Wegen der ganzen Scheinwerfer war es brütend heiß, und ich dachte, ich müsse ersticken. Die arme Dashinka drückte meine Hand, als wäre das ihr letzter Rettungsanker, und auf einmal spürte ich sie heftig zittern. Ich wusste nicht, was los war, und ich konnte auch nicht unter dem Tisch hervorkommen, weil ich nur eine bescheidene Physiotherapeutin war und da oben all die Professoren herumschwirrten, also blieb ich erst mal, wo ich war. Aber dann wurde Dashas Hand plötzlich schlaff, und ich hörte unseren Direktor Popow rufen: ‹Dasha! Dashinka! Was ist los?› Ich spähte nach oben, und da lag sie, vollkommen regungslos, und die Zunge hing ihr aus dem Mund. Es gab eine kurze Unruhe, dann verließ der Chirurg, Professor Doljetski, zusammen mit Professor Popow und Anochin den Raum. Ich krabbelte unter dem Tisch hervor und sah, dass Dasha ohnmächtig geworden war. Offenbar befand sie sich in einer Art Schockzustand. Die Professoren standen vor der Tür und rauchten. Popow zog nervös an seiner Zigarette. Professor Doljetski fragte Anochin, ob sie trotz allem mit der Operation weitermachen sollten. Anochin zögerte, aber da ging Popow wütend dazwischen: ‹Das sind Menschen, begreifen Sie das nicht? Nein, wir machen nicht weiter!›»

Ich war so wütend! Die Ärzte glaubten, Dasha habe irgendwie komisch auf das Novokain reagiert, dabei hatte sie nur Angst! Diese Möglichkeit kam ihnen nicht mal in den Sinn, obwohl sie wussten, dass Dasha bei der Blinddarmoperation vor ein paar Monaten keinerlei Reaktion auf das Novokain gezeigt hatte. Für sie war das vollkommen unwichtig – es konnte nur die Narkose gewesen sein. Nach der Meinung der Ärzte fallen Patienten in der Sowjetunion nicht einfach vor Angst in Ohnmacht.

Sogar Lydia Michailowna, die uns so gut zu kennen glaubte, war überzeugt, dass das Novokain schuld war an Dashas Zustand.

«Dasha ist kleiner als du. Sie wiegt weniger – damit ist praktisch erwiesen, dass sie auf die Narkose überreagiert hat. Du dagegen warst außer dir vor Wut. Als Dasha zu zittern begann, hast du dich stocksteif aufgerichtet und sie angeschrien: ‹Was zitterst du denn so blöd? Hör auf damit, du Memme! Langsam hab ich wirklich die Nase voll von dir.›»

Als die Ärzte endgültig beschlossen hatten, die Operation abzubrechen, sollte Tante Nadja uns auf die Station zurückbringen. Dasha ging es immer noch ziemlich schlecht. Gelegentlich erwachte sie zwar aus der Ohnmacht, aber dann war sie gleich wieder bewusstlos, und ich kochte vor Wut. Tante Nadja war entsetzt über mein Verhalten, aber was sollte ich denn tun?

«Ich habe euch beide zurückgebracht und blieb die nächsten Stunden bei euch. Wenn Dasha wach war, was ungefähr alle zehn Minuten passierte, hast du ihr mit der geballten Faust vor dem Gesicht rumgefuchtelt und geschimpft: ‹Du dumme Kuh! Es ist allein deine Schuld, dass sie uns das Bein nicht abnehmen konnten.›»

Na, das stimmte doch wohl auch. Dasha hat die Operation mit ihrem Getue sabotiert. Deshalb mussten sie unser drittes Bein dranlassen, nachdem ich mich gerade darauf eingestellt hatte, es loszuwerden – kein Mensch kann sich vorstellen, wie mich das auf die Palme brachte, tagein, tagaus mit meiner

Schwester zusammen zu sein! Nein, das versteht niemand. Für Dasha haben alle großes Verständnis. Alle haben sie gern, und dabei ist sie überzeugt, dass keiner sie mag. Alle haben Mitleid mit ihr, weil sie denken, ich sei gemein zu ihr. Lussia war eine der wenigen, die auf meiner Wellenlänge lagen. Wir hatten noch eine Freundin, Ljuba, die wir auch gut kannten, weil sie immer wieder ins Snip zurückkam und an den Beinen operiert werden musste.

Sie war gesprächig und nett, und wir mochten sie beide, aber wie üblich hatte sie für Dasha mehr Mitgefühl als für mich.

«Dasha war so ein kluges kleines Mädchen, wirklich unglaublich intelligent. Du warst viel chaotischer, ein Clown, ein Schmetterling. Ständig hast du Witze erzählt, dich über ein lustiges Buch schiefgelacht, mit den Jungs geflirtet. Du hast immer Mittel und Wege gefunden, dich zu amüsieren, aber für gewöhnlich hat Dasha sich dabei nicht amüsiert, und sie war frustriert, weil sie immer machen musste, was du wolltest. Eines Tages saß ich bei euch auf dem Bett, und du hast irgendeine Geschichte erzählt. Dasha sah aus, als hätte sie ein Gespenst gesehen. Eine Weile beobachtete ich sie, dann habe ich mich zu ihr gesetzt (du hast dich immer so gedreht, dass die Leute neben dir und nicht neben Dasha zu sitzen kamen) und sie gefragt, was los sei. Sie hat mir erzählt, dass sie einen Alptraum gehabt habe, der sie in unregelmäßigen Abständen immer wieder heimsuche. Sie träumt dann, dass sie auf dem Boden eines Brunnens sitzt und dass die Brunnenwand aus Glas ist. Die ganze Zeit starren die Leute sie an, Tag und Nacht, und sie kann ihnen nicht entrinnen.

Ich hatte nur Krücken, und trotzdem liefen mir die Kinder auf der Straße nach, lachten mich aus und zeigten mit dem Finger auf mich. Wie viel schlimmer musste es für euch sein? Die Menschen in unserer Gesellschaft begreifen nicht, dass Behinderte nicht anders sind als sie. Sie wissen nur, dass Krüppel in Heime gebracht und von den Gesunden fern gehalten werden. Deshalb verspotten sie uns und sind gemein. Es fällt ihnen nicht mal ein, dass das, was sie tun und sagen, uns wehtun könnte. In ihrer Unwissenheit glauben sie, dass, wenn man körperlich behindert ist, man auch geistig zurückgeblieben sein muss. Ich will damit nicht sagen, dass Masha es leicht gehabt hat, aber Dasha hat mehr gelitten.»

Und hab ich etwa nicht unter meiner «sensiblen» Dasha gelitten? Hab ich nicht gelitten, wenn Tante Nadja gelegentlich einen Ausflug in den Zirkus oder ins Theater organisiert hat und ich Dasha stundenlang zureden musste, bis sie bereit war mitzukommen? Ich unternahm so gern etwas, aber Dasha fing bei solchen Unternehmungen gleich an zu zittern vor Angst. Gewöhnlich versuchten wir es so hinzukriegen, dass niemand uns zu Gesicht bekam, indem wir beispielsweise eine Stunde früher hingingen und uns in die erste Reihe setzten oder so. Wir breiteten eine Decke über unsere Knie, und dann hielten uns die Leute für zwei ganz normale kleine Mädchen.

Eines Tages beschloss Tante Nadja, mit uns «Onkel Lenin» in seinem Mausoleum zu besuchen, den Vater der Russischen Revolution von 1917, den Gründer der UdSSR. Ich freute mich sehr, denn ich hatte noch nie eine Leiche gesehen, geschweige denn eine, die schon über dreißig Jahre alt und mumifiziert war. Aber Dasha fand allein die Vorstellung entsetzlich. Na ja, wir gingen trotzdem hin.

Tante Nadja hatte das Auto eines Freundes organisiert, aber als wir über den Roten Platz fuhren, wurden wir von einem Polizisten angehalten, der uns sagte, wir müssten den Weg über die glitschigen Pflastersteine zu Fuß zurücklegen. Dasha glaubte schon, sie sei gerettet, denn sie wusste, dass nicht mal ich den Roten Platz zu Fuß überqueren würde, nur um eine Leiche anzuschauen.

Aber ich streckte den Kopf aus dem Wagenfenster und sah den Mann flehentlich an. «Bitte, Herr Polizist», säuselte ich mit meiner schönsten Kleinmädchenstimme. «Bitte lassen Sie uns weiterfahren, wir sind gelähmt.» Selbstverständlich ließ er uns durch. Wir fuhren ziemlich nah ans Mausoleum heran, dann stiegen wir alle aus, und Tante Nadja und unser Fahrer trugen uns an der Schlange vorbei zum Eingang. Nadja half uns die Treppe hinunter, aber Dasha benahm sich mal wieder genauso bescheuert wie üblich.

«Dasha war starr vor Angst. Sie war weiß wie die Wand und wollte überhaupt nicht rein. Während wir immer weiter in die Finsternis hinunterstiegen und es immer kälter und stiller wurde, begann sie vor Angst leise zu wimmern, und als wir schließlich zu Lenins Leiche kamen, machte sie sich ganz steif und weigerte sich, ihn anzusehen. Dir gefiel es natürlich sehr.»

Und ob es mir gefallen hat! Bei solchen Ausflügen kamen wir wenigstens mal aus dem Krankenhaus raus und in die normale Welt. Dasha hatte Angst, weil wir nicht in die normale Welt passten, aber ich genoss das – ich wollte mehr vom Leben der normalen Leute sehen. Gegenüber von unserem Spital war eine Schule, und wir beobachteten oft vom Fenster aus, wie die Kinder kamen und gingen. Ich wollte unbedingt mal dorthin. Wir waren bereits vierzehn und hatten schon lange keinen Unterricht mehr. Dass uns eine normale Schule aufnehmen würde, war undenkbar. Gesunde Leute und Krüppel durften nicht zusammen sein. Deshalb erwartete man von uns, dass wir mit der Bildung von Neunjährigen durchs Leben gehen würden. Mir war das Lernen gar nicht so wichtig – das war mehr Dashas Terrain –, aber ich wollte so gern in einer normalen Klasse mit normalen Kindern sitzen. Kinder, die Arme und Beine an der richtigen Stelle hatten, die nicht überfahren worden waren und auch keinen Stromschlag erlitten hatten. Normale Kinder eben. Weil wir keinen solchen Kindern begegneten, beobachteten wir sie vom Fenster aus. Wenn man uns in diese Schule gelassen hätte, wäre es am Anfang sicher schwer gewesen, aber wenn sich die anderen erst mal an uns gewöhnt hätten, wäre es ihnen bestimmt kaum mehr aufgefallen, dass wir zusammengewachsen sind. Okay, manche hätten uns wahrscheinlich immer irgendwelche blöden Schimpfwörter nachgeschrien, aber die meisten hätten sich für uns eingesetzt und wären nett gewesen.

Ich konnte mich um mich selbst kümmern, ich wollte in eine solche Schule gehen, fertig. Aber es war unmöglich.

An dem Tag, an dem wir den Pionieren beitraten, kam eine Schülerabordnung dieser Schule ins Snip. Die Pioniere waren eine Art kommunistischer Kinderclub. Alles war furchtbar steif und offiziell, und nicht mal für die Zeremonie durften wir rüber in die normale Schule. Die Kinder von dort mussten zu uns kommen. Und ich konnte mit keinem reden.

Irgendwann hatte ich genug davon. Ich wollte weg. Wir konnten doch nicht unser ganzes Leben in einer Klinik versauern! Ich wollte mehr. Aber Lydia Michailowna war strikt dagegen. Sie wollte uns nicht in die große böse Welt hinausziehen lassen, und sie setzte alles daran, es uns auszureden. Aber ich wusste, dass uns gar keine andere Wahl blieb, und ausnahmsweise stimmte Dasha mir sogar zu. Wenn ich mich zu etwas entschlossen habe, bin ich wie ein Bulldozer, und wenn Dasha das Gleiche will, sind wir nicht aufzuhalten. Wir würden das Snip verlassen, koste es, was es wolle.

«Ich hatte genug von all dem Leiden um uns herum, den schrecklichen Geschichten von Unfällen und Verstümmelungen. Unser ganzes Leben lang hatten wir uns das nun schon angehört. Besonders ein Junge ist mir im Gedächtnis geblieben, der an eine Hochspannungsleitung gefasst und beide Arme verloren hatte. Es muss schrecklich sein, wenn man früher normal war und dann wegen irgendeines kleinen Versehens so endet.»

Ich wollte endlich selbst entscheiden, mit wem ich mich treffen wollte – nicht immer nur mit den Leuten, die zu uns gebracht wurden.

«Wir wollten frei sein.»

Deshalb ließ ich dem Personal keine Ruhe, und schließlich sagte der Direktor: «Okay, dann lasst die beiden gehen.»

6

Dasha

Lydia Michailowna war entsetzt, dass wir das Snip verlassen wollten, und ließ nichts unversucht, uns zum Bleiben zu überreden. Sie war der Meinung, dass Menschen mit einer Behinderung wie der unseren keine vollständige Ausbildung brauchten. Sie begriff nicht, dass wir uns langweilten, denn sie war überzeugt, das Gefühl, irgendwohin zu gehören, sei wichtiger als alles andere. Aber das stimmte nicht. Bei der Vorstellung, den Rest unseres Lebens im Snip verbringen zu müssen, glaubten wir zu ersticken. Wir waren zu allem bereit – sogar zu einem Sprung ins kalte Wasser –, um diesem Schicksal zu entgehen.

Von den anderen Kindern im Snip hatten wir einiges über Internate für behinderte Kinder erfahren und interessierten uns sehr dafür. Ein paar der Kinder kamen aus einer Schule in Nowotscherkassk, ganz im Süden von Russland, und anscheinend hatte es ihnen dort gefallen. Wichtiger als alles andere war uns, mit Kindern in unserem Alter zusammen zu sein und möglichst viel zu lernen.

«Wir wollten sein wie alle anderen.»

Aber Lydia traute ihren Ohren nicht: «Warum wolltet ihr unbedingt weg? Ihr hattet euch bei uns eingewöhnt, ihr kanntet uns alle. Hier war euer Zuhause. Warum wolltet ihr das alles aufgeben? Weiß Gott – ich habe euch nicht verstanden! Immer wieder habe ich vorgeschlagen, ihr könntet hier bleiben und in einem der Labors Arbeit finden, aber es nützte nichts. Ihr wart hartnäckig. Also ging ich zu unserem Direktor, Professor Popow, und redete ihm ins Gewissen, er solle euch im Snip behalten, denn ich war der Meinung, dass es für euch das Beste sei. Aber er stimmte mir ganz und gar nicht zu.»

Abgesehen von Professor Popow stießen wir überall auf Widerstand, aber mit unseren vierzehn Jahren ließen wir uns unser Vorhaben von niemandem ausreden.

Als Professor Anochin hörte, dass wir in ein Internat umziehen wollten, sagte er zu Tante Nadja, das wäre der reine Selbstmord, vor allem, wenn wir nach Nowotscherkassk wollten! Das Subkontinentalklima im Süden würde uns spätestens innerhalb eines Jahres umbringen. Aber nicht mal das schreckte uns ab. Wir wollten nur noch weg. Da Popow sich weigerte, ihren Argumenten Gehör zu schenken, kam Lydia Michailowna zu der Überzeugung, dass das Gesundheitsministerium oder vielleicht sogar noch höhere Instanzen hinter dem Entschluss standen, uns ziehen zu lassen. Uns war es egal, wer oder was dahinter steckte, wir waren wild entschlossen, uns durchzusetzen.

Man hatte uns immer erzählt, die Kommunistische Partei der Sowjetunion sei die Retterin aller Invaliden und würde für die behinderten Bürger viel besser sorgen als sonst ein Land. Wir sollten unserem Glücksstern danken, dass wir hier geboren waren. In Amerika müssten wir längst auf der Straße betteln gehen, behauptete man. Natürlich hatten wir keine Vergleichsmöglichkeiten, wir kannten ja nichts anderes als Chruschtschows Russland, aber rückblickend ist uns klar, dass nicht alles so rosig war, wie man uns glauben machen wollte. Es gab Hunderte von Internaten im ganzen Land und schon das Wort «Internat» oder «Waisenhaus» war eigentlich gleichbedeutend mit elenden, primitiven Lebensbedingungen und gleichgültigem, grobem Pflegepersonal. Die Kinder berichteten von Prügeln, aber auch das schreckte uns nicht ab. In einigen Einrichtungen herrschten wahrhaft bestialische Bedingungen, andere waren humaner – das hing weitgehend vom jeweiligen Direktor und seinen Leuten ab.

Unsere Freundin Ljuba merkte, dass wir in einem Vakuum zu ersticken drohten und deshalb unbedingt weg wollten, aber ihr war auch klar, warum niemand uns dazu ermunterte, uns ein Internat anzusehen.

«Die Internate waren wie Lager für Aussätzige. Man wurde reingetrieben und für den Rest des Lebens dort eingesperrt. In unserer Gesellschaft gelten Behinderte als Abfallprodukte, als Bürger zweiter Klasse. Deshalb steckt man sie in diese abgelegenen, verfallenen Schulen, wo sie von groben, schlecht bezahlten Angestellten misshandelt werden. Es ist eine Art Rassismus, anders kann man es nicht bezeichnen. Die Leute, die mit den Behinderten arbeiten, haben ihnen gegenüber die gleiche Einstellung wie die Öffentlichkeit – Behinderte sind Müll und gehören auf den Müllhaufen. Im Westen ermutigt man Familien mit behinderten Kindern, sie bei sich zu behalten, die Eltern erhalten Hilfe und Beratung, wie man den speziellen Bedürfnissen solcher Kinder nachkommen kann. Aber hier redet man den Eltern ein, ihr Kind am besten gleich in ein Internat zu schicken, egal ob es nur eine Gaumenspalte hat oder eine zerebrale Lähmung oder ein Downsyndrom. Man muss schon sehr stark sein, um dem Druck standzuhalten und sein Baby unter solchen Bedingungen zu behalten.»

Im Snip hatten wir großes Glück gehabt. Die meisten Pflegepersonen, mit denen wir in Berührung kamen, haben uns freundlich behandelt, aber sogar diejenigen, die uns richtig gern hatten – beispielsweise Lydia Michailowna – hatten Behinderten gegenüber eine Einstellung, die für Leute aus dem Westen vielleicht schockierend, für die damalige Sowjetunion aber völlig normal war. Lydia Michailowna war überzeugt, dass die

Ärzte die richtige Entscheidung getroffen hätten, als sie unserer Mutter weismachten, wir seien tot, und uns nichts von ihrer Existenz erzählten.

«So hatte euer und ihr Leid ein Ende. Sie brauchte nicht mehr an euch zu denken. Wenn ein Kind mit einem geistigen oder körperlichen Schaden zur Welt kommt, können die Eltern sich vielleicht am Anfang darum kümmern, aber später, wenn es größer ist, reicht es nicht mehr, wenn man das kleine Dummchen einfach hochnimmt oder badet, sondern man muss sich dauernd den Unsinn anhören, den es plappert, und irgendwann muss man es dann doch weggeben. Da ist es doch am besten, gleich zu Anfang für klare Verhältnisse zu sorgen. Für manche Eltern ist ein behindertes Kind eine Last, die sie ihr Leben lang mit sich herumschleppen müssen, und sie haben dadurch nichts als Kummer: Die Ehe geht in die Brüche, der Beruf wird vernachlässigt. Eine Katastrophe.»

Ljuba hatte mehr Glück als wir. Wir wussten, dass wir eine Last waren, das brauchte uns keiner zu erzählen, aber manche von den «Dummchen» waren unsere Freunde, und es ist uns sehr unangenehm, dass Lydia so herablassend über Behinderte spricht. Ljuba wurde nicht von irgendwelchen Ärzten großgezogen. Sie lebte daheim bei ihren Eltern, aber wahrscheinlich auch deshalb, weil sie nicht von Geburt an behindert war, sondern irgendwann Kinderlähmung bekommen hat. Da hatte ihre Mutter schon Zeit gehabt, Ljuba lieb zu gewinnen, und als die Ärzte sie drängten, ihre Tochter ins Internat zu geben, weigerte sie sich einfach.

«Nur meine Beine waren in Mitleidenschaft gezogen, und ich lernte, an Krücken zu gehen. Aber man steckte mich trotzdem in eine ‹Sonderschule› für Behinderte, und zwar mit der Begründung: ‹Wir können solche Kinder nicht in normalen Schulen dulden, weil andere Kinder sie verspotten würden.› In Wirklichkeit wollten unsere Behörden einfach die Existenz der Behinderten leugnen. Hätten sie diese nämlich anerkannt, hätten sie auch eingestehen müssen, dass es Unfälle in den Fabriken und im öffentlichen Verkehr gab, dass in Krankenhäusern Fehler gemacht wurden – vor allem in Geburtskliniken! –, und das durfte nicht sein, weil wir in der ruhmreichen Sowjetunion lebten. Die Statistiken wurden geschönt, deshalb durften sich Behinderte nicht sehen lassen. Praktisch jeder, der Polio bekam, endete in einem Heim. Statistisch gesehen hatten wir keine Polio und keine Behindertenheime. Wir hatten nur Altersheime, denn alte Leute gibt es schließlich überall.»

Aber siamesische Zwillinge gab es nicht überall und ganz bestimmt nicht in der ruhmreichen Sowjetunion. In Moskau verbreiteten sich immer mehr Gerüchte über unsere Existenz. Im Snip wechselten die Patienten häufig, und die Verwandten, die sie besuchten, erzählten bei ihrer Arbeit in der Fabrik, was sie im Krankenhaus gesehen hatten. Vielleicht war das der wahre Grund, weshalb sich die Leute, die das Sagen hatten (in unserem Fall das Gesundheitsministerium), so leicht dazu entschließen konnten, uns aus der Hauptstadt verschwinden zu lassen und uns trotz der Proteste von Professor Anochin, Lydia Michailowna und Tante Nadja irgendwo auf dem Land unterzubringen.

Wie auch immer – wir bekamen unsere Erlaubnis, und der nächste Schritt für Professor Popow war, eine geeignete Unterkunft für uns zu finden. Mehrere Pflegepersonen wurden als Kundschafter ausgeschickt. Tante Nadja besichtigte ein Internat in der Nähe von Moskau, aber es gefiel ihr nicht, weil es keinen Zaun hatte und direkt neben einer Kirche lag. Sie wollte, dass wir hinter einem möglichst hohen Zaun in Sicherheit waren.

Lydia Michailowna gefiel das Internat in Nowotscherkassk, in der Nähe der Stadt Kirow, südlich von Moskau, auf den ersten Blick. Es war das gleiche, von dem uns schon ein paar Patienten erzählt hatten und das mit dem Zug in etwa zwei Tagen erreichbar war. Zwar war das Gebäude etwas heruntergekommen, aber immerhin gab es eine primitive Zentralheizung, funktionsfähige sanitäre Einrichtungen und vor allem eine recht freundliche Atmosphäre mit wohlmeinenden Angestellten. Lydia war beeindruckt.

«Es gab auch außerschulische Angebote, beispielsweise einen Chor, und im Sommer durften die Kinder ins Pionierlager. Natürlich trugen alle die gleichen Waisenhauskittel, aber jeder war etwas anders geschnitten und wirkte dadurch individuell. Ich fragte, wie das möglich sei, und man erklärte mir, dass jedes Kind im Handarbeitsunterricht seinen Kittel selbst entwerfen und nähen dürfe.»

Der Direktor der Schule wurde zu einem Gespräch nach Moskau eingeladen. Er war bereit, uns aufzunehmen.

Endlich war alles arrangiert. Wir waren total aufgeregt, nicht wahr, Masha? Wir verabschiedeten uns von unseren Freunden und vom Pflegepersonal des Snip. Wir legten Wert auf eine ordentliche Schulbildung, damit wir später eine Arbeitsstelle finden konnten; am liebsten wollten wir Buchhalterinnen werden. Acht Jahre lang hatten wir im gleichen Zimmer gewohnt, da hatten wir unsere Zeit doch bestimmt abgesessen …

«… obwohl wir immer noch nicht wussten, für welches Verbrechen man uns eingesperrt hatte …»

… und konnten weiterziehen. Man hatte uns gesagt, die Schule sei nicht für schwer behinderte Kinder – die meisten konnten laufen –, und wir meinten: «Prima, nichts wie hin.»

Tante Nadja nahm drei Monate frei, um uns zu begleiten und uns beim Eingewöhnen zu helfen. Am Nachmittag stiegen wir in den Zug.

«Wie zwei alberne Schulmädchen bei der ersten Verabredung.»

Wir waren noch nie zuvor in einem Zug gewesen. Masha wollte sofort aufs oberste Bett klettern, aber Tante Nadja erlaubte es nicht, weil sie Angst hatte, wir würden runterfallen. Also warteten wir, bis sie das Abteil verließ, und stiegen dann hinauf – nur um es mal ausprobiert zu haben. Als wir sie zurückkommen hörten, wollten wir schnell wieder runterklettern, aber in dem Moment ruckte der Zug, und platsch, landeten wir auf dem Fußboden. Uns war jedoch nichts passiert. Alles war ein Riesenspaß. Wir hatten ein Abteil für uns und konnten aus dem Fenster Dörfer, Pferde, Wagen und Tiere auf den Feldern vorüberziehen sehen. Von solchen Dingen hatten wir bisher nur gehört. Am nächsten Tag kamen wir auf dem kleinen Dorfbahnhof von Nowotscherkassk an.

Wir saßen im letzten Wagen. Als der Zug langsam einfuhr, lugten wir aus dem Fenster: Der Bahnsteig war voller Menschen! Offenbar hatte sich herumgesprochen, dass das «Mädchen mit den zwei Köpfen» ankommen sollte, und das ganze Dorf hatte sich auf die Socken gemacht, um uns zu begrüßen. Der Zug hielt an, aber der Bahnsteig reichte nicht bis zum letzten Waggon, wo wir mit klopfendem Herzen in einer Ecke kauerten. Tante Nadja stand in der offenen Tür und überlegte, wie sie uns aus dem hohen Waggon auf die Schienen, durch das Gedränge und zu dem Wagen kriegen sollte, der vor dem Bahnhof auf uns wartete. Wir machten uns Sorgen, weil der Zug nur fünf Minuten Aufenthalt hatte. Doch da bahnte sich ein Eisenbahnwärter einen Weg durch die Menge und stellte sich unter die Tür. Wir stürzten uns in seine ausgebreiteten Arme und klammerten uns an ihn – so stürmisch, dass er seine Mütze verlor!

Während er sich wieder durch die Menschenmenge drängelte und uns zum Auto hinaustrug, drückten wir uns Schutz suchend an ihn. Die Menschenmenge folgte uns bis zum Internat, aber dort schlossen sich die großen Eisentore hinter uns, und außer uns wurde niemand eingelassen.

Man brachte uns nicht direkt in den großen Schlafsaal, sondern wir bekamen ein Einzelzimmer, was ganz gut war, denn die anderen Kinder zeigten uns erst mal die kalte Schulter, nicht wahr, Masha? Sie wollten uns nicht. Wie sich herausstellte, hatte der Direktor nach seiner Rückkehr von Moskau eine Versammlung einberufen und uns den anderen Schülern beschrieben. Die Lehrer taten ihr Bestes, um die Kinder auf den «Schock» vorzubereiten, und gaben ihnen Tipps, wie sie sich uns gegenüber verhalten sollten, aber der Schuss ging nach hinten los. Alle Kinder hier waren behindert und alle waren irgendwann von der Reaktion der Öffentlichkeit verletzt worden – in der Gegend nannte man das Internat die «Krüppelschule». Und jetzt hatten sie Angst, dass man sie mit uns über einen Kamm scheren und auch als «Missgeburten» betrachten würde, und deshalb wollten sie nichts mit uns zu tun haben. «Wir sind zwar behindert», sagten sie, «aber wir sind noch lange keine Missgeburten – wir wollen die beiden nicht. Auf keinen Fall.» Deshalb waren sie anfangs ganz schön gemein zu uns.

Gekränkt zogen wir uns in unser Schneckenhaus zurück. Wir sprachen nur mit Tante Nadja und ein paar Angestellten. Nachdem Tante Nadja weg war, bekamen wir einen Schnupfen, der sich zu einer Lungenentzündung entwickelte. Fast sechs Monate lagen wir auf der Krankenstation und waren froh darüber, weil wir uns weder mit unseren zornigen Klassenkameraden noch mit den Dorfleuten auseinander setzen mussten, die sich noch immer jeden Morgen am Tor einfanden und hofften, einen Blick von uns zu erhaschen.

Aber schließlich ging es uns wieder besser, und wir mussten hinaus in den Schlafsaal und am Unterricht teilnehmen. Obwohl wir das eigentlich selbst wollten, brauchten wir eine Weile, um uns einzugewöhnen. Die jüngeren Kinder blieben zurückhaltend, aber die älteren tauten immer mehr auf. Wenn nötig, verteidigten sie uns sogar. Beispielsweise als die Angestellten anfingen, Dorfleute für eine Flasche Wodka ins Internat zu lassen, damit sie uns anglotzen konnten. Als die älteren Jungs das mitkriegten, warfen sie die Leute raus und versprachen uns: «Wenn jemand fies zu euch ist, dann gebt uns Bescheid.»

Anhand eines Einstufungstests wurde unser Wissensstand geprüft. Wie nicht anders zu erwarten war, lagen wir weit hinter unseren Altersgenossen zurück, weil wir durch unseren langen Aufenthalt im Snip so viel verpasst hatten. Unsere Mathematiklehrerin, Valentina Alexandrowna, erinnert sich noch gut an unseren Test.

«Dasha war sehr klug, Masha wesentlich langsamer. Deshalb bekam Dasha bei der Prüfung gute Noten und Masha schlechte. Normalerweise hätten wir sie in verschiedene Klassen gesteckt, aber das war natürlich unmöglich. Während ich noch kopfschüttelnd dastand und über die Lösung dieses Problems nachdachte, meinte Masha plötzlich:

‹Na gut, ich geh in eine niedrigere Klasse, das macht mir nichts.›

‹Und wie sollen wir das machen?›, fragte ich.

‹Ganz einfach›, meinte Masha, ‹wir brechen ein Loch in die Wand, dann kann Dasha in die eine Richtung zu ihrer Klasse sehen und ich in die andere zu meiner!›»

Zu guter Letzt beschloss das Kollegium, mich ebenfalls in eine der unteren Klassen zu stecken, denn es war abzusehen, dass Masha in einer höheren nicht mitkommen würde. Masha war im Mündlichen gut, ich war besser im Schriftlichen. Aber da die meisten Arbeiten ja geschrieben wurden, galt ich stets als die Klügere. Masha schrieb immer noch bei mir ab, aber dem machten die Lehrer ein Ende, indem sie uns unterschiedliche Aufgaben lösen ließen. Als wir die anderen Kinder besser kennen lernten, vergaßen sie ihren Hass auf uns, und wir kamen alle gut miteinander aus. Und wenn Tante Nadja uns Fresspakete aus Moskau schickte, waren wir ohnehin die beliebtesten Kinder der ganzen Schule.

Wir waren relativ fit, gesund und beweglich, so dass wir eigentlich alles konnten, was normale Kinder können. Mashas Lieblingsfach war Sport, meines Mathematik. Eines Tages im Frühling gingen wir über eine der Holzplanken, die man auf die Treppe gelegt hatte, zur Schultür hinauf, und weil alles vereist war, rutschten wir aus. Masha stürzte und wurde ohnmächtig. Ich zitterte und versuchte, sie zum Reden zu bringen, aber sie blieb bewusstlos. Panik überfiel mich, ich dachte, sie sei tot. Weil niemand in der Nähe war, hatte es keinen Sinn, um Hilfe zu rufen, und natürlich konnte ich auch nicht allein aufstehen. Aber nach etwa fünf Minuten kam Masha wieder zu sich und beschwerte sich, weil ihr Kopf weh tat und ihr übel war. Vermutlich hatte sie eine Gehirnerschütterung, denn in den nächsten zwei Stunden wurde ihr immer wieder schlecht, und ich musste für sie die Hausaufgaben machen. Aber wir erzählten niemandem davon, weil wir nicht ins Dorfkrankenhaus wollten. Das letzte Mal hatten sie uns dort hingebracht, als wir schlimme Magenschmerzen hatten. Der Arzt hatte uns gepiekt und gedrückt und war schließlich zu dem Schluss gekommen, wir hätten eine Blinddarmentzündung. «Das kann nicht sein – unser Blinddarm ist schon rausoperiert worden!», widersprachen wir. Doch niemand glaubte uns das, und sie versuchten, uns in den Operationssaal zu bringen. Wir brüllten und wehrten uns, und ein Arzt meinte: «Für die Operation müssen wir die beiden fesseln!» Aber dann kam zum Glück ein Facharzt, sah sich unsere Blinddarmnarbe an und meinte, wir hätten wohl tatsächlich keinen Blinddarm mehr. Das ganze Theater war grässlich und obendrein absurd: Früher, als wir wirklich eine Blinddarmentzündung gehabt hatten, wollte uns keiner auch nur anfassen!

Ich strengte mich immer sehr an bei den Tests und Prüfungen, aber manchmal war ich vor Aufregung wie gelähmt und wusste plötzlich nicht mehr, was zwei mal zwei ist. Ein einfacher Satz war nur noch ein verwischter Nebelschwaden. Masha wurde immer schrecklich sauer und sagte, sie könne selbst nicht mehr schreiben, weil ich so zitterte – sie ist Links- und ich Rechtshänderin, was die Sache sehr erschwert, denn wir stoßen beim Schreiben und beim Essen immer mit den Ellbogen zusammen. Meistens essen wir nacheinander. Masha wollte mich zur Schulschwester schicken, um mir von ihr Valium geben zu lassen, aber ich weigerte mich, weil Medikamente doch die Leistung beeinträchtigen, und ich wollte unbedingt gut sein. Vera Stepanowna versuchte mir zu helfen. Sie setzte sich mir gegenüber und sah mir tief in die Augen. Das sollte mich beruhigen. Sie bot sogar an, dass wir aufgrund unseres besonderen Zustands von den Klassenarbeiten befreit würden, aber das wollte ich auf keinen Fall. In welchem Zustand waren wir denn? Wir hatten doch je ein Gehirn, oder etwa nicht? Außerdem mussten alle anderen Kinder mitmachen, und es wäre mir unendlich peinlich gewesen, eine Ausnahme zu sein. Es erschien mir nicht richtig, denn manche von ihnen waren schwerer behindert als wir und diese mussten die Klassenarbeiten trotzdem ganz selbstverständlich mitschreiben. Und wir schafften es ja auch immer irgendwie, vielleicht nicht glänzend, aber immerhin.

Meistens schrieb Masha ihre Hausaufgaben von Ninka Baschmaka ab, einem sehr klugen Mädchen aus unserer Klasse. Von mir konnte sie ja nicht abschreiben, das hätte Verdacht erregt. Ninka war Vera Stepanownas Liebling. «Ninotschka, mein Sonnenstrahl», sagte sie immer, und das ärgerte Masha schrecklich.

«Schließlich können wir nicht alle mit einem Superhirn auf die Welt kommen! Warum haben die Lehrer immer Lieblinge, die schlau sind? Ist es vielleicht meine Schuld, dass ich ein bisschen langsamer von Begriff bin?»

Auf alle Fälle hatte Masha irgendwann die Nase von dem «Sonnenstrahl» so voll, dass sie in die Klasse rief: «Und ich bin vermutlich Ihre Regenwolke, richtig?» Alle hielten sich den Bauch vor Lachen. Zwar war Masha nicht sonderlich fleißig, aber sie war unglaublich schlagfertig, und deshalb mochten alle sie gern. Sie wurde zwei Jahre nacheinander zum Formkapitän gewählt – das war ein Posten bei den Jungkommunisten. Allerdings brachte das ganz eindeutige Nachteile mit sich, denn wenn irgendetwas schief ging, schob man ihr die Schuld dafür in die Schuhe. Aber Masha war schlau, und wenn sie sich vor etwas drücken wollte oder etwas Verbotenes im Schilde führte, sorgte sie einfach dafür, dass die ganze Klasse daran beteiligt war. Wenn sie dann ausgeschimpft wurde, sagte sie: «Ach, kommen Sie! Soll ich mich als Einzige aus allem raushalten, wenn die ganze Klasse Unsinn veranstaltet?»

Die Lehrer gaben sich alle Mühe, freundlich zu sein, aber

natürlich schafften sie das unterschiedlich gut. Unsere Mathematiklehrerin, Valentina Alexandrowna, mochten wir auf Anhieb. Und die Oberlehrerin Vera Stepanowna ebenfalls. Wir waren es gewöhnt, dass die Leute etwas nervös reagierten, wenn sie uns zum ersten Mal begegneten, aber diese beiden Lehrerinnen waren absolut gelassen und behandelten uns genauso wie normale Kinder. Manchmal ist es sonderbar, wie viel Angst die Leute vor uns haben. Unsere Geschichtslehrerin, Irina Konstantinowa, beispielsweise erzählte uns, sie sei um ein Haar in Ohnmacht gefallen, als wir das erste Mal in ihrer Klasse saßen.

«In meiner Laufbahn als Lehrerin musste ich mit allen möglichen Inspektoren und Kommissionen zurechtkommen, die meinem Unterricht beiwohnten, aber ich war nie so nervös gewesen wie an diesem Morgen. Meine Knie zitterten, als ich ins Klassenzimmer trat, mein Herz pochte wie wild. Ich weiß noch, dass ihr in der ersten Reihe saßt; eure mageren Beine lugten unter dem Tisch hervor, und ich trat euch aus Versehen auf den Fuß. ‹Uups›, sagte ich, ‹das tut mir wirklich Leid, aber bei wem soll ich mich jetzt entschuldigen?› ‹Bei mir natürlich›, brummte Masha.

Trotzdem hatte ich schon nach fünf Minuten völlig vergessen, dass ihr anders ausseht. Ich kann das schwer beschreiben, ihr macht es den Leuten in dieser Hinsicht wirklich einfach. Nur ihr selbst vergesst es nie. Manchmal schlich sich irgendein Naseweis hinten ins Klassenzimmer, um einen Blick von euch zu erhaschen, und niemand merkte etwas – außer ihr beide. Ihr habt anscheinend eine ganz besondere Antenne für so etwas. Die älteren Kinder schoben am Tor Wache, damit keiner von den neugierigen Dorfbewohnern reinkam, aber gegen die Schulinspektoren konnten sie nichts machen – und ihr glaubt nicht, wie viele von denen plötzlich anrückten, um das Gebäude und unsere Arbeit zu überprüfen. Dann war da noch der Stadtrat, der städtische Parteiausschuss, das Exekutivkomitee und so weiter. Sie fielen über uns her wie eine Heuschreckenplage – nur um euch anzuschauen natürlich. Sie bezeichneten sich offiziell als ‹Abordnung›, aber in Wirklichkeit kamen sie aus purer Neugier.»

Als hätten wir das nicht gewusst! Es war ja schlimm genug mit den Leuten aus dem Dorf. Jeden Tag, wenn wir über den kleinen Hof vom Hauptgebäude zum Speisesaal rannten, versuchten wir, den neugierigen Blicken der Schaulustigen vor dem Tor zu entgehen. Vor der Revolution hatte das Schulgebäude einem Geschäftsmann gehört; hinten hatte es einen kleinen, geschützten «Garten», wo wir gerne saßen und auf unserem knisternden kleinen Radio Musik hörten. Die anderen Kinder in unserer Klasse waren zwei Jahre jünger als wir, was mit vierzehn einen ziemlichen Unterschied macht, aber zu einem unserer Klassenkameraden fühlte ich mich ganz besonders hingezogen. Er hieß Slawa Dionjego, ein intelligenter, nachdenklicher Junge. Wir waren gemeinsam Klassenbeste.

Außerdem freundeten wir uns mit Ljuda Litwin an, die zwar in die Klasse unter uns ging, aber im gleichen Schlafsaal schlief; auch sie half Masha oft bei den Hausaufgaben.

«Wenn Dasha mir irgendwas zweimal erklärte und ich immer noch kein Wort verstand, dann holte ich Ljuda und sagte: ‹Bitte, Ljudotschka, nur ein halbes Stündchen, dann hat mein blöder Kopf das Zeug bestimmt kapiert.› Sie setzte sich zu mir und erklärte alles noch mal von vorn … Sie war ein sehr liebes Ding. Manchmal hat sie mich morgens geweckt und das Bett für mich gemacht.»

Wir hatten zusammen nur ein Bett, aber das reichte nicht, denn ich schlief am Fußende und Masha am Kopfende, so dass unsere Beine über die Kante hingen. Wir stellten einen Stuhl daneben für unsere Beine, aber das war auch nicht besonders bequem, und unsere Füße wurden kalt wie Eisklötze, nicht wahr, Masha? Aber Ljuda war klein und brauchte nicht ihr ganzes Bett, deshalb schoben wir ihres an unseres. Jetzt, wo wir Freunde gefunden und uns eingewöhnt hatten, ging es mir viel besser, aber Masha ärgerte sich immer noch über die primitiven Einrichtungen. Das Gebäude war kalt und baufällig. Es gab kein warmes Wasser und nur zwei Toiletten für die ganze Schule. Hygiene ist für uns sehr wichtig, und wir müssen uns dafür mehr Zeit nehmen als andere Leute, deshalb traf uns der Wassermangel ziemlich hart.

«Man konnte sich nicht mal waschen wie ein normaler Mensch – es gab keine Badewanne, und man bekam nur einmal pro Woche einen Eimer lauwarmes Wasser über den Rücken gekippt, weil es eine Ewigkeit dauerte, bis der Boiler warm wurde. Wir hätten uns gern wesentlich öfter gewaschen.»

Im Sommer war es nicht ganz so schlimm, weil es da wenigstens warm war…

«… aber wenn wir im Winter unsere Unterwäsche waschen wollten, was wir gerne selbst machten…»

… dann mussten wir dies mit eiskaltem Wasser in den Unterrichtspausen tun. Ja, im Winter war es besonders schlimm. Den Frühling mochten wir am liebsten, wenn der Schnee endlich schmolz, die Sonne rauskam und wir in den Garten gehen und das Gras wachsen sehen konnten.

«Ja, und dies meistens während der Unterrichtsstunden! Im Frühling konnte ich mich überhaupt nicht aufs Lernen konzentrieren. Sobald die ersten Sonnenstrahlen auf den Schreibtisch fielen, musste Mashinka raus an die frische Luft, dagegen konnte man nichts machen.»

Es war ein Problem, dass es keine Rollstühle gab. Für uns nicht so sehr, aber für diejenigen, die nicht laufen konnten. Die Pflegerinnen trugen sie huckepack vom Schlafsaal ins Klassenzimmer. Das war ziemlich weit, denn der Jungenschlafsaal war in einem Gebäude ein Stück die Straße runter, und nach jeder Unterrichtsstunde mussten sie zur nächsten geschleppt werden. Auch Slawa wurde so herumgetragen. Er war aber sehr leicht. Es gab einen Rollstuhl, den wir reihum benutzten, und wenn wir dran waren, setzten wir Slawa immer zwischen uns. Er saß lieber allein drin, aber wir schoben ihn herum, weil er das nicht selbst schaffte. Viele von den anderen Kindern bewegten sich auf flachen Brettern mit Rädchen durch die Gegend; draußen wickelten sie sich Lappen um die Hände, damit sie sich beim Abstoßen nicht so wehtaten.

«Ich liebte diese Bretter! Ich schubste eins von den kleineren Kindern runter und sauste selbst über den Hof – huuuiiii!»

Ich hätte gern bei den außerschulischen Angeboten mitgemacht, beispielsweise in der Theatergruppe, im Chor oder im Orchester, aber das schafften wir einfach nicht, weil wir viel Schlaf brauchten – nach dem Unterricht mussten wir uns mindestens eine bis anderthalb Stunden ausruhen. Einmal erklärte sich Masha sogar einverstanden, Tanzstunden zu nehmen, aber damit hörten wir ziemlich schnell wieder auf, weil wir dachten: Was sollen wir je damit anfangen? Wir können laufen, dafür sollten wir dankbar sein. Trotzdem haben wir manchmal getanzt, wenn niemand in der Nähe war, nur für uns. Wir legten Musik auf und tanzten im Kreis herum, nicht mal schlecht sogar, aber ich wollte nicht, dass uns jemand zusah. Warum auch?

Das Fach Geschichte gefiel mir überhaupt nicht, weil man uns ständig von Großväterchen Lenin erzählte, was er gedacht hatte und wie wundervoll er gewesen war. Man durfte kein Wort gegen ihn oder seine Anhänger sagen, aber wir konnten selbst denken. Ich hatte das Gefühl, dass die meisten Revolutionsgeschichten nicht ganz stimmten. Manchmal diskutierten wir mit den anderen darüber, ob die Lehrer uns die Wahrheit sagten, aber immer nur unter vier Augen, weil man nie wusste, wem man trauen konnte. Man musste sehr vorsichtig sein, vor allem, wenn man – wie wir – die Sache mit der glorreichen Sowjetunion nicht bedingungslos schlucken mochte.

Auch im Literaturunterricht befassten wir uns ausschließlich mit sozialistischen Schriftstellern. Einmal sollten wir einen Aufsatz schreiben mit dem Titel «Warum Ostrowski mein Idol ist». Ostrowski war ein Autor des Sozialistischen Realismus, den alle ungemein bewundern sollten, aber er war ganz bestimmt nicht unser Idol. Doch damals stellte man keine Fragen wie «Ist Ostrowski unser Idol oder nicht?» In der Sowjetunion war er für jeden ein Idol, weil jeder ihn idealisieren musste. Jedenfalls weigerte sich Masha, auch nur den Stift in die Hand zu nehmen, um diesen Aufsatz zu schreiben, und ich unterstützte sie. Ich hatte zwar ein wenig Angst vor den Folgen, aber es war halb so schlimm. Als wir sagten, wir wollten nicht über Ostrowski schreiben, bekamen wir ohne Umstände ein anderes Thema.

«Ich meine, was für ein Idol soll er denn für uns gewesen sein? Gut, er war behindert, aber er hat sich von einem Mädchen versorgen und bedienen lassen. Das ist der reine Egoismus, wenn man einen jungen Menschen so an sich bindet. Er konnte ihr nicht mal Kinder schenken, er hat sie nur ihr Leben lang an sich gefesselt.»

Offenbar war sie ein lieber Mensch. Deshalb ist sie bei ihm geblieben.

«Von wegen lieber Mensch! Sie war einfach dumm!»

Masha, pass auf, was du sagst! Masha ist schon immer offener und direkter gewesen als ich. Sie wollte beispielsweise auch schwimmen lernen. Im Sommer waren wir immer im Pionierlager am Don, und da saßen wir im seichten Wasser oder paddelten herum. Aber als Tante Nadja uns zum ersten Mal mit ans Meer nahm, war Masha ganz aus dem Häuschen. Sie hatte gehört, dass man im Salzwasser nicht untergeht, also rannte sie zum Strand, warf ihren Schwimmring weg, nahm mir auch meinen ab und stürzte sich Hals über Kopf ins Wasser!

«Und kaum waren wir drin, kriegte meine dumme Dasha die Panik und schrie: ‹Wir ertrinken, wir ertrinken!›, dass der ganze Strand aufsprang und uns zu Hilfe eilte – es war dermaßen peinlich! Sie hatte den Boden unter den Füßen verloren und klammerte sich an mich. ‹Du dumme Pute, du musst dich hinlegen und mit Armen und Beinen rudern. Wenn du Panik machst, gehst du natürlich unter!›, sagte ich.»

Aber ich war am Ertrinken!

«Du hattest bloß Angst, Dummchen. Ich hab dich am Ohr gepackt und dich ans Ufer gezogen, prustend und zappelnd, dann musste ich die Leute am Strand beruhigen und ihnen versichern, dass wir beide noch lebten.»

Ich hatte Angst. Wegen damals, als wir auf dem Don gepaddelt sind und eins von den Mädchen uns umgekippt hat. Da war es ziemlich tief, und ich bin untergegangen. Ich dachte, mein letztes Stündlein hätte geschlagen, aber Masha hat mich an den Haaren gepackt und hochgezogen. Masha hatte auch den Grund unter ihrem Fuß verloren, aber sie geriet nicht gleich in Panik wie ich, sondern tastete nach festem Boden und schleppte mich mit ans Ufer. Dann marschierte sie zu dem Mädchen und sagte: «Ich schlag dir die Fresse ein! Du hast meine Dashka beinahe umgebracht!» Aber wir haben uns nie richtig geprügelt. Man muss mit den Leuten zurechtkommen, sonst ist alles vorbei.

Als wir am Meer waren, bekamen wir einen Brief von Lydia Michailowna, in dem stand, dass die Ärzte noch einmal versuchen wollten, unser Bein abzunehmen, und dass wir für die Operation nach Moskau kommen müssten. Wir erklärten uns einverstanden, weil wir hofften, die Leute würden uns weniger anglotzen, wenn unser drittes Bein nicht so komisch hinten abstand. Aber wir hatten Angst, auch wenn man uns diesmal eine Vollnarkose versprach. Rückblickend bedauern wir unsere Entscheidung, denn die Operation hatte zur Folge, dass wir die Balance nicht mehr halten konnten. Als wir das dritte Bein noch hatten, benötigten wir keine Krücken.

Im Winter fuhren wir nach Moskau, um die Amputation durchführen zu lassen, aber unterwegs erkälteten wir uns und bekamen wieder eine Lungenentzündung, so dass die Operation um vier Monate verschoben werden musste. Es war deprimierend, wieder in Moskau zu sein. Ich will Tante Nadja nicht wehtun, aber es war wie in einem Konzentrationslager. Das Leben bestand nur aus unserem Pyjama, dem Bett und dem Nachtschränkchen. Nichts gehörte uns persönlich. In Nowotscherkassk konnten wir wenigstens gewöhnliche Kleider tragen und in den Ferien draußen zelten. Lydia Michailowna operierte uns, und es ging alles glatt. Sie war eine sehr gute Chirurgin. Wir wachten auf, und das Bein war verschwunden.

Aber wir konnten nicht mehr gehen. Jedenfalls nicht ohne Krücken. Ein Jahr lang versuchten wir es, aber es war einfach viel leichter mit Krücken; deshalb gaben wir irgendwann auf und benutzten sie fast ständig.

Im Snip staunten alle, wie ruhig und erwachsen wir geworden waren. Ich glaube, ihnen war nicht klar, dass wir uns hauptsächlich aus Langeweile oft so seltsam benommen hatten. Insgesamt waren wir viel ausgeglichener, seit wir im Internat waren, denn dort hatten wir gar nicht genug Zeit, uns irgendwelchen Blödsinn auszudenken. Nur Sascha, ein Freund von uns, hatte nichts als Streiche im Sinn. Er war ein Einzelkind und von seinen Eltern ziemlich verwöhnt worden. Einmal setzten sich er und ein anderer Junge in ein Auto, in dem der Schlüssel steckte, unternahmen eine Spritztour und fuhren es zu Schrott. Sascha hatte Arme, aber seine Beine waren gelähmt, der andere Junge hatte Beine, aber keine Arme. Sie dachten, zu zweit könnten sie den Wagen fahren, aber natürlich knallten sie ziemlich bald gegen eine Mauer. Saschas Vater erschien und verpasste ihm höchstpersönlich eine Abreibung.

Auch wir gerieten dank Sascha einmal ganz schön in die Bredouille. Es war der 9. Mai, ein Feiertag, und Sascha zog uns mit sich um die Ecke des Schulgebäudes. Er hatte eine Flasche Rotwein dabei – starken, süßen Portwein, das Billigste vom Billigen. Er sagte, wir sollten Schmiere stehen und pfeifen, wenn wir jemanden kommen sähen …

«… aber als dieser Idiot den Korken reindrückte, blieb er mit dem Daumen im Flaschenhals stecken. Da stand er dann und kämpfte mit der Flasche, bis eine von unseren Lehrerinnen, Olga Kusmitschina, vorbeikam. Wir wurden blau im Gesicht, so sehr versuchten wir zu pfeifen, aber vor lauter Aufregung kam kein Ton heraus. Da hat sie uns natürlich erwischt.»

Und wir bekamen Hausarrest. Das war unfair – wir hatten keinen Tropfen getrunken und waren doch in der ganzen Schule als Trunkenbolde abgestempelt. Aus irgendeinem Grund ahnten die Lehrer nicht, wie viel Alkohol im Umlauf war. Die

Jungs tranken heimlich hinter der Schule. Masha versuchte den Wein einmal, aber sie spuckte ihn gleich wieder aus, also erledigte ich das Trinken für uns beide. Letztlich war es der Alkohol, der Sascha das Leben kostete. Als er erwachsen war, heiratete er und hatte einen kleinen Sohn. Eines Tages betrank er sich mit seinen Freunden, und einer von ihnen erschoss Sascha versehentlich mit einer Jagdflinte.

Die normalen Kinder von der anderen Straßenseite kamen manchmal zum Spielen zu uns. Sie waren nett. Sie gewöhnten sich schnell daran, dass wir zusammengewachsen waren, und lachten uns nicht aus. Ich erinnere mich, dass ein Stück weit die Straße runter ein eineiiges Zwillingspärchen wohnte. Wir haben sie stundenlang über die Mauer hinweg beobachtet, sie waren so hübsch … Schönes Pech, dass wir siamesische Zwillinge geworden sind, was, Masha? … Wir haben diese beiden Mädchen nicht direkt beneidet …

«… wir beneiden niemanden …»

… weil sie so hübsch waren und wahrscheinlich reich, aber so etwas bringt uns schon durcheinander. Dann fragen wir uns, warum ausgerechnet wir so geboren worden sind. Dabei sind wir nicht die ersten siamesischen Zwillinge und werden ganz bestimmt auch nicht die letzten sein. Bis heute wissen wir nicht sonderlich viel über dieses Thema, aber damals hatten wir gar keine Ahnung. Wir wussten nicht, warum wir zusammengewachsen auf die Welt gekommen waren – wir wussten nicht, dass die Eizelle sich in den ersten drei Wochen nach der Befruchtung nicht richtig geteilt hatte, so dass gewöhnliche Zwillinge entstehen konnten, wir wussten auch nicht, wie viele siamesische Zwillinge es außer uns noch gab. Niemand sprach mit uns darüber, und wir hielten es für besser, nicht nachzufragen.

7

Masha

Dasha war bei den Lehrern sehr beliebt. Sie tat immer, was man ihr sagte, und ohne mich hätte sie bestimmt keine einzige Schulregel übertreten. Eine davon lautete, dass wir das Schulgelände nur in Begleitung eines Erwachsenen verlassen durften. Um den Hof war ein hoher Zaun, und dahinter standen kleine Häuser mit Gärten. Ich kletterte gern über den Zaun, um Kirschen zu klauen. Einmal erwischte mich Vera Stepanowna und war sehr verärgert. «Da denkt doch jeder, du bekommst hier nicht genug zu essen!», sagte sie. «Du sollst nicht aus anderer Leute Gärten stehlen, damit blamierst du nicht nur mich, sondern die ganze Schule.»

Aber die Nachbarn waren nett, und sie bestraften mich nie. Einer hatte einen Wachhund, den er auf alle Kinder losließ, die zu klauen versuchten, nur nicht auf mich. Einmal rannte einer der Jungs so schnell vor ihm weg, dass er dabei einen Stiefel verlor! Eine Nachbarsfrau legte immer gesalzene Fische zum Trocknen nach draußen, und uns lief das Wasser im Mund zusammen, wenn wir den Fisch auf der Treppe liegen und in der Sonne glänzen sahen. Dann spähte ich zu der Frau über den

Zaun und rief: «Sind die Fische schon trocken, Tantchen?» «Ja, danke der Nachfrage, Masha», antwortete sie, «sie sind schön getrocknet.» Ich blieb am Zaun und grinste sie an, bis sie mir irgendwann ein paar Fische anbot. In der Schule staunten alle – woher hat Masha getrockneten Fisch? Meistens baute ich dann ein Lagerfeuer und briet den Fisch darüber.

Wir kamen nicht oft raus, deshalb mussten wir uns in unserem engen Rahmen amüsieren, so gut es eben ging. Zu meinen Lieblingsbeschäftigungen gehörte schon immer, Mülleimer nach interessanten Dingen zu durchstöbern. Beispielsweise gab es dort fast immer irgendwelche Werkzeuge und Metallreste. Im Internat fand ich einmal ein paar Kondome. Zwar wunderte ich mich, warum sie alle dieselbe langweilige Farbe hatten, hielt sie in meiner Naivität aber für Luftballons.

Also nahm ich sie mit in den Schlafsaal; wir bliesen sie auf, verknoteten die Enden und spielten mit ihnen. Da kam Tante Nadja herein – sie war gerade zu Besuch da, und ihr blieb buchstäblich der Mund offen stehen. Aber schließlich klappte sie ihn wieder zu und fragte: «Na gut, wer hat die gefunden?» Dasha und ich traten vor und verkündeten fröhlich: «Wir!»

«Ich hätte es mir denken können!», meinte Tante Nadja. Dann sammelte sie die Ballons hastig ein und warf sie weg. Keiner von uns hatte die geringste Ahnung, was wir da in die Finger bekommen hatten. Zwar waren wir inzwischen schon sechzehn, aber wir wussten nichts über Sex. Woher auch? Ich war schon immer lieber mit Jungs zusammen, aber das war kein richtiges Flirten, auch wenn alle anderen das meinten. Na gut, manchmal habe ich mich auf die Wange küssen lassen, aber das war alles nur Spaß; ich wollte mich auf keine «erwachsene» Knutscherei einlassen, und ich hatte ganz bestimmt kein Interesse an richtigem Sex. Zungenküsse waren mir zuwider, und ich schubste alle Jungs weg, wenn sie was Derartiges versuchten. Ich küsste diejenigen, die ich küssen wollte, und zwar so, wie ich es wollte.

Dasha war anders. Beispielsweise liebte sie es, wenn die Mädchen an Silvester einen Kaffeeklatsch veranstalteten, was ich meinerseits sterbenslangweilig fand – nichts als Mädchen, um Himmels willen! Dann sagte ich: «Macht, was ihr wollt, aber verschont mich mit eurem Damenkränzchen!»

«… was natürlich bedeutete, dass ich auch nicht daran teilnehmen konnte.»

Aber gegen Mitternacht kamen dann auch die Jungs, jemand brachte einen Kassettenrecorder mit, und wer tanzen konnte, tanzte. Wir kannten einander ja, da brauchte sich niemand zu schämen. Aber wir beide tanzten trotzdem nicht – das hätten die anderen wahrscheinlich doch komisch gefunden.

Dasha war angeblich hübscher als ich, weil sie ein ovales Gesicht und große dunkle Augen hatte, während ich mit meiner Stupsnase und meinem kurzen Kinn eher jungenhaft wirkte – außerdem zog ich dauernd Grimassen. Aber wer sagt, Dasha sei hübscher, kriegt von mir ein Veilchen verpasst. Ich sehe nämlich viel besser aus!

Dasha alberte nicht mit den Jungs rum wie ich. Sie interessierte sich nur für einen Einzigen – für Slawa Dionjego. Er sah ihr ähnlich, und die Lehrer verstiegen sich sogar zu der Bemerkung, sie sähen aus wie Bruder und Schwester, weil sie beide schlank waren und dunkle Haare und schwarze Augen hatten. Dass er zwei Jahre jünger war als wir, machte nichts, denn er war ein kluges Bürschchen, und wir wirkten sowieso jünger. Er war ein Bücherwurm, ein Typ, der mich für gewöhnlich eher langweilt, aber wir hatten trotzdem eine Menge Spaß zusammen, weil er ganz schön schlagfertig war und meistens das letzte Wort behielt. Natürlich mochte ihn Dasha wegen seiner «schönen Augen» und seiner Intelligenz. Außerdem fand sie seine Handschrift toll: ganz klein, sauber und verschnörkelt. Natürlich gefiel ihr auch, was er schrieb. Bei einem Aufsatz ließ er sich ausführlich darüber aus, dass Dasha seine engste Freundin sei, und das schmeichelte ihr natürlich sehr.

Slawa wurde in Nowotscherkassk geboren, nicht weit von der Schule, und er hatte zwei Brüder. Als er ungefähr drei Jahre alt war, entdeckten die Ärzte, dass er krank war – er hatte eine Muskeldystrophie, glaube ich. Sein Vater machte sich daraufhin sofort aus dem Staub. Slawas Mutter liebte ihren Sohn sehr, aber sie konnte ihre Arbeit in der Fabrik nicht aufgeben, weil sie das Geld brauchte. Sie musste ja auch die anderen Jungs ernähren, nachdem der Vater weg war. Deshalb schickte sie Slawa auf unser Internat. Aber sie besuchte ihn regelmäßig, und in den Ferien nahm sie ihn manchmal mit nach Hause. Hin und wieder kam sogar Slawas Vater mit dem Motorrad zu Besuch. Wir fragten Slawa nie nach seiner Familie, weil das seine Privatsache war und niemanden etwas anging. Wir mochten es nicht, wenn jemand seine Nase in unsere Vergangenheit steckte, also taten wir es bei anderen auch nicht.

Slawa war ebenfalls ein Lehrerschätzchen. Genau wie Dasha wollte er es immer allen recht machen und strengte sich sehr dafür an. Aber er war auch lustig und gar nicht zickig, deshalb konnten ihn alle gut leiden. Aber er mochte Dasha am liebsten.

«Er war mir auf Anhieb sympathisch. Er war nett und klug. Ich war gern mit ihm zusammen, weil er so interessant war – er wusste eine Menge, weil er so viel las. Und er war sehr sensibel.»

Ja, ihr wart eben Seelenverwandte! Na gut, das war in Ordnung, weil ich auch gern mit ihm zusammen war. Natürlich war der Unterschied, dass ich im Gegensatz zu Dasha nicht scharf auf ihn war, aber das störte mich anfangs nicht besonders. Erst als die Sache ernst wurde, begann ich mich ein wenig zu beunruhigen. Ich hatte nichts gegen ein paar Küsse, aber von echtem Schmusen wollte ich nichts wissen, und da wurde Slawa wütend. Aber er war vollkommen machtlos. Wenn er mit Dasha rummachen wollte, musste er erst mich um Erlaubnis bitten. Dann kam er angeschwänzelt und bettelte: «Masha, Masha, lass mich bitte zu Dasha, ja? Komm schon! Lass mich zu Dasha, nur ein kleines Weilchen!» Und meistens antwortete ich dann: «Na gut!» Aber ich behielt ihn im Auge, damit er nicht zu weit ging. Sie zogen sich immer in irgendeine Ecke zurück, wo niemand sie sah, aber einmal kam seine Mutter rein, als sie gerade dabei waren. Sie blieb wie angewurzelt stehen und rief: «Slawa! Was in aller Welt tust du denn da?» Er blickte auf und meinte: «Was wohl, ich schmuse, Mutter!» Er konnte echt lustig sein, deshalb kam ich mit ihm klar. Seine Mutter war auch sehr nett, sie mochte uns gern und freute sich, dass Slawa eine Freundin hatte.

Aber nach ungefähr einem Jahr dämmerte mir, dass ich die beiden vielleicht daran hindern konnte, etwas anderes zu machen, als sich zu küssen, dass ich jedoch nichts dagegen unternehmen konnte, dass sie sich ineinander verliebten. Und es sah aus, als hätte mein kleines Dummchen genau das getan. Ich war aber keineswegs bereit, den Rest meines Lebens Sex mit Slawa zu haben! Und ich wollte auch keinen unerwünschten Ehemann. Dasha gehörte mir, und so würde es immer bleiben. Ich hatte nicht die Absicht, sie mit jemandem zu teilen. Sie ist meine Schwester, meine Sklavin, mein Schäfchen. Ich bin nicht egoistisch, ich bin nur realistisch. Sie hätte sich mit ihm nur eine Last aufgehalst. Ich machte ihr klar, was eine Ehe bedeutet, aber ich hielt sie nicht davon ab, sich mit Slawa zu treffen. Ich ließ ihnen ihre Küsse.

Jungen und Mädchen hatten getrennte Wohnheime, und zwischen ihnen verlief die Straße des Roten Dezembers – genau genommen nur ein besserer Feldweg. Natürlich waren Liebesverhältnisse tabu – damals war Sex einfach kein Thema. Trotzdem gab es unter den älteren Schülern jede Menge Affären.

Eines Abends im Frühling waren wir draußen; es roch nach Apfel- und Aprikosenblüten, und die Dämmerung brach gerade herein – sehr romantisch. Slawa und Dasha schmusten in der schmalen Gasse hinter der Schule, als ich merkte, dass die Sache außer Kontrolle geriet. Slawa saß zwar im Rollstuhl, aber außer seinen Beinen funktionierte anscheinend alles großartig. Da sah ich mich gezwungen einzugreifen: Ich schubste ihn von Dasha weg, schob ihn in den Obstgarten und kippte ihn dort ins Gebüsch.

Dasha war stinksauer. Sie heulte und jammerte eine ganze

Ewigkeit, und endlich begriff ich, dass sie Slawa liebte, und zwar wie verrückt. Er war ebenfalls wütend, weil ich ihn in den Büschen abgeladen hatte. Aber ich ließ mich nicht irre machen. Dasha und ich waren zusammen, und so würde es auch bleiben.

Nicht, dass ich Dasha nicht geliebt hätte. Oder dass ich kein Mitleid mit ihr gehabt hätte. Ich liebte sie, und sie tat mir Leid.

Wirklich. Und genau deshalb musste ich der Sache ein Ende bereiten. Wie hätten wir alle zusammenleben sollen? Eine Ehe mit Slawa kam überhaupt nicht in Frage. Ich hätte mir einen gesunden Mann gewünscht, einen, der für uns sorgen könnte. Aber Slawa war noch schlimmer behindert als wir! Wenn Dasha ihn geheiratet hätte, wäre alles schief gegangen. Es hätte uns auf die Galeere gebracht, nicht aufs Traumschiff. Wir hätten alles für ihn tun müssen. Das erklärte ich Dasha immer wieder; ich sagte ihr, es würde niemals funktionieren, und am Ende hat sie mir Recht gegeben.

«So bitter das auch war ... ich bin zu der Erkenntnis gekommen, dass es besser für uns war ... auch wenn es mir damals wie eine Tragödie erschien.»

Richtig, weshalb weinst du also schon wieder? Es ist über dreißig Jahre her, wie kannst du dir wegen Slawa immer noch Tränen abdrücken? Er hatte bestimmt mit den anderen Jungs gewettet, dass er es mit uns tun würde. Als wir ihn das nächste Mal sahen, gab ich ihm eine Ohrfeige und brüllte: «Gib's zu, du hast eine Wette laufen», aber er gab nichts zu. Er war nur wütend. Meine Schwester, dieses kleine Schaf, weinte und stammelte: «Slawa, verzeih mir, was sie getan hat», und er erwiderte: «Dir verzeihe ich, aber ihr nicht», und starrte mich dabei zornig an, als spielten wir zusammen eine griechische Tragödie. Er sah einen immer so von unten herauf an, als wollte er einen bis ins Innerste durchbohren, und das war mir sonst irgendwie unangenehm. Aber diesmal nicht. Ich hatte keine Angst. Ich habe überhaupt nie Angst. Danach hat er nie wieder ein Wort mit mir gesprochen. Sogar Dasha hat über eine Woche nicht mit mir geredet, aber dann hat sie es nicht mehr ausgehalten.

Vielleicht habe ich nicht verstanden, was sie für Slawa empfand. Sie war von ihm besessen. So verliebt bin ich nie gewesen – ich habe mich nie so auf Gedeih und Verderb zu einem Jungen hingezogen gefühlt. Mein einziger so genannter Freund war ein Junge namens Valera, eine mehr oder weniger platonische Geschichte. Ganz bestimmt keine Liebe jedenfalls, wir haben einfach nur viel zusammen gelacht. Außerdem war er jünger als ich – eigentlich noch ein Kind –, aber ich mochte ihn als Kumpel. Mir gefiel, wie er immer so schnell durch die Gegend wieselte! Aber eines Tages kam ich um die Ecke, und da stand mein Valera und küsste ein anderes Mädchen. Ich bin fast geplatzt vor Wut. Was für eine Demütigung! Mein Freund «betrog» mich! Ich schrie ihn an und schimpfte ihn einen Scheißkerl. Das hat er mir nie verziehen. Männer mögen es nicht, wenn ich so rede. Ich bin ihnen zu grob.

Aber ich dachte, vielleicht finde ich doch noch den richtigen Mann, und dann will ich womöglich auch Sex haben. Ich überlegte mir, ob wir es wohl machen konnten wie andere Leute auch. Und was war mit dem Kinderkriegen? Die anderen Mädchen in unserer Klasse hatten alle ihre Periode, nur wir nicht, obwohl wir zwei Jahre älter waren. Warum? Würden wir sie vielleicht nie bekommen? Wir versuchten, Tante Nadja ein bisschen auszufragen, aber sie wechselte schnell das Thema – offensichtlich war es ihr peinlich. Von den anderen Mädchen in unserer Klasse erfuhren wir alles Mögliche über Sex, aber ansonsten sprach nie jemand mit uns darüber. Dabei war es doch nur natürlich, dass wir wissen wollten, ob wir mit einem Jungen schlafen und Kinder kriegen konnten. Die Schulschwester Sinaida erinnert sich noch, wie wir eines Tages bei ihr auftauchten. Dasha war nicht so sicher, ob sie diese Fragen stellen wollte, weil sie sich vor den Antworten fürchtete. Aber eines Tages spazierten wir über den kleinen Hof zur Krankenstation. Sinaida war jung und blond; sie saß auf dem Bett und feilte sich die Nägel.

«Auf einmal hörte ich es an der Tür klopfen, und dann kamt

ihr beiden reinspaziert. Anfangs habt ihr ein bisschen rumgealbert, aber nach einer Weile seid ihr zur Sache gekommen und habt mich mit einer Unmenge Fragen bestürmt. Grundsätzlich wolltet ihr wissen, ob ihr eine intime Beziehung zu einem Mann haben konntet. Na ja, ich war erst mal ganz schön überrascht. Was sollte ich sagen? Soweit ich wusste, gab es keinen physiologischen Grund, der eine solche Beziehung ausschloss. Aber natürlich durfte ich euch das nicht so sagen. Das wäre gefährlich gewesen. Deshalb erzählte ich euch, möglicherweise würdet ihr dabei verbluten. Ich musste doch irgendwas sagen, oder? Ihr wart zwei große Mädchen – wenn ihr nun gerade beschlossen hattet, etwas mit einem Mann anzufangen? Das wäre nicht richtig gewesen. Nicht für euch. Wenn ihr dabei wirklich gestorben wärt, dann hätte es einen Riesenskandal gegeben, womöglich einen Gerichtsprozess.»

Gott, manche Leute sind so herablassend. Sie hat sich was ausgedacht, alles frei erfunden, und wir haben ihr jedes Wort geglaubt.

«Sie hat es nicht so gemeint. Es gehörte zu den Grundsätzen der Schulpolitik, dass man die Schüler vor den Realitäten des Lebens schützen muss. Schließlich waren wir alle behindert. Und wenn das bedeutete, dass man uns im Dunkeln tappen lassen musste, dann wurde das getan.»

Sinaida merkte, dass wir ziemlich durcheinander waren.

«Deshalb sagte ich noch: ‹Macht euch keine Sorgen, es wird schon alles gut werden. Ganz bestimmt.› So musste man mit euch sprechen.»

Sie hätte ruhig versuchen können, uns wie normale Menschen zu behandeln. Aber immerhin schickte sie uns zu einem Frauenarzt, der untersuchen sollte, warum wir keine Periode bekamen, und dort erfuhren wir, dass unsere Gebärmutter einfach noch nicht voll entwickelt war. Jetzt hatten wir natürlich gleich die nächste Frage an Sinaida bereit: Wenn wir den Geschlechtsverkehr überlebten, konnten wir dann Kinder bekommen?

«Damals wussten wir nichts davon, aber Professor Anochins ursprüngliche Untersuchungen zeigten, dass es keinen physiologischen Grund gab, warum wir nicht hätten schwanger werden und ein Kind austragen können. Unsere Fortpflanzungsorgane entwickelten sich normal, und die Gebärmutter hatte genug Platz, um zu wachsen.»

Aber Sinaida fand schon die Vorstellung schrecklich, dass wir womöglich Kinder haben wollten. Deshalb behauptete sie, das sei für uns vollkommen ausgeschlossen, wir sollten am besten nicht mal daran denken. Mich regte das nicht besonders auf, ich war ja selbst fast noch ein Kind, aber Dasha war völlig außer sich. Sie hatte nie daran geglaubt, dass Mutter bei unserer Geburt gestorben war, und hatte immer gehofft, sie würde irgendwann zur Tür reinspazieren, aber weil das nie passiert war, hatte ihr Traum sich verändert – jetzt wollte Dasha heiraten und eigene Kinder haben.

«Der Gedanke, dass ich keinen Mann und keine Kinder haben konnte, war schwer zu ertragen. Wir sind Frauen, wir sind lebendig, unser Körper, unsere Hormone fragen nicht danach, ob wir zusammengewachsen sind oder nicht. Wir träumen davon, Kinder zu haben. Wenn ich allein gewesen wäre, hätte ich ein Baby bekommen, mit oder ohne Ehemann. Jede Frau hat einen Mutterinstinkt, ganz gleich, ob sie behindert ist oder nicht, aber für Behinderte ist es natürlich schwieriger, ihre Wünsche zu verwirklichen. Unsere Freundin Katja ist verheiratet, aber sie lebt mit ihrem Mann in einem kleinen Zimmer im Heim, und die beiden bekommen kein größeres. Also kann sie kein Kind haben. Behinderte haben keine Menschenrechte.»

Da standen wir nun. Dasha begriff, dass sie weder Slawa noch ein Baby haben konnte. Ihr wurde ein für alle Mal klar, dass ich ihre einzige Familie war.

«Das stimmt. Ich wusste, dass ich dich hatte und nie allein sein würde. Aber wir lebten in der Sowjetunion, in den sechziger Jahren, und sehr wenige Behinderte konnten ein normales

Leben führen, weil sie zusammengepfercht lebten und ihr Alltag von der Partei und vom Staat bestimmt wurde. Sie hatten nicht mal eine Chance, normale Menschen kennen zu lernen. Angeblich hatten wir alles, was wir uns wünschen konnten … aber niemand kam auf die Idee, dass Behinderte auf ihre Art nützliche Mitglieder der Gesellschaft sein könnten. Niemand dachte daran, uns zu ‹rehabilitieren› oder uns eine Ausbildung für einen ordentlichen Job zu ermöglichen, nicht wahr, Masha? Andererseits wollte man behinderten Schülern auch nicht klipp und klar sagen, dass sie keine Zukunft haben würden. Im Internat taten alle so, als wären wir völlig normal und würden später problemlos Arbeit finden. Aber wir wussten, dass das eine Lüge war. Es war wie im Geschichtsunterricht: Alles klang wunderbar, aber im wirklichen Leben war alles ganz anders, stimmt's, Masha? Wenn jemand das wusste, dann wir.»

Im Keller der Schule hatte ein alter Schuster seine Werkstatt. Wir besuchten ihn, sooft wir konnten, und sahen ihm bei der Arbeit zu. Er lachte und sagte, er würde uns gern als Lehrlinge nehmen, dann könnten wir nach unserer Abschlussprüfung Schuster werden. Er ließ mich sogar hier und dort ein paar Nägel einschlagen, auch wenn ich sicher keine große Hilfe war. Wir hatten nur ein Paar eigens für uns angefertigte orthopädische Stiefel, das nicht einfach ersetzt werden konnte. Deshalb schlug ich immer gegen die Treppenstufen, damit der Schuster sie reparieren musste und wir im Unterricht fehlen konnten. Einmal bekam ich ein Rasiermesser in die Finger und machte mich damit über die Schuhe her – ihr hättet sein Gesicht sehen sollen, als wir die Stiefel an dem Tag zu ihm brachten! «Von früh bis spät bin ich mit euren Schuhen beschäftigt», beschwerte er sich. Doch eigentlich störte es ihn gar nicht. Er mochte uns. Und wir verpassten gern ein paar Schulstunden – schließlich konnten wir ja nicht barfuß erscheinen, oder? Aber bis zum Abend waren sie dann wieder wie neu, wir zogen sie an und gingen im Garten spazieren.

Im Aufsichtsraum hatte immer ein Lehrer Nachtdienst.

Wenn Valentina Alexandrowna oder Vera Stepanowna dran waren, warteten wir, bis im Schlafsaal das Licht ausging, und fragten dann die Hausmutter, ob sie uns ein paar Stunden rausließ. Sie war nett. Sie erlaubte es fast immer.

Ich erinnere mich, dass wir Valentina Alexandrowna mit Fragen über ihre Familie bestürmten, über ihr Haus und ihren Garten, die Bücher, die sie gelesen, die Filme, die sie gesehen hatte, die Leute, die sie kannte. Wir hatten immer von der Außenwelt abgeschnitten gelebt und brannten darauf zu erfahren, wie die Welt für normale Menschen aussah.

Die Gespräche mit Vera Stepanowna waren eher philosophischer Natur, und meistens langweilte ich mich schnell. Aber sie erinnert sich noch daran.

«Dasha war leichter zu beeindrucken und sensibler. Du hattest eine ziemlich einfache Lebenseinstellung ... vielleicht hattest du in dieser Hinsicht Glück, denn so musstest du nie allzu genau über etwas nachdenken. Du warst eine Lebenskünstlerin.

Aber Dasha machte die Behinderung weit mehr zu schaffen, sie litt stärker darunter, dass sie kein normales Leben führen konnte. Sie hat mich oft gefragt: ‹Was soll aus uns werden?› Dann habe ich ihr geantwortet, das hänge allein von ihr ab. Wenn ihr es irgendwie schaffen würdet, solltet ihr euch eine Arbeit suchen, die euch wirklich in Anspruch nimmt. Ich wusste natürlich, dass es für euch nahezu unmöglich sein würde, Arbeit zu finden, aber ihr wart so jung und optimistisch, und ich wollte euch nicht enttäuschen. Wir mussten für euch sorgen, euch beschützen, denn es gehört zu den nationalen Charaktereigenschaften der Russen, dass sie gern ihre Nase in anderer Leute Leben stecken. Deshalb waren so viele Leute ganz erpicht darauf, euch zu sehen – zwei zusammengewachsene Mädchen! Ich kann euch gar nicht sagen, wie viele Neugierige wir abwimmeln mussten. Dasha machte das fix und fertig. ‹Wie sollen wir weitermachen, Vera Stepanowna?›, fragte sie immer wieder. Ich versuchte sie davon zu überzeugen, dass jede Kreatur das Leben liebt und dass sie dort ihr Glück suchen müsse, wo sie könne. Was hätte ich ihr sonst sagen sollen?

Es war eben eine Tragödie, so geboren worden zu sein, daran gab es nichts zu rütteln.

Ich habe euch gesagt, es sei eure Pflicht, anderen Leuten mit eurem Unglück nicht auf die Nerven zu fallen, sondern zu lernen, euch über die kleinen Dinge des Lebens zu freuen. Ich hielt euch Slawa Dionjego als Beispiel vor. Er war sterbenskrank. Das habt ihr damals nicht gewusst, glaube ich. Er war so ein liebenswürdiger kleiner Kerl. Nie beklagte er sich über sein Schicksal – er machte das Beste aus seinem Leben.»

Nein, wir wussten nicht, dass Slawa bald sterben würde. Ich glaube fast, er hat es selbst nicht gewusst. Zumindest sprach er nie darüber. Die Lehrer dachten, sie verstünden uns alle, dabei begriffen sie meistens nicht mal die Hälfte. Vera Stepanowna faselte unentwegt davon, dass wir tapfer sein sollten. Das langweilte mich zu Tode, aber Dasha sog alles in sich auf wie ein Schwamm. Ich mache doch aus einer Mücke keinen Elefanten. Wir waren, wie wir waren. Wenn wir uns ständig darüber den Kopf zerbrachen, änderte das auch nichts daran.

Vera Stepanowna war überzeugte Kommunistin, und viele von ihren Ansichten basierten auf der sozialistischen Ideologie. Das brachte mich manchmal ganz schön auf die Palme. Sie redete, als lebten wir auf einer weichen rosaroten Wolke.

Wir wurden Mitglieder des «Komsomol», der Vereinigung der Jungkommunisten. Mit allem Pomp bekamen wir unsere Mitgliedsausweise überreicht. Manchmal diskutierten wir mit unseren Freunden darüber, ob es stimmte, dass wir im größten, besten und glücklichsten Land der Welt lebten, weil wir den Kommunismus hatten. Falls es so war, musste es in anderen Ländern reichlich übel aussehen! Aber wir mussten aufpassen. Einmal fand ich heraus, dass ein Mädchen uns unsere politischen Ansichten entlockt und das Gespräch aufgenommen hatte. Sie wollte uns damit bei den Lehrern in Schwierigkeiten bringen. Aber ich kam dahinter und verprügelte sie gründlich. Unsere Sportlehrerin war bei der Komsomol-Zeremonie anwesend, und sie glaubte, wir wären zutiefst beeindruckt.

«Ihr wart so stolz, so glücklich! Auf eure Art habt ihr versucht, gute, gehorsame Kommunistinnen zu sein. Du, Masha, bist von den Kindern sogar zwei Jahre in Folge zur Klassensprecherin gewählt worden; das war ein Komsomol-Posten. Alle Schüler wurden aufgerufen, diszipliniert, hilfsbereit, anständig und fleißig zu sein. Jede Woche veranstalteten wir ein Komsomol-Treffen, um über das Verhalten und die Leistungen der Mitglieder zu sprechen, und wenn du, Dasha, gelobt wurdest, weil du so ordentlich gewesen warst oder dergleichen, warst du immer sehr glücklich.»

Was mal wieder zeigt, wie wenig Ahnung die Lehrer hatten! Oder vielleicht auch, wie gut wir Kinder die guten kleinen Kommunisten spielten. Wir mussten ja Mitglieder im Komsomol werden, wir mussten so tun, als glaubten wir daran, und uns entsprechend verhalten. Aber das waren alles bloß Luftschlösser. Man machte uns weis, nirgendwo auf der Welt würden wir besser versorgt als hier, weil die Partei sich so gut um uns kümmerte. Man trichterte uns ein, wir könnten mit unserem Leben anfangen, was wir wollten, weil wir das Glück hätten, in der UdSSR zu leben. Aber das funktionierte nicht, weil die Leute aus den oberen Schulklassen, denen man denselben Unsinn erzählt hatte, plötzlich merkten, dass niemand ihnen eine Stelle geben wollte. Sie bekamen keine noch so einfache Arbeit!

«Masha!»

Ein Junge namens Boris, der schon mit der Schule fertig war, besuchte uns häufig und kam auch mit ins Sommerlager am Don. «Glaubt ihnen kein Wort», sagte er immer, «das sind alles Lügen! Ihr werdet sehen, dass das Leben vollkommen anders ist, als sie euch weismachen wollen. Glaubt ihr etwa, dass ihr eine sinnvolle Arbeit und eine Wohnung findet, dass ihr ein erfülltes Leben haben werdet? Vergesst es! Ihr kommt alle ins Altersheim, samt und sonders.»

Also wussten wir Bescheid. Wir waren nicht blöd, wir sahen ja, was passierte. Sogar Ljuba, unsere Freundin aus dem Snip, machte dasselbe durch, obwohl sie in ihrer Familie aufgewachsen war. Sie war sehr klug, und deshalb machte sie den Fehler, sich an der Moskauer Universität einschreiben zu wollen. «Man hatte mir in der Schule ständig gesagt, was für ein Glück ich hätte, in der Sowjetunion geboren worden zu sein, denn nur hier könne ich auf ein erfülltes Leben hoffen. Ich war sehr gut in Mathematik, also beschloss ich zu studieren. Die Aufnahmeprüfung bestand ich mühelos, aber dann musste ich zur medizinischen Untersuchung. Und da begannen die Probleme. Als ich mit meinen Krücken im Korridor darauf wartete, an die Reihe zu kommen, trat eine Ärztin aus dem Zimmer.

‹Verschwinden Sie!›, schrie sie angeekelt. ‹Ich will Sie hier nicht sehen!›

‹Aber warum denn nicht?›

‹Weil wir Studenten wie Sie nicht brauchen können. Wir bekommen hier Besuch von Ausländern, was sollen die denn von uns denken?›

Ich war außer mir und konnte die Tränen nicht zurückhalten. Mit wenigen Worten hatte sie mein Leben zerstört. Gerade als ich dachte, die Welt würde sich für mich öffnen, da saß ich auch schon in einer Sackgasse. Und das nur, weil ich an Krücken gehe! Wie solltet ihr zwei also je auf ein normales Leben hoffen?»

Hoffnung? Wir hatten keine Hoffnung, nicht die Spur.

8 Masha

Wir waren erst achtzehn, aber ich wusste, dass wir direkt von der Schule weg in ein Altersheim gesteckt werden würden. Wenn die Parteilinie vorschrieb, dass es in der Sowjetunion keine Behinderten gab, dann konnte es natürlich auch keine Heime für sie geben. Stattdessen wurden sie klammheimlich in Altersheime abgeschoben. Wenn Behinderte volljährig wurden, mussten sie sich von einer medizinischen Kommission untersuchen lassen, die dann über den Grad ihrer jeweiligen Behinderung entschied: erster, zweiter oder dritter Grad. Behinderte zweiten oder dritten Grades haben offiziell das Recht zu arbeiten (schön wäre es, wenn sie auch eine Chance hätten, eine Stelle zu bekommen!), solche ersten Grades nicht. Die Leute von der Kommission sahen uns an und beschlossen, wir gehörten zu den Behinderten ersten Grades. Was hätten sie auch sonst tun sollen? Alle zwei Jahre mussten wir erneut vor einer Kommission erscheinen, damit man sich vergewissern konnte, dass wir noch immer so schwer behindert waren wie beim letzten Mal und nicht unrechtmäßig in den Genuss unserer Privilegien kamen (beispielsweise gratis in einer staatlichen Institution zu wohnen).

Als hätten wir uns in zwei Jahren plötzlich wie durch ein Wunder getrennt – es war absurd! Und nicht nur uns erging es so – auch Amputierte mussten alle zwei Jahre antreten, um zu beweisen, dass ihnen in der Zwischenzeit nicht Arme oder Beine nachgewachsen waren.

Wir hatten unser drittes Bein amputieren lassen, aber natürlich veränderte das die Reaktion der Leute auf uns nicht im Geringsten. Ich hätte es Dasha gleich sagen können, aber sie ist ja immer so optimistisch. Sie glaubte tatsächlich, wenn wir das Bein los wären, würde das Leben besser. Aber wir konnten kein normales Leben führen, mit oder ohne drittes Bein. Die Russen sind zwar unsere Landsleute, aber sie sind ein unfreundliches Volk, wenn es um Menschen geht, mit denen es das Schicksal weniger gut meint. Das merkten wir auf dem Rückflug von Moskau nach Nowotscherkassk nach der Amputation wieder einmal sehr deutlich. Tante Nadja flog mit uns.

«Ich ließ vom Moskauer Flughafen im Rostower Flughafen Bescheid geben, dass wir frisch operierte Schwerbehinderte an Bord hätten und abgeholt werden müssten. Tatsächlich wartete bei unserer Ankunft ein Krankenwagen. Aber als die Ärztin sah, dass ihr ohne fremde Hilfe laufen konntet, weigerte sie sich, euch mitzunehmen. ‹Kommt nicht in Frage, die beiden können genauso über den Platz gehen wie alle anderen!›, sagte sie, und weg war sie. Ich rannte ihr nach, und nach einer halben Stunde hatte ich sie davon überzeugt, dass sie euch, wenn sie nun schon mal da war, genauso gut mitnehmen konnte. Sie gab zwar nach, beklagte sich aber bitter, dass wir ihre kostbare Zeit verschwendeten.

Der Krankenwagen brachte uns zur Busstation. Es wäre zu teuer gewesen, mit dem Taxi die ganzen fünfundvierzig Kilometer nach Nowotscherkassk zu fahren, und da von der Schule niemand aufgetaucht war, um uns in Empfang zu nehmen, mussten wir eben mit dem Bus vorlieb nehmen. In der sengenden Hitze saßt ihr auf euren Koffern, während wir ewig auf den Bus warteten. In der Zwischenzeit versammelten sich immer mehr Leute an der Haltestelle. Als wir dann endlich einsteigen konnten, wart ihr schon ziemlich aufgebracht. Die anderen Passagiere verrenkten sich den Hals, aber ihr habt euch an mich gekuschelt, und schließlich gelangten wir irgendwie nach Nowotscherkassk.

Dort trödelten alle, um zu sehen, wie wir ausstiegen, und es sah ganz so aus, als müssten wir den Weg zur Schule zu Fuß zurücklegen. Das würde etwa eine Viertelstunde dauern, und natürlich würden sich alle an unsere Fersen heften. Aber ihr beide habt euch rundweg geweigert, den Bus zu verlassen. Aus lauter Verzweiflung stellte ich mich auf die Straße, hielt ein Auto an und erklärte dem Fahrer, dass ich ein siamesisches Zwillingspaar zur Schule bringen müsse. Er war bereit, uns um die Ecke abzusetzen, ein Stück von der Menschenmenge entfernt. Allerdings verlangte er dafür fünf Rubel, was damals eine Menge Geld war. Ich gab sie ihm, und er fuhr uns um die Ecke, so dass wir außer Sichtweite waren. Dann gingen wir den Rest des Weges zu Fuß. Ihr seht also, was für die meisten Leute eine einfache Reise ist, wird für euch oft zum Alptraum, mit oder ohne drittes Bein.»

Richtig. Viele Leute haben das Gefühl, sie könnten uns anstarren, weil wir zusammengewachsen sind, aber die meisten besitzen nicht mal den Anstand, uns ein Stück in ihrem Auto mitzunehmen. Worte wie «Barmherzigkeit» gab es in unserer «idealen» Gesellschaft gar nicht. Der Staat kümmerte sich ja um alle seine Bürger. Dieser Staat hätte uns eigentlich Leibwächter besorgen müssen, weil wir nicht mal zum Laden an der Ecke gehen konnten, ohne befürchten zu müssen, einen Menschenauflauf zu verursachen. Und einmal wurde aus einem normalen Schulausflug eine wahre Höllenfahrt für uns.

Es war im Sommer, und ein Wanderzoo war in die Stadt gekommen. Die Schule hatte mit dem Zoodirektor vereinbart, einen Nachmittag für unsere Schule zu reservieren. Wir freuten uns sehr darauf – ich wollte die Reptilien sehen, vor allem die Schlangen. Eine der Lehrerinnen, Galina Petrowna, begleitete uns.

«Planmäßig um 10 Uhr kamen wir an, aber keine zehn Minuten waren vergangen, als sich herumgesprochen hatte, dass wir Masha und Dasha dabei hatten, und sofort bildete sich eine Menschenmenge am Zaun. Der Direktor hatte auf seinen Fahrten durch Russland noch nie so viele Leute gesehen, und er konnte nicht widerstehen – er öffnete die Pforten und verkaufte den Schaulustigen Eintrittskarten. Er brach sein Wort, ist das zu glauben? Kein Mensch sah sich die Tiere an. Niemand. Die Leute drängten sich um euch und glotzten euch an. Es war furchtbar. Ihr wart entrüstet. Du, Masha, hast geschimpft und die Leute angebrüllt, Dasha wollte nur weg. Und was konnte ich machen? Ich lud euch alle wieder in den Bus und fuhr zurück in die Schule. Dasha zitterte am ganzen Leib. Es dauerte lange, bis sie sich einigermaßen erholt hatte.»

Ich war stinksauer, dass diese Idioten unseren Ausflug ruiniert hatten. Wir hatten uns so darauf gefreut! Wegen dieser Saubande bekamen wir kaum ein Tier zu Gesicht. Und man stelle sich vor – die Gaffer wurden auch noch ausfällig! Sie sagten, man hätte uns gleich bei der Geburt verschwinden lassen sollen, es sei ein Verbrechen, dass wir noch lebten. Die hatten anscheinend keinen Schimmer, wie wir uns fühlten! Es war ja nicht unsere Schuld, dass wir so geboren und am Leben gelassen worden waren. Ich schimpfte zurück, dass ich garantiert die ganze beschissene Truppe überleben würde, und Galina Petrowna schrie mich an, ich solle mich nicht so aufführen, und dann scheuchte sie uns zurück in den Bus.

«Galina Petrowna war selbst ganz durcheinander. Sie war unsere Lehrerin und musste für Ordnung sorgen. Sie war auch entsetzt.»

Sie war entsetzt! Die sollte mal einen einzigen Tag in unserer Haut stecken. Uns hat man immer erzählt, wir müssten lernen, mit unserer Situation zurechtzukommen und zu verstehen, warum die Leute so auf uns reagierten. Warum wir? Warum können die Normalen denn nicht lernen, mit Behinderten zurechtzukommen? Aber es war ja nicht nur die Schuld der Leute.

Unser ach so fürsorglicher Staat schloss uns weg und behandelte uns wie Dreck. An unserem achtzehnten Geburtstag stellte man uns einen Pass aus, einen einzigen Pass für uns beide. War das vielleicht eine Art, sich um uns zu kümmern? Aber es überraschte mich längst nicht mehr. Damals hat es mich nicht mal gestört, aber dann fiel Dasha ein, dass die staatlichen Einrichtungen, in denen wir von jetzt ab lebten, uns offiziell auch als eine Person behandeln würden, wenn wir nur einen Pass hätten.

«Ich machte mir Sorgen, dass man uns nur noch Lebensmittel und Kleidung für eine Person zugestehen würde. Deshalb riefen wir Tante Nadja an und baten sie zu versuchen, für jede von uns einen Pass zu organisieren. Tante Nadja war entrüstet und stürzte sich sofort in den Kampf für die gerechte Sache.»

«Ihr habt euch Sorgen gemacht, weil ihr nur einen Pass bekommen hattet. ‹Tante Nadja›, habt ihr gesagt, ‹wir kommen jetzt in ein Heim für Erwachsene, und wir brauchen zwei Pässe, damit wir als zwei Personen gelten, sonst bekommen wir nur die Rationen für eine. Bitte, du musst uns helfen.› Selbstverständlich war ich dazu bereit, denn in unserem Land ist ja leider einiges möglich. Es hätte gut sein können, dass man euch im Heim wie eine Einzelperson behandelt hätte. Mir war klar, es würde schwierig werden, mich durch die Bürokratie zu kämpfen, aber ich hatte keine Ahnung, wie schwierig es tatsächlich wurde! Zuerst ging ich aufs städtische Passamt, und dort sagte man mir: ‹Wie wollen Sie beweisen, dass es sich um zwei Personen handelt?› Also habe ich mir in der Klinik, wo ihr geboren seid, eure Geburtsurkunde aushändigen lassen, aber die nützte nichts, weil sie auch nur auf einen Namen ausgestellt war, auf den von Dasha – als wärt ihr wirklich nur eine Person. Dadurch wurde alles natürlich noch schwieriger. Dann kam ich auf die Idee, eure Professoren vom Snip zu bitten, eine Bestätigung zu schreiben, dass ihr zwei Verdauungssysteme habt und euch deshalb wie zwei Menschen ernähren müsst.

Dort schrieb man alles auf einen offiziellen Briefbogen mit Stempeln und so weiter, und ich ging damit zurück zum Passamt. Aber die sagten bloß: ‹Wir glauben diesem Institut nicht. Das sind keine staatlichen Gesundheitsbeamten, sie arbeiten nur im medizinischen Bereich.› Da war ich erst mal ratlos. Ich bat den neuen Direktor des Instituts, Professor Studekin, eine offizielle Bestätigung dafür aufzusetzen, dass er jederzeit die medizinischen Daten zur Verfügung stellen konnte, die euch zweifelsfrei als zwei Menschen mit zwei Gehirnen auswiesen. Auch das wurde beim Passamt nicht akzeptiert. Denen hätte es auch nicht genügt, wenn ich mit euch beiden persönlich angerückt wäre und sie angefleht hätte. Die Frau hätte nicht mal von ihren Papieren hochgesehen. Für mich war es vielleicht klar, dass ihr zwei Personen seid, aber nicht für diese kleingeistigen Parteifunktionäre, die in einem Passamt rumsitzen. Die interessieren sich nicht für Menschen, nur für ihre Papiere.

In meiner Verzweiflung probierte ich es noch mal bei der Klinik, erklärte dort das Problem und flehte die Zuständigen an, eine zweite Geburtsurkunde auf Mashas Namen auszustellen. Schließlich bekamen sie tatsächlich Mitleid mit mir und schrieben eine zweite Urkunde. Daraufhin bekamen wir auch den Pass.»

Wir wussten nichts von den ganzen Schwierigkeiten. Tante Nadja hat den bürokratischen Kampf für uns ausgefochten. Beispielsweise bekamen wir auch lange Zeit kein Taschengeld, und es gelang ihr, für uns eine kleine Behindertenrente zu erstreiten.

«Behinderte, die in Heimen lebten, bekamen normalerweise keine finanzielle Beihilfe. Dahinter stand die Einstellung, dass der Staat ja für sie sorgte, folglich brauchte auch niemand ein Taschengeld. Eine haarsträubende Logik! Ihr Mädchen brauchtet Obst und Gemüse, ganz zu schweigen von einem gelegentlichen Luxus wie Schokolade oder mal eine hübsche Tasse, die euch allein gehörte. Man schrieb das Jahr 1965; seit Jahren schon appellierte ich an das Sozialministerium und bekam keine Antwort, deshalb beschloss ich, an das Gesundheitsministerium zu schreiben. Auch von dort bekam ich keine Antwort, aber ich schrieb einen Brief nach dem anderen an immer höhere Stellen, bis ich schließlich ganz oben angekommen war – bei Mikojan, dem damaligen Vorsitzenden des Obersten Sowjets. Er las den Brief, antwortete mir, und wir bekamen unsere Unterstützung. Typischerweise beschlossen die Bürokraten aber, nur einen Betrag für euch beide zusammen auszuzahlen, also musste ich mit euren beiden Pässen noch mal hinmarschieren und darauf bestehen, dass ihr beide das Recht auf Beihilfe habt.

Der Sozialminister war fuchsteufelswild, weil ich ihn übergangen hatte. Er rief an und sagte: ‹Wie können Sie es wagen, zum Obersten Sowjet zu gehen statt zu mir?› Aber ich erklärte ihm, dass ich ihn durchaus nicht übergangen hätte. Er habe nur nicht auf meine Bitte reagiert. Der Gesundheitsminister machte unseren Direktor zur Schnecke: ‹Wie kann es sein, dass eine schlichte Physiotherapeutin an Mikojans Tür klopfen muss, um eine Unterstützung für diese Zwillinge zu bekommen?› Es gab einen ziemlichen Wirbel. Am Ende erhielt jede von euch zehn Rubel, was damals ziemlich viel Geld war. Ich glaube, ihr habt euch hauptsächlich Süßigkeiten und andere leckere Sachen davon gekauft.»

Außerdem gab Mikojan uns auch das Geld für einen Kuraufenthalt am Schwarzen Meer in Jewpatoria, aber dort gefiel es uns überhaupt nicht. Als Tante Nadja abgereist war, durften wir aus irgendwelchen Gründen unser Zimmer nicht verlassen, und als Tante Nadja uns besuchen kam, war sie entsetzt, weil wir so bleich und dünn waren, und sie nahm uns zur Erholung gleich wieder mit nach Nowotscherkassk. Im Sommer wurden wir von der Schule meist in ein Ferienlager am Don geschickt. Das machte Spaß, denn wir übernachteten im Zelt, kochten unser eigenes Essen und paddelten im Fluss. Die meisten Kinder fuhren in den Ferien nach Hause, deshalb blieben nur die wenigen für das Lager übrig, die entweder keine Eltern hatten oder ‹otkasniki› waren, also Kinder, deren Eltern sie zur Adoption freigegeben hatten. Adoption! Lächerlich! Nie würde jemand ein behindertes Kind adoptieren. Nicht mal gesunde Kinder wurden adoptiert.

Nach ein paar Wochen trudelten die anderen Kinder allmählich wieder ein; offensichtlich fanden die Eltern es nicht leicht, sich um sie zu kümmern, vielleicht hatten die Kinder aber auch selbst die Nase voll von zu Hause. Viele erzählten, es sei gar nicht so toll gewesen, weil die normalen Kinder sich über sie lustig gemacht hätten und gemein zu ihnen gewesen seien.

Nach dem Mittagessen war es am heißesten, und alle mussten sich hinlegen und eine Stunde ausruhen. Weil wir das partout nicht wollten, durften wir aufbleiben. Natürlich gab es getrennte Zelte für Jungen und Mädchen, aber Slawa musste auch nicht schlafen, und so trafen wir uns bei einem großen Baum am Fluss und redeten über alles Mögliche. Ich fand die Hitze unerträglich. Aber immerhin konnte man im Fluss plantschen, obwohl in der Nähe des Wassers abends auch immer eine Menge Moskitos herumschwirrten, was uns ziemlich nervte.

Etwa fünf Kilometer von uns entfernt gab es noch ein Ferienlager für Waisenkinder, aber diese waren nicht behindert. Manchmal kamen sie zum Spielen zu uns, und manchmal sah ich mir bei ihnen einen Film an.

Die Wochenenden gefielen mir nicht so gut, denn direkt neben dem Lager verlief eine Straße, und an Samstagen und Sonntagen kamen Leute, die von uns gehört hatten und uns sehen wollten. Das Personal schickte sie weg. An der Straße betrieb ein alter Mann einen Stand mit Wassermelonen. Wir unterhielten uns oft mit ihm und taten so, als wollten wir seine Melonen klauen. Er wohnte in einem nahe gelegenen Dorf, und eines Tages ging er zum Direktor und sagte: «Ich möchte die beiden Mädchen eine Weile zu mir ins Dorf holen – die Leute dort möchten sie gern sehen.» Der Gedanke war verlockend, denn ich hatte noch nie ein richtiges Dorf gesehen, aber am Ende lehnte ich doch ab. Was hätten wir dort tun sollen? Wir kannten keinen Menschen, und man hätte uns wie Tiere im Zoo behandelt. Am letzten Tag, bevor wir abfuhren, sagte der Mann: «Wisst ihr, Mädels, wenn ich sterbe, wird sich keiner an mich erinnern. Aber durch die medizinische Fachliteratur seid ihr unsterblich. Ihr seid einmalig.»

Wunderbar!

Morgens standen die Jungen immer sehr früh auf und gingen hinunter an den Fluss, um Fische und Hummer zu fangen. Ich wollte mitgehen und bat sie, mich rechtzeitig zu wecken, aber sie behaupteten, wenn sie in unser Zelt schauten, würden wir noch so friedlich schnarchen, dass sie uns nicht wecken wollten. Weil ich sie so ausschimpfte, ließen sie uns die Fische wenigstens ausnehmen. Eines Tages wollte einer der Jungen mir zeigen, wie viele Hummer er gefangen hatte, und weil er es so eilig hatte, stopfte er sich die Viecher in die Hose. Als er zu meinem Zelt kam, hüpfte er herum wie besessen, weil sie ihn an Stellen zwickten, an denen Jungs nicht so gern gezwickt werden. «Du bist aber auch ein Idiot!», rief ich. «Ist dir denn kein besserer Platz eingefallen, wo du die ganzen Scheren unterbringen kannst?»

Es gab ein kleines Ruderboot, mit dem wir abwechselnd aufs Wasser hinaus fuhren. Das war wunderbar! Manchmal überließen die Jungs uns die Ruder, aber nicht sehr oft, weil wir meistens im Kreis herumfuhren. Wir trugen Bikinis, die wir im Handarbeitsunterricht selbst gemacht hatten. Na ja, wir waren für die Höschen verantwortlich, bei den Oberteilen hatte uns die Lehrerin geholfen, sonst hätte man sie wahrscheinlich nicht anziehen können.

Die Jungen waren manchmal ziemlich gemein zueinander. Einer von ihnen mochte uns aus irgendeinem Grund nicht, und deswegen haben ihn die anderen fast ertränkt. Ich hätte den Mund halten sollen, aber ich konnte nicht tatenlos zusehen, wie sie den armen Kerl unter Wasser tauchten. «Was macht ihr denn da? Wenn er ertrinkt, ist es eure Schuld!», schrie ich, und endlich ließen sie ihn los. Doch er war mehr tot als lebendig. Die Jungen hatten ihren eigenen Verhaltenskodex, den die Mädchen nicht recht verstanden. Sie waren zwar behindert, aber sie konnten trotzdem ganz schön fies sein.

Wir alle hatten unsere Pflichten wie Abwaschen, Putzen, Wäschewaschen oder Gemüseputzen. Es wurde strikt dafür gesorgt, dass jeder seine Arbeit ordentlich erledigte. Eines Sonntags, als wir gerade zum Fluss hinunter wollten, um unsere Unterwäsche zu waschen, kursierte plötzlich das Gerücht, der Schuldirektor sei zu einem Überraschungsbesuch gekommen. Alle gerieten in Panik, rannten herum wie aufgescheuchte Hühner und versuchten verzweifelt, noch schnell das Gröbste aufzuräumen. Aber ich machte einfach weiter, und alle waren entsetzt: «Bist du verrückt? Was machst du, wenn er jetzt kommt und dich deine Unterwäsche waschen sieht?» Aber ich zuckte nur die Achseln. Natürlich war auch Dasha ganz aus dem Häuschen, aber ich sagte: «Na los, sieh zu, dass du fertig wirst» – sie erledigt immer die Wäsche für uns. Da knieten wir also am Flussufer, und Dasha war fleißig am Schrubben und Einseifen, als wir Schritte auf der Brücke hörten, und als ich mich umdrehte, sah ich Konstantin Semjonowitsch höchstpersönlich. Und was passierte? Er kniete sich neben uns, half uns beim Auswringen und trug die ganze Wäsche für uns zurück. Er war toll. Als wir wieder ins Lager kamen, standen alle da wie die Ölgötzen und sperrten Mund und Augen auf.

«Er war immer gut zu uns. Ihm verdanken wir es, dass wir überhaupt ins Internat durften. Bestimmt hätte uns sonst niemand genommen, nicht wahr, Masha? Aber er sagte: ‹Ich hab den Krieg miterlebt, mich erschreckt nichts mehr.›»

Er wollte uns immer wieder dazu ermuntern, ein Buch über unser Leben zu schreiben. Ich lachte nur darüber. Wer wollte schon etwas über unser langweiliges Leben erfahren? Außerdem waren wir noch so jung. Aber jetzt denke ich anders darüber, weil ich möchte, dass die Leute meinen Standpunkt verstehen. Ich möchte, dass sie wissen, was für ein Gefühl es ist, wenn man so ist wie ich, und warum ich so bin, wie ich bin. Und Dasha möchte auch etwas dazu sagen.

«Es ist wie eine Katharsis. Als wollte man den ganzen Schmerz mit Tränen wegschwemmen.»

Sei nicht so deprimiert, wir hatten gute und schlechte Zeiten wie jeder Mensch, egal, ob zusammengewachsen oder nicht.

Jetzt waren wir neunzehn, und die Prüfungen zum Schuljahresende standen bevor. Es war an der Zeit, über unsere Zukunft nachzudenken. Wir hatten zwei Möglichkeiten: Entweder wir blieben noch zwei Jahre auf der Schule, oder wir zogen zurück nach Moskau und gingen dort ins Altersheim. Im Internat herrschte eine etwas angespannte Stimmung. Valja, ein hübsches, aber reichlich hinterhältiges Mädchen, hasste uns. Eines Tages erwischte ich sie dabei, wie sie Süßigkeiten aus unserem Spind stahl, und weil ich die Komsomol-Anführerin war, berief ich wegen des Vorfalls eine Versammlung ein. Das war die übliche Vorgehensweise. Es ist wie ein Schülergericht, wo sich die angeschuldigte Person verteidigt und die anderen sich daraufhin ein Urteil bilden. Doch seit diesem Tag hegte Valja eine tiefe Abneigung gegen uns. Sie überzeugte unsere Mitschüler davon, dass wir Spioninnen für Vera Stepanowna seien, und schon fingen alle Mädchen an, uns zu schneiden – keine sprach mehr ein Wort mit uns.

Natürlich kümmerte sich Slawa nicht um den Boykott, aber er und Dasha machten eine schwere Zeit durch. Er wollte, dass Dasha noch zwei Jahre an der Schule blieb, damit sie zusammen sein konnten, aber ich wollte zurück nach Moskau. Wenn wir nun krank würden oder sonst etwas passierte? In Moskau war die medizinische Versorgung besser als überall sonst in Russland, vor allem als in einer abgelegenen Gegend wie Nowotscherkassk. Unsere einzige Erfahrung mit hiesigen Krankenhäusern beschränkte sich darauf, dass man uns in den Operationssaal hatte schleppen wollen, um einen nicht mehr vorhandenen Blinddarm zu entfernen ... Und was brachte es uns, in einer Schule zu bleiben, wo niemand mit uns redete?

Ich gab Valja den Spitznamen «Eiskönigin». Sie kommandierte die gesamte Schule herum. Nicht mal die Lehrer mochten sie. Sie war ein richtiges kleines Miststück. Ihr Gesicht war wunderschön, aber sie war mit deformierten Gliedmaßen geboren worden und konnte das der Welt – oder vielleicht ihrer Mutter – nicht verzeihen. Alle hatten ein bisschen Angst vor ihr; als sie die anderen jedoch dazu brachte, nicht mehr mit uns zu reden, waren sie allesamt nur noch Luft für mich.

Aber Dasha platzte wie ein angestochener Ballon.

«Jetzt hatte ich keine Freunde mehr. Keine Zukunft mit Slawa. Keine Liebe. Nichts, wofür es sich zu leben lohnte.»

Ach, und ich? Deine Mashinka? War ich die böse Hexe oder was?

«Ich meine, ich hatte keine Zukunft, Masha. Was für eine Zukunft hat man denn in einem Altersheim? Niemand von uns hat richtig begriffen, was das bedeutet. Erst wenn man wirklich dort leben muss, wird einem klar, dass man in einem schwarzen Loch verschwindet. Wir hatten beide keine Ahnung, wie hart es sein würde.

Unsere Geschichtslehrerin besuchte eine ehemalige Schülerin an ihrem Geburtstag im Altersheim von Nowotscherkassk, weißt du noch, Masha? Und als sie auf der Suche nach ihr von einem Zimmer zum anderen ging, fand sie fast hinter jeder Tür einen ehemaligen Schüler. So gut wie alle waren dort gelandet. Manche waren schon weit über vierzig. Die Lehrerin meinte, sie habe sich schon irgendwie gefreut, sie wieder zu sehen, aber andererseits fände sie es furchtbar traurig, dass das Leben all dieser Menschen seit dem Schulabschluss praktisch zum Stillstand gekommen sei.»

Uns stellte sich jetzt die Frage, in welches Heim wir gehen sollten. Dasha bequasselte mich, sie wolle in Nowotscherkassk bleiben, in Slawas Nähe, aber ich sagte: «Bist du verrückt? In dem Heim hier musst du alles mit anderen teilen – Zimmer, Bad, Waschbecken, Toilette. Nach spätestens einer Woche wären wir wahnsinnig. Sieh dir an, was mit unserer Freundin Ljuda passiert ist.» Ljudmilla Simichowa – so hieß sie mit vollem Namen – hoffte, ihre Eltern würden sie nach Moskau zurückholen, wenn sie mit der Schule fertig war. Aber sie dachten gar nicht daran, und sie zog um ins Altersheim von Nowotscherkassk. Es dauerte keine Woche, da trank sie Insektenvertilgungsmittel. Vierundzwanzig Stunden später war sie tot. Valentina Alexandrowna besuchte sie sofort, als sie von dem Selbstmordversuch hörte.

«Ljudas Mutter wurde benachrichtigt; sie kam mit dem nächsten Flug und weinte bittere Tränen am Bett ihrer Tochter. ‹Ljuda, Ljuda›, schluchzte sie. ‹Wie konntest du mir das nur antun?› Die arme kleine Ljuda antwortete: ‹Ich hab schon oft daran gedacht, mich umzubringen, aber ich wollte es nicht in der Schule machen, nicht bei meinen Freunden. Aber als du mich hierherbringen ließt, erkannte ich, dass es gar nicht so schlimm war, unter Fremden zu sterben.› Sie war ein vernünftiges, intelligentes Mädchen, aber als sie begriff, dass nicht mal ihre Mutter sie haben wollte und dass dieses Heim ihre ganze Zukunft darstellte, konnte sie das nicht mehr ertragen.»

«Ich verstand Ljuda gut. Ich wollte auch nicht ins Heim. Ich dachte, wenn ich mich umbringen würde, hätte Masha ein eigenes Leben, aber ich konnte mich nicht vergiften, weil ich Masha damit womöglich auch umgebracht hätte. Es musste schnell gehen, damit Masha mich nicht zurückhalten konnte, also kam es nicht in Frage, mir die Pulsadern aufzuschneiden und zu warten, bis ich verblutet war. Mir die Kehle durchzuschneiden, brachte ich nicht fertig. Ich dachte, vielleicht wäre Erhängen die beste Lösung. Wahrscheinlich hoffte ich, die Chirurgen seien in der Lage, mich von Masha zu trennen, und dann wäre für sie alles in Ordnung.»

Sie hat mir erklärt, dass sie nicht mehr leben wolle, aber ich habe ihr verboten, an so einen Blödsinn auch nur zu denken. Ich wollte sie nicht verlieren, aber weil sie mich ständig löcherte, was passieren würde, wenn sie stürbe, gingen wir schließlich noch mal zur Schulschwester Sinaida. Keine von uns wusste, dass siamesische Zwillinge getrennt werden konnten, dabei hatte es damals schon einige erfolgreiche Operationen gegeben. Wir wussten nicht mal, ob wir die einzigen siamesischen Zwillinge der Welt waren. Aber das nutzte uns ja nichts. Dasha glaubte, sie habe eine Möglichkeit gefunden, wie sie mich und sich befreien konnte.

Sinaida blieb bei ihrer bewährten Strategie, uns die Wahrheit vorzuenthalten. «Als ihr damals gekommen seid und mich gefragt habt, was passieren würde, wenn eine von euch stürbe, konnte ich euch doch unmöglich sagen, dass die andere innerhalb weniger Stunden ebenfalls tot sein würde, deshalb habe ich versucht, einen scherzhaften Ton anzuschlagen. Ich spürte, dass irgendwas ganz und gar nicht stimmte, und wahrscheinlich hatte ich Angst, dass, wenn ich euch die Wahrheit sagte, ihr tatsächlich einen Selbstmordversuch unternehmen würdet. Schließlich wart ihr Teenager – ein schwieriges Alter. Also sagte ich: ‹Hört mal, Mädels, ihr müsst beide leben. Ihr dürft nicht ans Sterben denken.› Ich bemühte mich, das Gespräch locker zu führen, aber meine Botschaft lautete unmissverständlich: ‹Ihr müsst der Tatsache ins Auge blicken, dass ihr euer Leben lang zusammen sein werdet.›»

Der Besuch bei Sinaida brachte uns nicht weiter, und Dasha wurde nur noch deprimierter. Ich versuchte, sie auf andere Gedanken zu bringen, ich machte Witze, wie ich das immer tue, aber diesmal klappte es überhaupt nicht. Slawa wollte sie immer noch dazu überreden, in der Schule zu bleiben. Davon war er immer ausgegangen und konnte es jetzt gar nicht fassen, dass Dasha wirklich weg wollte. Am Ende sagte er zu mir: «Hör zu, wenn sie geht, dann verlasse ich sie.» Und ich antwortete ihm: «Solche Spielchen gefallen mir nicht. Verschwinde.» Dasha ging es natürlich furchtbar schlecht, denn sie wollte ja bleiben und war total durcheinander. Aber ich war fest entschlossen, die Schule zu verlassen; ich wollte mich nicht länger von den anderen Kindern demütigen lassen. Deshalb überzeugte ich Dasha davon, dass wir Slawa nicht brauchten – und inzwischen hatte sie eingesehen, wie Recht ich hatte.

«Stimmt, Masha.»

Ich wollte weiterleben. Dasha wollte Schluss machen. Ich wollte sie nicht verlieren, aber ich wusste, dass wir nicht in Nowotscherkassk bleiben konnten.

Alle Kinder freuten sich schon auf den Ausflug ins Dorf zum

Schuljahresende. So kamen wir endlich mal aus dem Internat heraus und konnten uns vom Bus aus gemütlich und in Sicherheit die Welt ansehen. Wir würden zur Kirche fahren, die auf einem gepflasterten Platz auf einer Anhöhe stand, dann die Straßenbahnschienen entlang durch die Straßen und hinaus zu den Feldern am Flußufer, die bei Hochwasser immer überschwemmt waren. Dasha wollte die kleinen Hütten mit den dort angepflockten Kühen und Ziegen sehen und auch, wie die Leute aus den Brunnen Wasser holten. Ich interessierte mich mehr für die Geschäfte – und die Jungs!

Als der große Tag kam, kletterten wir alle in den alten verbeulten Schulbus, aber wie sich herausstellte, gab es einen Platz zu wenig. Der Fahrer, der Dasha und mich noch nie leiden konnte, ging durch den Bus, blieb vor uns stehen und starrte uns an. «Jemand muss aussteigen», sagte er nur. Wortlos standen wir auf und schlichen zur Tür, zutiefst gekränkt.

«Niemand hielt uns auf, keiner unserer Freunde bot uns an, ein Stück zu rücken, damit wir uns daneben quetschen konnten. Der Bus fuhr ab, und wir trotteten über den Hof zurück in die leere Halle und setzten uns auf eine Bank ganz hinten. Dann schlangen wir die Arme umeinander und weinten.»

Für Dasha war das die Entscheidung. Von diesem Augenblick an plante sie einen Selbstmord. Sie ging fest davon aus, dass ich allein durchkommen würde. Zwei Tage später erwachten wir von dem vertrauten Geräusch, das die Hausmutter machte, wenn sie die Läden aufstieß. Es war Frühling, die Sonne schien. Unser Leben verlief genau nach dem Plan, der an jeder Wand hing: 8 Uhr: Wecken. 8 Uhr 10: Waschen. 8 Uhr 15: Bettenmachen. 8 Uhr 30: Waschen. 8 Uhr 45: Frühstück. Es war Frühling.

«Seit sechs Jahren hatten wir jeden Morgen hier gelegen und die Leute am Fenster vorbeigehen sehen und uns manchmal gefragt, wohin sie unterwegs waren und was für ein Zuhause sie hatten …»

Fast jeden Tag hörten wir, wie die Stadtkapelle mit einer

ziemlich schrägen Fassung von Chopins Trauermarsch am Haus vorüberzog. Am Ende der Straße des Roten Dezember liegt nämlich der Friedhof, und ich drängelte mich mit den anderen Kindern ans Fenster, um in den offenen Sarg zu spähen. War es ein junger oder ein alter Mensch? Ich hab immer gebetet, dass wir dieser Prozession nicht irgendwann einmal begegneten, wenn wir draußen spazieren gingen, denn wenn die Trauergäste uns zu Gesicht bekämen, vergäßen sie bestimmt, wen sie begraben wollten!

Dasha fröstelte, und ich dachte, sie kriegt bestimmt einen Schnupfen.

«Nicht mal die kleine Ljuda im Bett neben uns sprach noch mit uns, solche Angst hatte sie vor Valja. Genau genommen sprach überhaupt nur noch ein einziges Mädchen mit uns – sie hieß Tanja. Die liebe Tanja Jermakowa, die bei der Geburt adoptiert worden war und die von ihren ‹Eltern› ins Waisenhaus zurückgebracht wurde, als sich herausstellte, dass sie unter einer unheilbaren Krankheit litt. Jede Woche schrieb sie ihren Eltern einen Brief, aber sie antworteten nie. Kein Wort. Sie wurde nach der Schule in ein Altersheim bei Rostow gesteckt und starb dort zwei Jahre später.»

An diesem Tag waren wir an der Reihe mit Wäscheaufhängen. Ich wusste nichts davon, aber Dasha plante, sich zu erhängen. Meine Schwester, dieses Dummchen, dachte, das sei die für mich sicherste Methode, und wenn sie schnell genug wäre, würde ich sie nicht aufhalten können.

Beim Frühstück aß sie ihr Butterbrot nicht, also verputzte ich es, ohne mir weiter Gedanken darüber zu machen. Aber als sie auch die Fischsuppe beim Mittagessen verweigerte, kam es mir allmählich seltsam vor. Ich spürte, wie sich ihr Inneres verkrampfte, genauso wie ich ein schweres Gefühl in der Magengrube bekomme, wenn sie einschläft. Sie machte mich nervös.

Nach dem Essen wollte sie nicht schlafen, sondern gleich die Wäsche aufhängen. Na schön. Wir holten die Wäscheleine und gingen hinaus in den Obstgarten, wo der Korb mit der Wäsche schon auf uns wartete. Die knorrigen schwarzen Aprikosenbäume standen in voller Blüte, ganz rosa. Dasha band ein Ende der Schnur um einen Ast. Dann bückte sie sich, ohne mir ein Wort zu sagen, kippte den Korb um, stieg darauf und schlang das andere Ende der Strippe um ihren Hals.

Da wusste ich, was sie vorhatte, das kleine Dummerchen! Ich riss ihr die Wäscheleine aus der Hand, wir fielen vom Wäschekorb und landeten unsanft auf dem Boden.

Vera Stepanowna, die uns am Fenster hatte vorbeigehen sehen, fand uns unter einem Baum, half uns wieder auf die Beine und brachte uns in ihr Zimmer. Es war nicht das erste Mal, dass eine ihrer Schülerinnen einen Selbstmordversuch unternommen hatte, und sie hatte ihren Vortrag schon bereit.

«Das Leben wird euch nur einmal geschenkt. Ihr habt die Aufgabe, euch gegenseitig beizustehen. Ihr müsst den Menschen dankbar sein, die freundlich zu euch sind, statt euch über die zu ärgern, die unfreundlich sind. Zeigt Respekt vor euren Mitmenschen und setzt sie nicht mit eurer Behinderung unter Druck … Denkt daran, wenn ihr in einem anderen Land geboren wärt, müsstet ihr jetzt auf der Straße betteln gehen.»

Zwei Tage später kam Tante Nadja, um uns nach Moskau zurückzuholen.

9

Dasha

Als Tante Nadja durchs Schultor kam, saßen wir mit dem Radio unter unserem Lieblingsbaum und hörten Musik. Sie warf einen Blick auf uns, machte auf dem Absatz kehrt und kaufte Flugtickets nach Moskau.

Als Vera Stepanowna hörte, dass wir die Schule verlassen wollten, rief sie uns in ihr Büro. Sie sagte, sie wisse, dass wir unglücklich seien, und wünschte uns beiden alles Gute. «Na gut, Mädels», meinte sie, «dann seien wir mal ehrlich zueinander. Es ist kein Geheimnis, dass ihr in eurem Zustand nirgendwo Arbeit bekommt. Was wollt ihr also tun?»

«Ins Altersheim gehen?», schlug ich vor.

«Genau, Dasha», antwortete sie. «Gut so.»

Damit war die Sache erledigt. Wir verabschiedeten uns nur von Tanja Jermakowa – dem Mädchen, dessen Eltern all die Briefe nicht beantworteten. Und von Slawa. Er bat mich um ein letztes Treffen, weil er unter vier Augen mit mir reden wollte, aber wir gingen nicht hin …

«… ich hatte nämlich Kopfschmerzen.»

Er regte sich ziemlich darüber auf. Zuerst wollte ich ihn auch sehen, denn es war die letzte Gelegenheit, mit ihm zu reden, aber dann musste ich Masha doch Recht geben. Wir gingen sowieso weg, und wenn ich mich noch einmal mit ihm getroffen hätte, wäre alles nur noch schlimmer geworden. Außerdem hatte eine der Lehrerinnen mir gesagt, er liebe mich gar nicht, er habe mich einfach nur ganz gern. Vielleicht stimmte das ja. Aber ich habe ihn geliebt.

Am Morgen unserer Abreise stand er auf dem Hof und wartete. Wir verabschiedeten uns im Vorübergehen, und ich gab ihm nicht mal einen Kuss, weil so viele Leute herumstanden und gafften.

Wir sagten auf Wiedersehen und gingen.

In Moskau machte Tante Nadja ein Waisenhaus ausfindig, in dem wir vorübergehend unterkommen konnten, obwohl wir eigentlich zu alt waren. Tante Nadja sagte, wir würden nicht lange bleiben, sie wolle nur ein geeignetes Altersheim für uns suchen.

Ich fühlte mich elend wegen Slawa. Wir hatten die Schule so überstürzt verlassen, dass wir sogar die Abschlussfeier verpassten. Ich saß im Waisenhaus und dachte die ganze Zeit daran zurückzufahren. Keine Ahnung, was ich damit erreichen wollte, ich wollte einfach dabei sein. Zwar war Masha dagegen, aber wir flogen trotzdem.

Als wir in die Schule zurückkamen, sahen wir Slawa mit Natascha.

Sie war ein hübsches Mädchen. Wir mochten sie. Früher hatten wir immer ihre Komsomol-Uniform und ihr rotes Halstuch gebügelt und ihr Sachen aus Tante Nadjas Fresspaketen abgegeben. Weil sie eine Klasse unter uns war, hatten wir sie behandelt wie ein Kind. Aber da saß Slawa und las ihr Gedichte vor, die er für sie geschrieben hatte. Er sah nicht mal hoch, als wir kamen. Ich war drauf und dran durchzudrehen.

An diesem Abend war der Abschlussball, aber alle brauchten eine Einladung, und wir bekamen keine. Weder von Slawa noch von anderen Freunden. Bis heute weiß ich nicht, warum,

Die Eltern von Masha und Dasha mit der Nachbarin, die Katja auf die Entbindungsstation begleitet hat. Das Bild wurde vor der Geburt der beiden Mädchen aufgenommen. Im Hintergrund sieht man das Haus, in dem die Eltern wohnten.

Masha und Dasha mit sieben Jahren. Die beiden sind als Gänseblümchen verkleidet für ihre erste Neujahrsparty im Snip.

Masha und Dasha auf dem Fußboden beim Betrachten eines Bilderbuches. Als siebenjährige Mädchen konnten die beiden noch nicht selbständig gehen.

Die Zwillinge mit Tante Nadja in der Sporthalle des Snip.

Ein gestelltes Foto
des Schulzimmers im Snip.

Die achtjährigen Zwillinge
an ihrem Schulpult im Snip.
Die Mädchen mussten für dieses
Bild für die Akademie der Wissenschaften posieren. Normalerweise
saßen die Kinder in ihren Pyjamas
in einem überfüllten Schul-
zimmer und trugen bestimmt
keine Schleifen im Haar.

Masha und Dasha an ihrem
Schulpult. Foto für die Akademie
der Wissenschaften.

Masha und Dasha in der Kantine des Snip, wiederum mit Schleifen im Haar, an einem sauberen Tisch und mit schönem Geschirr. Auch dieses Foto wurde für die Akademie der Wissenschaften gestellt.

Die achtjährigen Mädchen machen ihre ersten Gehversuche an Krücken.

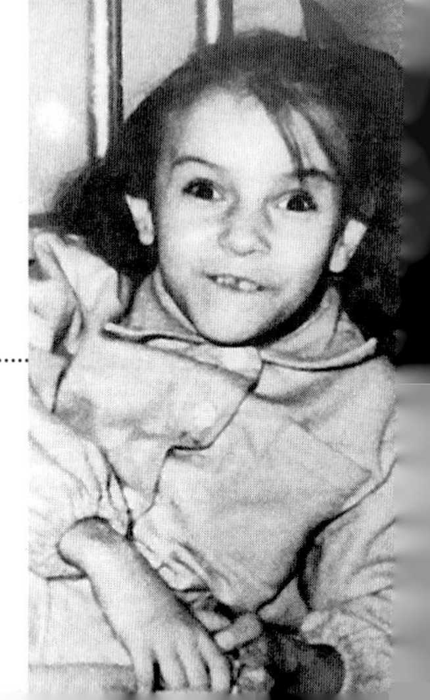

Dasha mit acht Jahren.

Masha und Dasha als zehnjährige Mädchen auf dem Gelände des Snip mit ihrer Lehrerin Galina Petrowa.

Masha mit 12 Jahren.

Dasha mit 12 Jahren.

Masha und Dasha mit 13 Jahren im Garten des Snip, zusammen mit ihrer Freundin Irina Galinka und einem Journalisten, der selbst im Snip lebte und dem verboten wurde, über die Mädchen zu schreiben.

Die 14-jährigen Zwillinge mit der Fotografin Kapa.

Die 14-jährigen Mädchen auf
dem Gelände des Snip am Tag
ihrer Abreise nach Nowotscherkassk.
In der Mitte steht Vasja,
Tante Nadjas Adoptivsohn.

Masha und Dasha erhalten das Mitglieder-
zertifikat der Pioniere, einer kommunistischen
Jugendorganisation. Die andern Kinder
auf dem Bild sind aus einer Nachbarschule.

Die 35-jährigen Frauen beim Domino-Spiel in ihrem Zimmer im Zwanzigsten.

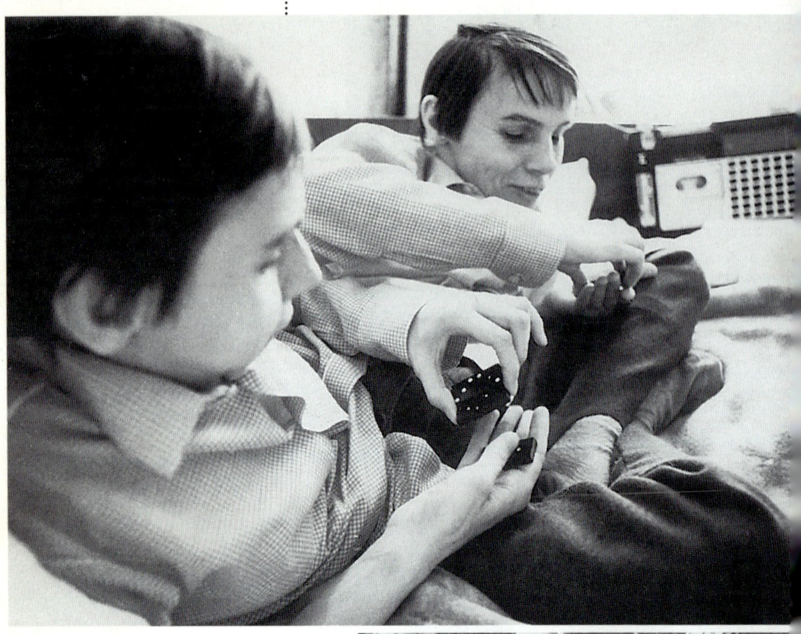

Masha und Dasha mit 30 Jahren auf dem Gelände des Zwanzigsten.

denn wir hatten schließlich eigens dafür den langen Weg zurückgelegt. Als alle anderen vergnügt und munter loszogen, blieben wir zurück. Wir gingen früh schlafen; weil wir kein Bett mehr hatten, legten wir uns auf die Fensterbank. Am nächsten Tag standen wir auf und machten uns aus dem Staub, während alle anderen noch schliefen. Eigentlich hatten wir vorgehabt, eine Woche zu bleiben, aber nach diesem Vorfall war mir die Lust vergangen. Ich spürte einen stechenden Schmerz in der Brust und konnte kaum atmen. Am liebsten wäre ich im Erdboden versunken und hätte nie mehr etwas gefühlt. Am nächsten Tag flogen wir zurück. Es war ein Fehler gewesen ... manchmal tut es immer noch weh.

Als wir wieder in Moskau waren, nahm Tante Nadja uns zu sich. Ich erzählte ihr nichts von Slawa, weil ich dachte, sie würde es nicht verstehen. Mit Masha sprach ich auch nicht darüber, weil sie kein Mitgefühl hatte. Inzwischen hatte Tante Nadja herausgefunden, dass wir in Moskau keine Aufenthaltsgenehmigung mehr hatten, obwohl wir hier geboren waren – deshalb würde uns auch kein Altersheim aufnehmen. Anscheinend hatten wir durch den Umzug nach Nowotscherkassk unser Wohnrecht verwirkt. Natürlich erklärte uns das damals niemand, vielleicht wussten sie es auch nicht. Für mich war es wie eine Ironie des Schicksals, dass wir ausgerechnet eine Genehmigung für Nowotscherkassk hatten, doch nach den Ereignissen bei der Abschlussfeier wollte ich keinesfalls dorthin zurück. Also blieben wir vorerst illegal bei Tante Nadja. Es war schön, in einer ganz normalen Wohnung zu wohnen, nicht wahr, Masha? Tagsüber werkelten wir herum, räumten auf und machten sauber, erledigten die Hausarbeit und kochten für Tante Nadja, wenn sie nach Hause kam. Aber wir konnten nicht spazieren gehen. Ins Freie durften wir nur nachts, wenn es dunkel war.

«Wie Diebe.»

Andererseits waren die Nachbarn wirklich nett zu uns. In Tante Nadjas Wohnblock lebten hauptsächlich Angehörige der akademischen Mittelschicht, lauter freundliche Menschen. Wir lernten sie alle kennen. Aber sie luden uns nie zu sich nach Hause ein, und wir konnten bei Tag nicht nach draußen, aus Angst vor Fremden. Also saßen wir die ganze Zeit in Tante Nadjas Wohnung herum. Wenn wir mit der Hausarbeit fertig waren, lasen wir oder sahen fern. Doch nach ein paar Monaten wurden wir unruhig.

Wir wollten arbeiten! Gut, alle sagten uns, wir würden ohnehin keine Stelle finden, aber wenn wir beide uns etwas in den Kopf gesetzt haben, bekommen wir es meistens auch. Wir besprachen die Sache miteinander und gelangten zu dem Schluss, dass wir Buchhaltung lernen sollten, denn dann konnten wir in irgendeinem Hinterzimmer arbeiten und würden niemanden stören. Wir hatten von einer Behindertenschule in Mytischtschi – ganz in der Nähe – gehört, in der sogar Behinderte wie wir aufgenommen wurden, und meldeten uns dort zur Aufnahmeprüfung an. Wir waren kaum fünf Minuten dort, als der Direktor zu uns kam. «Hört mal, Mädels», sagte er barsch, «selbst wenn ihr an meinem Institut studiert und euren Abschluss macht – was dann? Nun? Was dann? Habt ihr schon mal darüber nachgedacht, wer euch einstellen soll?»

«Da haben wir darüber nachgedacht und sind schnell verschwunden.»

Wir kamen in die Wohnung zurück und weinten. Ich glaube, wir hatten immer ein Fünkchen Hoffnung, dass wir doch noch einen Job bekommen würden. Aber wenn man schwer behindert ist, das heißt, wenn man nicht nur ein Hinken oder einen fehlenden Finger vorzuweisen hat, kann man einpacken. Uns wurde schlagartig klar, wie naiv wir gewesen waren. Sicher, wir waren hartnäckig und entschlossen, aber wir waren nur ein Tropfen Wasser im großen Meer und konnten nicht allein die Einstellung der gesamten Bevölkerung gegenüber Behinderten ändern. Wir haben immer versucht, unser eigenes Leben zu verbessern, in vielen kleinen Aspekten. Wir haben nie aufgegeben, bis heute nicht. Wenn wir keine Arbeitsstelle bekamen, konnten wir dann vielleicht wenigstens Auto fahren lernen?

Wir bestanden die medizinische Prüfung, oder besser gesagt, ich bestand sie, denn ich wollte fahren, aber als Anochin davon erfuhr, ging er an die Decke. «Was! Sind die beiden denn total übergeschnappt? Die würden doch an der nächstbesten Mauer landen.» Und er sorgte dafür, dass wir aufhören mussten.

Dann überlegten wir, allein eine Wohnung zu nehmen. Doch selbst wenn wir eine hätten mieten können, gab es vor den Wohnblocks Treppen ohne Geländer, so dass wir ohne fremde Hilfe nicht mal bis zur Haustür gekommen wären. Und wie hätten wir die Einkäufe erledigen sollen? Wir wären im Gedränge stecken geblieben, nicht wahr, Masha? Wenn man als behinderter Mensch allein leben möchte, braucht man eine Familie, die einem unter die Arme greift.

Unterdessen hatte Tante Nadja ein Altersheim in Orechowa Suiwa, nicht weit von Moskau, gefunden, das bereit war, uns aufzunehmen. Da es unsere erste Zusage war, ergriffen wir die Gelegenheit. Tante Nadja brachte uns auf unser Zimmer und ging. Doch als wir am Abend ins Bett wollten, schien sich das Laken zu bewegen – überall Wanzen! Wir verbrachten die ganze Nacht zitternd in einer Zimmerecke. Sauberkeit ist uns sehr wichtig...

«... vor allem dir, das macht mich manchmal wahnsinnig...»

Am nächsten Morgen sagte ich zu Tante Nadja: «Hol uns hier weg, sonst sterbe ich.»

Weil Tante Nadja wusste, dass ich durchaus fähig war, eine Dummheit zu begehen, kam sie gleich, holte uns ab und nahm uns wieder mit sich nach Hause. Das «Zwanzigste» Altersheim galt als das beste der Sowjetunion, aber dort wollte man uns nicht aufnehmen, weil wir ja für Moskau keine Wohnberechtigung, kein *«Propiska»*-Formular besaßen. Grundsätzlich hat jeder Bürger das Recht, an seinem Geburtsort zu leben, aber wenn man länger als fünf Jahre in einer anderen Stadt wohnt, wird die *Propiska* automatisch dorthin verlegt. Wir waren ratlos, denn wir wollten beide auf keinen Fall ins Altersheim nach Nowotscherkassk.

Schließlich nahmen wir allen Mut zusammen und wurden persönlich bei der Direktorin des Zwanzigsten vorstellig; vielleicht konnten wir sie dazu überreden, uns aufzunehmen. Masha hat eine große Überzeugungskraft, aber die Direktorin ließ uns nicht zu Wort kommen. Es war schrecklich. Sie sagte, wir seien schlechte Menschen, und sie wolle Leute wie uns nicht in ihrem Heim haben. Gelegentlich kämen ausländische Delegationen, um zu sehen, wie die alten Menschen hier versorgt würden, und sie lege keinen Wert darauf, dass diese dann über uns stolperten. Da Tante Nadja uns bei sich aufgenommen habe, trage sie jetzt die Verantwortung für uns, und sie sei nicht bereit, diese auf sich abwälzen zu lassen.

Die einzige Möglichkeit, ins Zwanzigste zu kommen, war also der offizielle Weg, und das bedeutete, dass wir die Moskauer *Propiska* brauchten. Das ging nur über die *Milizia*, die örtliche Polizeibehörde. Also zogen wir mit unseren Geburtsurkunden los, um zu belegen, dass wir gebürtige Moskauerinnen waren, und glücklicherweise gerieten wir an einen Milizia-Oberst, dessen Sohn bei einem Unfall ein Bein verloren hatte. Er hatte Mitleid mit uns. Solche Dinge passieren immer wieder, nicht wahr, Masha? Wenn Leute nicht persönlich mit der Realität des Behindertseins konfrontiert waren, wollten sie nicht helfen. Traurig, aber wahr.

Jetzt hatten wir die Moskauer *Propiska*, und nichts hinderte uns mehr daran, ins Zwanzigste zu ziehen. Vielleicht wollte man uns dort nicht, aber das war eben ihr Pech. Wir wollten es. Trotzdem fühlten wir uns sterbenselend an dem Tag, als wir unsere spärlichen Habseligkeiten packten und Tante Nadjas Haus verließen. Auf der Fahrt weinten wir, und die ganze erste Woche weinten wir uns jeden Abend in den Schlaf. Wir wollten nicht mit alten Leuten zusammenwohnen – wir waren erst zwanzig! Durch eine Reihe dunkler, grün gestrichener Korridore kamen wir zu unserem Zimmer. Es war so klein, dass es nur Platz gab für ein schmales Einzelbett und einen Nachttisch. Auf die Toilette passten wir nicht beide gleichzeitig.

Vielleicht sind alte Leute anderswo taktvoller als in Russland, aber diejenigen, die hier in solchen Heimen landeten, hatten meist selbst einiges durchgemacht und nahmen kein Blatt vor den Mund. Außerdem waren einige natürlich schon ein wenig senil. Sie plapperten, was ihnen in den Sinn kam, und man kann sich vorstellen, wie sich das anhörte, als sie uns kennen lernten. Schrecklich. Vor allem, weil wir dieselben Phrasen immer wieder zu hören bekamen, tagaus, tagein. Wir waren ein «Irrtum der Natur», eine «zweiköpfige Tragödie», und man hätte uns «lieber nicht am Leben lassen sollen». Wir schlossen uns in unserem Zimmer ein. Außer uns gab es keine jungen Leute, denn es war ein Privileg, im Zwanzigsten zu wohnen, das hatte bisher kein Behinderter geschafft. Uns war nicht klar gewesen, wie schwer es sein würde; eine Woche lang stand ich regelrecht unter Schock. Bis dahin hatten wir immer mit Freunden in unserem Alter gelebt. Die Schule hatte uns vor der harten Realität des Lebens geschützt, aber jetzt mussten wir plötzlich ins kalte Wasser springen, und das war ein absoluter Alptraum. Nach etwa einer Woche gingen wir auf den Balkon; ich blickte über die Brüstung und wäre am liebsten gesprungen. «Wir müssen hier raus», sagte ich zu Masha. Auch sie war deprimiert, weil sie keine jungen Leute um sich hatte, mit denen sie sich unterhalten konnte. Obendrein war das Gebäude dunkel und feucht.

«Man braucht nur einen Blick auf die alten Leutchen zu werfen, und man hat sofort das Gefühl, man ist lebendig begraben.»

Also war Masha der gleichen Meinung wie ich. Wir gingen zum Aufzug und blieben dort stehen – was sollten wir denn machen, wenn wir fortgingen? Auf der Straße umherirren? Bei Tante Nadja konnten wir nicht bleiben, wir hatten keine Zukunft außerhalb eines Altersheims. Wenn wir dieses nicht aushielten, blühte uns ein anderes. Also sagte ich zu Masha: «Weißt du, was die mit uns machen werden, wenn sie uns erwischen? Sie stecken uns ins Irrenhaus, und dann sind wir endgültig aufgeschmissen.» So machten wir schließlich kehrt und verzogen uns wieder in unser Zimmer.

Die ersten Wochen waren am schlimmsten, aber nach und nach wurden wir etwas abgehärteter. Bevor wir ins Zwanzigste kamen, war uns nicht klar gewesen, wie verwöhnt wir waren. Rückblickend danke ich dem Himmel, dass wir nicht wussten, was uns erwartete.

Tante Nadja half uns, Slawa nach Moskau zu holen, damit er im Snip behandelt werden konnte. Er blieb sechs Monate, obwohl es für seine verkümmerten Beine kaum Hilfe gab. Ich wollte ihn sehen, weil ich einen lieben Menschen nicht so einfach vergessen kann, also besuchten wir ihn, sooft wir konnten. Es tat gut, mit Slawa zu reden, aber er merkte, wie deprimiert wir waren, und das machte ihm auch zu schaffen. Zwar wünschte ich mir sehr, er würde endgültig bei uns bleiben, aber wir sprachen nie darüber. Wahrscheinlich hätten wir ihm einen Platz im Zwanzigsten besorgen können, und Masha hätte jetzt sogar zugestimmt – Slawa war besser als gar kein Kontakt zu jungen Leuten. Aber er hasste allein schon den Gedanken an ein Altersheim. Er hatte seine Mutter gebeten, ihn unter keinen Umständen je in einem Altersheim unterzubringen. Als die Behandlung im Snip abgeschlossen war, besuchte er uns zum ersten Mal im Zwanzigsten.

Eine Weile saßen wir schweigend in unserem Zimmer, dann fing ich an zu weinen. Ich konnte gar nicht wieder aufhören. «Nein, Dasha», sagte er, «in so einem Heim kann ich nicht leben.»

«Na gut», antwortete ich, «dann geh und komm nie mehr zurück. Wir brauchen dich sowieso nicht.»

Aber er schrieb uns.

6. Januar 1971, im Internat

Hallo, Mädels, Grüße von Slawa. Habe euren Brief bekommen, vielen Dank, bestimmt habt ihr meine Karte auch erhalten. Oder nicht? Anbei auch eine Karte von Wjatscheslaw

Tichonow. Und eure Fotos. Es hat sie niemand gestohlen, wie ihr vermutet habt, sondern ich habe sie in einem Russischlehrbuch gefunden. Da habt ihr oft was aufbewahrt und dann vergessen. Also, hier sind sie.
Wie geht es euch? Wahrscheinlich wie üblich. Und Tante Nadja? Sagt ihr liebe Grüße von mir. Boris lässt ebenfalls grüßen, und auch (der Direktor) Konstantin Semjonowitsch. Er erinnert sich noch gut an euch und fragt immer, wie es euch geht und was ihr macht. Ihr wollt wissen, was aus Valera geworden ist. Er ist an die Technische Hochschule gegangen, und eines Tages, als er auf der Straße stand und rauchte, kam eine Gruppe Jungs und hat ihn zusammengeschlagen. Sie haben ihn in die Nieren getreten, und er musste im Krankenhaus operiert werden. Aber er wird wieder gesund.
Valentina schickt liebe Grüße. So, momentan fällt mir sonst nichts zum Erzählen ein.

Slawa

Im Frühling kam er nach Moskau zurück und unterzog sich erneut einer Therapie. Wir bekamen ihn nicht zu Gesicht, obwohl er uns besuchen wollte. Der Portier schickte ihn weg.

Nowotscherkassk, 10. Juni 1971

Hallo, Mädels, Grüße von Slawa – wie geht es euch? Was gibt's Neues? Was macht Tante Nadja? Mir geht es gut, auch gesundheitlich einigermaßen. Hört mal, Mädels, ihr müsst entschuldigen, dass ich nicht früher geschrieben habe, aber ich gewöhne mich gerade erst zu Hause ein, wo ich die Sommerferien verbringe. Dasha, ehe ich aus Moskau weggefahren bin, wollte ich euch besuchen, aber man hat mir gesagt, ihr seid beim Fernsehen und dürft nicht gestört werden. Man hat mich nicht reingelassen. (Der Portier wollte nicht in den dritten Stock hinaufsteigen, um uns zu sagen, dass wir Besuch hatten. Wir haben nie davon erfahren, dass Slawa da gewesen war.) Grüßt Tante Nadja von mir. Ich schicke ihr, was ich versprochen habe. Ich sehe die Leute von der Schule genauso wenig wie die anderen Schüler, aber Boris Kusnezow fährt manchmal auf dem Motorrad an meinem Fenster vorbei. Ich möchte Vera Stepanowna fragen, ob sie mich mal besucht. Anscheinend muss ich noch mal zwei Jahre aufs Internat, um meine Ausbildung zu beenden. Aber in eine andere Klasse. Ich möchte es möglichst bald hinter mich bringen, vielleicht kann ich dann zu euch kommen. Reg dich bitte nicht auf, Dasha. Ich hab es dir versprochen, richtig? Und ich werde es niemandem verraten. Mehr kann ich zu dem Thema in diesem Brief nicht schreiben. Schreibt zurück.

Slawa

7. Oktober, 1971, im Internat

Hallo, Mädels, Grüße von Slawa. Ich habe euren Brief bekommen, muss aber sagen, dass er ein wenig schroff war. Ihr meint, ich schreibe nicht mehr, aber das stimmt nicht. Ich werde immer mit euch in Briefkontakt bleiben. Dass ich nicht früher geantwortet habe, liegt daran, dass ich nichts zu berichten hatte, und das ist doch eigentlich ein ausreichender Grund. Wenn ich früher geschrieben hätte, wären nur ein paar langweilige Sätze rausgekommen. Als ich im September ins Internat zurückkam, schienen sich die anderen ziemlich zu freuen, und Valentina Alexandrowna hat mich sogar umarmt und geküsst. Ich wusste gar nicht, wie mir geschieht, so peinlich war mir das. Aber es ist nett zu wissen, dass ein paar Leute hier mich mögen. Die Küchenbesatzung hat sich gefreut, dass ihr euch an sie erinnert; vor allem von Maria Petrowna soll ich euch ganz herzlich grüßen.
Walja Staroschika arbeitet nicht mehr hier. Sie ist gefeuert

worden, weil sie sich zu oft krank gemeldet hat. Natürlich war es nicht fair. Gestern hat sie mich besucht und lässt euch liebe Grüße ausrichten. Alle möchten wissen, wie ihr zurechtkommt. Anscheinend war Walja in Moskau und hat euch gesucht, aber niemand wusste, in welchem Heim ihr seid. Jetzt habe ich ihr eure Adresse gegeben, und sie sagt, beim nächsten Mal besucht sie euch. Valentina Alexandrowna, Vera Stepanowna und alle lassen euch grüßen.
Dann bis bald,

Slawa

12. Dezember 1971, im Internat

Hallo, Mädels, danke für euren Brief und vor allem für die Schallplatten! Sie gefallen mir sehr. Tut mir Leid, dass ich erst jetzt schreibe, aber ich konnte keinen Umschlag finden. Ich habe gesucht und gesucht, und schließlich musste ich jemanden bitten, einen für mich zu kaufen, aber das hat eine Weile gedauert. Gesundheitlich geht es mir ganz ordentlich, aber mit dem Lernen komme ich nicht besonders gut voran. Alles wie immer. Ich habe mich an meine neue Klasse gewöhnt. Nein, Dasha, mein Radio ist nicht kaputt, aber ich kriege keine Batterien dafür. Funktioniert eures noch? Dasha, danke auch für die Karte vom 7. November. Ich hatte mit einem Brief gerechnet, aber so kann's gehen. Alja lässt grüßen, außerdem Nadeschda Lasarowa – erinnert ihr euch an sie? Sie arbeitet in der Küche. Wie geht's Tante Nadja? Grüßt sie herzlich von mir. Hast du noch mehr Musik aufgenommen, Dasha?
Dasha, kommst du nächstes Jahr mit ins Sommerlager? Ich wäre gern nach Moskau gefahren, aber das geht nicht, weil meine Mutter arbeitet und mein Bruder sich auf die Aufnahmeprüfung für die Uni vorbereitet. Deshalb musst du ins Sommerlager kommen. Ja?

Slawa

Das war sein letzter Brief. Ein paar Monate später bekamen wir einen Brief von Valentina Alexandrowna, in dem sie uns mitteilte, dass Slawa gestorben sei. An seinem Geburtstag hatte er alle Klassenkameraden zu sich nach Hause zu einer Party eingeladen. Am nächsten Tag war er tot. Ich glaube nicht, dass es Selbstmord war, er hat das Leben zu sehr geliebt.

Das war das Ende.

Ich möchte nicht mehr darüber sprechen.

Für uns ging das Leben weiter. Wir hatten ein eigenes Zimmer, worüber einige der Babuschkas ziemlich sauer waren. Auf der einen Seite des Korridors waren Zwei-, auf der anderen Dreibettzimmer. Anfangs hatten wir nur ein schmales Einzelbett, aber später bekamen wir ein Klappbett, das etwas breiter war. Wenigstens waren wir allein in unserem Zimmer. Man darf sich nicht aussuchen, mit wem man im Zimmer wohnt, deshalb kämpften die alten Leute mit Klauen und Zähnen. Auf jedem Stockwerk fand einmal pro Woche ein Treffen statt, an dem man Probleme diskutieren und darüber sprechen konnte, was kaputt war, was nicht funktionierte, wer sich schlecht benahm.

«Wir haben uns nie schlecht benommen!»

Wir gingen auch nie zu diesen Versammlungen. Bei unserer Aufnahme hatte man uns gesagt, dass wir keine normale Arbeit machen oder Geld verdienen, aber beispielsweise Kartons zusammenbasteln dürften. Das lief unter der Bezeichnung «Arbeitstherapie», und man bekam ein paar Kopeken dafür.

Wir beschlossen, uns in Abendkursen weiterzubilden.

«Du hast das beschlossen – ich war gebildet genug, danke schön!»

Den Posten des Komsorg (des Komsomolfunktionärs) hatte im Zwanzigsten eine junge Frau in unserem Alter inne; sie gehörte zum Personal und half uns, Lehrer zu finden. So bekamen wir an jedem Werktag abends Unterricht in Mathematik, Geschichte, Geographie, Literatur ... eigentlich in allen üblichen Fächern, außer in Fremdsprachen. Wir dachten nicht im Traum daran, dass wir die je brauchen würden! Nach drei Jahren hatten wir die volle Schulausbildung absolviert – alle elf Fächer. Ich bekam sogar recht gute Noten, weil ich alles schnell kapierte. Mein Lieblingsfach war Chemie, und ich brütete geduldig über den Aufgaben, bis ich sie gelöst hatte, während Masha aus dem Fenster starrte und gähnte.

«Mir war es am liebsten, wenn unser Lehrer mal nicht auftauchte!»

Wir wollten lernen, wir wollten nicht ungebildeter sein als die anderen. Wir wollten eine abgeschlossene Schulbildung, das war sehr wichtig für uns.

Ein Teil des Personals im Zwanzigsten war nett zu uns, aber die Babuschkas benahmen sich meist ziemlich unfreundlich. Sie konnten ja nichts dafür, dass sie alt und von ihren Familien im Stich gelassen worden waren, aber viele waren wirklich sehr verbittert. Immer wieder stellten sie uns die gleichen Fragen: Konnten wir Kinder kriegen? Konnten wir Sex haben? Wie gingen wir zur Toilette? Was würde passieren, wenn eine von uns starb? Hatten wir die gleichen Gedanken?

Tante Nadja besuchte uns, sooft sie konnte, und gelegentlich nahm sie uns auch mit zu sich nach Hause, meist bei besonderen Anlässen. Beispielsweise an unserem Geburtstag oder am 8. März – dem internationalen Frauentag. Aber einmal, als sie vom Einkaufen zurückkam, fand sie uns in sehr schlechter Verfassung vor. Wir rangen nach Luft und hatten das Gefühl zu ersticken. Sie rief einen Arzt, der uns Medikamente verabreichte, in der Nacht aber ein paar Mal zurückkommen musste, weil sie nicht recht anschlugen. Am nächsten Morgen ging es uns zum Glück wieder besser. Tante Nadja war außer sich vor Sorge, uns könnte etwas passieren, während wir bei ihr waren.

Wir bekamen Besuch von ein paar Bekannten, unter anderem von Dr. Golubjewa (die uns im Snip immer die Helme aufgezwungen hatte); sie brachte ihre erwachsene Tochter Ella mit. Sie war ebenfalls Ärztin und stellte fest, dass wir unter massiven Verdauungsproblemen litten. Solche Besuche waren für uns wie eine frische Brise, nicht wahr, Masha?

«In jedem anderen Land hätten die zuständigen Behörden sich bemüht, das Leben für euch etwas interessanter zu machen. Aber die Verwaltung des Zwanzigsten wollte um jeden Preis verhindern, dass irgendwelche Informationen über euch in den Westen drangen, und sie ließen Besucher nicht zu euch, die euch vielleicht hätten helfen können. ‹Wenn etwas über die Mädchen nach außen dringt, müssen wir sie in einem abgelegenen Heim verstecken, wo niemand sie findet›, so lautete die Devise. Mir wäre es recht gewesen, wenn Leute im Ausland von euch erfahren hätten, denn ihr hättet von dort vielleicht Hilfe bekommen können. Aber die Behörden taten ihr Bestes, um das zu verhindern. Was auch deshalb grausam war, weil die russische Öffentlichkeit sowieso nicht sonderlich einfühlsam ist, und wenn es um Behinderte geht, ist sie geradezu barbarisch. Darunter habt ihr sehr gelitten. Zwar konntet ihr euch einerseits auch ungehobelt benehmen, aber letztlich wart ihr ziemlich hilflos.

Ein paar Leute vom Personal haben euch freundlich behandelt, aber wenn man in einem Heim untergebracht ist, hat man keinen persönlichen Besitz. Kleinigkeiten verschwanden im Nu, denn die Angestellten hatten das Privileg, den Insassen ihre Sachen wegzunehmen. So funktionierte das System, und wenn man überleben wollte, machte man kein Theater, wenn etwas plötzlich nicht mehr da war.»

Masha allerdings wurde fuchsteufelswild, als die Putzfrau ihre Zigaretten stahl, die sie immer hinter der Klopapierrolle versteckte. Ich hasste es, wenn sie rauchte. Sie blies den Qualm aus dem Fenster oder rauchte auf der Hintertreppe, damit keiner etwas merkte. Der Direktor hätte uns die Hölle heiß gemacht, wenn er das gewusst hätte, aber wir brauchten eben auch unsere kleinen Annehmlichkeiten. Wir waren nicht glücklich, aber das Personal und die Babuschkas um uns herum ebenso wenig. Wie denn auch? Es ist nicht schön im Heim, das kann sich sicher jeder vorstellen. Die meisten alten Leute waren von ihren eigenen Kindern hier untergebracht worden, und sie fristeten ihr

Dasein praktisch wie in einem Gefängnis. Man stelle sich das vor – die eigenen Eltern, das eigene Fleisch und Blut! Wenn ich ein Baby großgezogen hätte, es gestillt, seine Windeln gewechselt und jedes Opfer für es gebracht hätte – wie es bei fast allen dieser alten Babuschkas der Fall war – und wenn ich dann als Lohn von diesem Kind abgeschoben worden wäre, hätte mich das auch zutiefst verbittert. Trotzdem wünschten wir uns, sie würden diese Bitterkeit wenigstens an ihren Kindern auslassen, die sie hier einsperren ließen, und nicht an den Leuten, die sie versorgten, oder gar an mir und Masha. «Missgeburten» haben sie uns genannt, «Monster».

«‹Ihr seid selbst Monster!›, hab ich immer geschrien.»

Es gab die Abteilung der «Bettlägerigen» und die der «Mobilen». Wir waren natürlich bei den Mobilen, aber in beiden Bereichen gab es Selbstmorde, denn der Lebenswille war oft nicht stark genug. Die meisten versuchten, aus dem Fenster zu springen, bei unserem Zimmer wäre das jedoch schwierig gewesen, weil das Balkongeländer zu hoch war. Die Korridorfenster waren nicht vergittert, aber immer geschlossen, nur nicht im vierten Stock, wo das Fenster manchmal zum Lüften geöffnet wurde.

Einmal lernten wir eine sehr nette alte Frau kennen, eine ehemalige Ärztin, aber sie war zu weich für das Leben im Heim und hatte dazu noch persönliche Probleme. Eines Tages stieg sie in den vierten Stock und sprang aus dem Fenster. Wir sahen sie unten liegen, sie bewegte sich noch. Aber bis der Krankenwagen anrückte, war alles vorbei. Auf der Bettlägerigen-Abteilung gab es allerdings mehr Selbstmordversuche. Dann wurde die Polizei gerufen, die Leiche begutachtet, gefragt, wie es passiert sei, und das Opfer wurde abtransportiert.

Wirklich zu denken gab mir die Tatsache, dass die Kinder ihre Eltern zwar wie Dreck behandelten, die Eltern sie aber trotzdem weiter liebten. Eine Frau namens Nina hatte zwei Söhne, die sie im Zweiten Weltkrieg allein großgezogen hatte; ihr Mann war kurz nach Kriegsbeginn gefallen. Einer der Söhne verfiel dem Alkohol, der andere heiratete, und schon steckten sie ihre Mutter ins Zwanzigste. Dann wurde ein Gesetz erlassen, das Kriegerwitwen Anrecht auf eine eigene Wohnung garantierte, und flugs holten sie ihre Mutter zurück. Sie war natürlich außer sich vor Freude, in der Nähe ihrer Enkelin leben zu dürfen. Aber sobald die Söhne die zweite Wohnung hatten, brachten sie die Mutter wieder ins Heim. Wir trauten unseren Augen nicht, als sie plötzlich wieder in ihrem Zimmer saß und sich die Augen ausweinte. Der Gipfel war, dass ihr alkoholkranker Sohn sie dann auch noch besuchte und um Geld für Wodka anbettelte. Sie hat ihm alles gegeben, was sie hatte, bis zur letzten Kopeke ihrer Rente. Eine Mutter bleibt eine Mutter. Nicht lange nach ihrer Rückkehr ist sie gestorben – vermutlich an gebrochenem Herzen.

Ungefähr nach einem Jahr hatte ich wieder einmal genug vom Leben und wollte es mit einem Sprung vom vierten Stock beenden. Ich erzählte Masha nichts davon, weil ich sie ja auch umbringen würde, aber ich war so verzweifelt, dass ich das in Kauf nahm. Ich plante alles ganz genau. Ich wusste, dass ich ohne Mashas Hilfe nicht über das Geländer kam, aber eines Tages waren wir im vierten Stock und unterhielten uns mit dem Mädchen, das dort an der Essenstheke arbeitete. Jetzt oder nie, dachte ich. Das Fenster stand offen, und ich wollte mir die Gelegenheit keinesfalls entgehen lassen. Ich hatte gedacht, ich sei stark genug, um uns beide hinauszustürzen, aber Masha packte mich und verpasste mir einen Faustschlag ins Gesicht. Fast hätte ich das Bewusstsein verloren. Sie kochte vor Wut.

«Du hast wohl eher den Verstand verloren!»

Sie schimpfte: «Versuch das nie wieder, ich will leben!» Danach dachte ich, dass sie vielleicht Recht hatte. Ich durfte ihr Leben nicht egoistisch aufs Spiel setzen. Außerdem wären wir vielleicht nicht tot, sondern nur verstümmelt gewesen und hätten den Rest unseres Lebens in der Bettlägerigen-Abteilung verbringen müssen. Masha meinte, wenn ich es noch mal versuchte, würde ich wahrscheinlich genau das erreichen, also ließ ich es lieber bleiben. Jedenfalls, solange wir im Zwanzigsten wohnten. Aber ich wollte nicht leben. Andere Leute haben eine Familie, Kinder und ein Zuhause, um das sie sich kümmern müssen. Sie haben eine Arbeit. Aber wir hatten nichts.

«Wir hatten immer noch Tante Nadja, die uns ziemlich regelmäßig einmal pro Monat besuchte.»

Ja, sie brachte oft auch ein Lebensmittelpaket aus der Kantine des Snip mit. Die Sachen wurden paketweise abgegeben, weil einerseits Dinge dabei waren, an die man nur schwer herankam – wie beispielsweise Schokolade oder Kondensmilch –, andererseits aber auch solche, die keiner wollte – beispielsweise chemisch behandelte, gummiartige Fleischstücke –, aber wir freuten uns über alles. Menschen, die ihr Leben in staatlichen Heimen verbringen, essen alles, was sie kriegen, oder sie hungern. Sie können beim Essen nicht wählerisch sein.

Lydia Michailowna besuchte uns nie, aber Dr. Golubjewa schaute gelegentlich vorbei. Wahrscheinlich waren wir selbst schuld, als sie damit aufhörte.

«Es gefiel euch nicht im Zwanzigsten, was mich nicht wunderte. Ihr wart jung und wolltet euch amüsieren, und da saßt ihr inmitten all dieser Leute fest – hauptsächlich alte Frauen, die meisten aus eher niederen Gesellschaftsschichten. Sie waren nicht gebildet, nicht kultiviert, sie dachten nicht nach, bevor sie den Mund aufmachten. Manchmal traute ich meinen Ohren nicht – wie konnte ein Mensch nur so taktlos sein!

Natürlich gab es auch einige freundliche Leute im Heim, aber die hatten Mitleid mit euch, und das konntet ihr auch nicht leiden. Ihr habt ja auch Recht. Man sollte sein Mitleid für sich behalten, aber diese Babuschkas weinten und jammerten, wie schrecklich euer Schicksal doch sei. Falls ihr je Minderwertigkeitskomplexe hattet, wurden sie dadurch bestimmt nicht besser. Ihr habt euch nie beklagt, aber ich habe solche kleinen Szenen oft miterlebt. Beispielsweise versuchte Masha, mit einer Babuschka über etwas zu sprechen, das sie in der Zeitung gelesen hatte, und die Babuschka schüttelte nur den Kopf, unterbrach Masha ständig und meinte: ‹Es kann sich wirklich niemand eine schlimmere Tragödie ausdenken als das, was euch passiert ist.› Masha bemühte sich eine Weile redlich, solche Bemerkungen zu ignorieren, aber die Babuschka ließ nicht locker – das Leben musste für euch doch eine Qual sein. Was für einen Sinn hatte euer Leben überhaupt? Das Schicksal war so grausam. Wie konntet ihr trotzdem fröhlich sein? Schließlich sagte Masha dann: ‹Schauen Sie doch – lassen Sie mich auch mal zu Wort kommen, Großmütterchen – ich habe Freunde!› Aber die Babuschka schüttelte wieder nur den Kopf und seufzte: ‹Ach, mein armes Püppchen! Freunde können nichts ausrichten. Niemand kann euch heilen. Das geht nicht.› Das war natürlich furchtbar für euch. Ihr habt euch mehr und mehr zurückgezogen, und ich hatte das Gefühl, dass ich euch nicht helfen konnte, deshalb kam ich irgendwann nicht mehr. Ich dachte, was hat es für einen Sinn?»

Ja, wir versuchten mit unserem Kummer fertig zu werden, indem wir uns zurückzogen und die Tür hinter uns zumachten. Mehr und mehr verloren wir unser Vertrauen zu den Menschen. Die ersten fünf Jahre waren am schlimmsten, weil es so schwierig war, eine Verständigungsbasis mit den Babuschkas zu finden. Aber schließlich haben wir ihnen wenigstens Manieren beigebracht. Wenn eine neue Babuschka aufgenommen wurde, warnten die anderen sie gleich: «Seid vorsichtig mit den beiden Mädchen, mit denen ist nicht gut Kirschen essen!» Als es wieder einmal darum ging, welche von uns wohl als Erste sterben würde, ging uns eine Frau mit ihren aufdringlichen Fragen so auf die Nerven, dass Masha die Beherrschung verlor und sie anfuhr: «Sie werden den Löffel viel früher abgeben als wir, darauf können Sie sich verlassen!» Eine Woche später fiel die Frau tatsächlich tot um. Das jagte den anderen ordentlich Angst ein – sie glaubten, Masha habe den bösen Blick, und danach überlegten sie es sich zweimal, was sie uns sagten.

10

Masha

Im Zwanzigsten war es alles andere als amüsant für mich. Man konnte mit niemandem lachen, es gab keine Jungs, und das Personal war knallhart. Manche von den Babuschkas rissen einfach unsere Tür auf, starrten uns an und bekreuzigten sich, als wären wir Wesen von einem anderen Stern. So etwas verdirbt einem ziemlich schnell den Spaß. Wir konnten sie auch nicht daran hindern hereinzukommen, denn die Tür ließ sich nicht abschließen, also schlugen wir Reißnägel in den Boden bei der Tür. Auf diese Weise hörten wir ein Kratzen, wenn die Tür geöffnet wurde, und waren so wenigstens darauf gefasst, dass gleich jemand vor uns stehen würde.

Nach fünf Jahren kamen ein paar junge Behinderte ins Heim, und von da an ging es ein wenig bergauf. Obwohl die meisten gehen konnten, brachte man sie auf zwei Stockwerken der Bettlägerigen-Abteilung unter, die sich uns gegenüber befand. Zwar hatten wir dort keinen Zutritt, aber wir konnten sie draußen treffen. Für uns wurde das Leben gleich wesentlich interessanter. Die meisten von ihnen waren zerebral gelähmt. Wir schlossen ein paar enge Freundschaften, wie beispielsweise mit Ira Akaljerawa.

Ihre Eltern hatten sie und ihre Zwillingsschwester ins Waisenhaus gebracht, als sie merkten, dass sie behindert waren. Iras Schwester hatte ein bisschen laufen gelernt, so dass sie sich wenigstens auf Krücken fortbewegen konnte, aber Ira konnte mit den Beinen überhaupt nichts anfangen. Deshalb hatten die Behörden beschlossen, die beiden zu trennen und in verschiedene Heime zu stecken. So war das Sowjetsystem. Wenn man nicht so schwer behindert war, kam man in ein Heim, in dem man wenigstens etwas lernte, aber wenn man nicht gehen konnte, gab es auch keine Ausbildungsmöglichkeit. Deshalb hatte Ira bis zum Alter von zwölf Jahren überhaupt keinen Unterricht bekommen. Dann hatte irgendjemand bemerkt, wie klug sie war, und sie kam in ein anderes Heim – das Sechzehnte –, wo den Kindern zumindest ein Grundlagenwissen vermittelt wurde.

Später, als das Zwanzigste auf den erwähnten zwei Stockwerken Platz für jüngere Behinderte schuf, bat sie darum, hierher verlegt zu werden, und auch ihre Schwester kam ins Zwanzigste, so dass sie endlich wieder zusammen waren. Inzwischen hatten sie sich aber sehr unterschiedlich entwickelt und kamen nicht mehr miteinander aus. Mit uns verstand sich Ira besser als mit ihrer eigenen Schwester. So hat es manchmal auch etwas Gutes, wenn man zusammengewachsen ist: Der Staat konnte uns nicht voneinander trennen! Als wir klein waren, haben wir dagegen angekämpft, aber da hatten wir noch nicht begriffen, dass wir zusammenbleiben mussten.

Die Lebensbedingungen im Zwanzigsten galten als gut, und es war ein «offenes» Heim, das heißt, die Insassen durften mit einer entsprechenden Genehmigung allein in die Stadt gehen. Das kam allerdings nicht oft vor. Eigentlich brauchten wir diese Art von «Offenheit» auch gar nicht, denn so, wie wir aussahen, gingen wir ohnehin nicht draußen spazieren. Ira hatte gehofft, ihr Leben würde sich jetzt zum Besseren wenden, aber sie war ziemlich enttäuscht von unserem Heim.

«Ich mochte das Zwanzigste nicht, weil es, obwohl es ein

‹offenes› Heim war, sehr strenge Regeln hatte. Es war wie in einem Militärlager. Es gab eine endlos lange Liste mit Verboten – beispielsweise durften Jungen keine Mädchen mit aufs Zimmer nehmen, nicht mal für fünf Minuten. Wenn man behindert ist, muss man seine Grenzen kennen. Das Siebte war ein geschlossenes Heim, aber ich fand es besser als das Zwanzigste, weil das Personal dort nicht mit einem umsprang, als wäre man schwachsinnig, nur weil man im Rollstuhl sitzt. Im Siebten bekam man ein bisschen Respekt – selbst die geistig Zurückgebliebenen wurden wie Menschen behandelt. Aber im Zwanzigsten war das anders. Alle wurden über einen Kamm geschoren, und keiner wurde als Mensch ernst genommen. Es war eine tägliche Demütigung: Wir wurden behandelt wie Abschaum. Man traute uns rein gar nichts zu.

Ihr beide habt manchmal was getrunken, um das alles zu vergessen. Kein Wunder eigentlich. Es war auch nur eine Flasche Bier hier und da. Dasha hat das Bier getrunken, aber das hieß nicht, dass du nicht trinken wolltest. Mich hatte man zur ‹Seniorin› meines Stockwerks ernannt, was bedeutete, dass ich für Ordnung zu sorgen hatte. Ich habe mich schon immer gern um andere Menschen gekümmert, vor allem um Kinder. Ich liebe kleine Kinder. Leider kann ich von Geburt an meine Beine nicht bewegen. Wenn ich gesund wäre, hätte ich geheiratet und selbst Kinder bekommen. Jetzt wäre ich schon glücklich mit einem Mann, der nicht säuft, aber ich habe noch keinen gefunden. Im Heim trinkt jeder.

Wir durften keine Nadeln oder Messer haben. Wir durften nicht selbst kochen. Sogar Tauchsieder waren verboten, wir konnten uns nicht mal eine Tasse Tee kochen. Wir durften kein Bügeleisen und keine Schere in die Hand nehmen. Aber wir mogelten uns um die Vorschriften herum. Wir schafften Sachen beiseite und versteckten sie, aber natürlich mussten wir dauernd damit rechnen, entdeckt und bestraft zu werden. Trotzdem machten wir das Beste daraus. Wenn man nett zu den Leuten war, bestand eine gute Chance, dass sie einen einigermaßen anständig behandelten. Wir durften keine eigenen Vorhänge, Handtücher, Laken oder Bettbezüge haben – das konnte sich auch niemand leisten! Wir falteten Kartons und säumten Windeln. Dadurch wurde das Leben ein klein wenig interessanter, aber für einen auch nur ansatzweise intelligenten Menschen war es eine ziemlich sinnlose Existenz.»

Tante Nadja brachte uns einen Schwarzweißfernseher, ein Radio und eine Thermosflasche. Alles andere war Eigentum des Heims, alles trug einen Stempel.

«Auf jedem Laken, jedem Kissen, jedem Kleidungsstück war diese hässliche schwarze Stelle, auf der zu lesen war: ‹Eigentum des Zwanzigsten Altersheims›. Eine ständige Erinnerung daran, dass es einem nicht gehörte, dass man hier nur geduldet war.»

Ein Wunder, dass man uns keinen Stempel auf die Stirn verpasste, vielleicht wollten wir ja weglaufen! Mehr als alles andere wünschte ich mir eigene Laken – ich hasste es, auf fremden Laken zu schlafen, weil man nie weiß, wer sie vor einem benutzt hat. Egal, wie oft sie gewaschen wurden, sie hatten immer Flecken, und Dasha konnte nachts nicht stillliegen, weil sie versuchte, die Flecken nicht zu berühren, und sich dauernd fragte, woher sie kamen und warum sie ausgerechnet diese Form oder jene Farbe hatten. Sie ließ mich überhaupt nicht zur Ruhe kommen.

Wir aßen auch nicht gern in der Kantine, weil Dasha nicht von Tellern essen wollte, die sie nicht selbst abgewaschen hatte. Sie ist ziemlich heikel. Und das Personal wischte nur schnell mal mit einem Lappen über das Geschirr, ruckzuck, das war's, und man sah immer die Fettflecken, die von diesem sogenannten Abwasch zurückblieben. Aber wir erzählten niemandem, dass wir deshalb nicht in der Kantine aßen; dann hätte man nur gedacht, wir seien verwöhnte Prinzessinnen. Anfangs taten wir immer so, als wäre uns schlecht. Wenn man zu krank war, um in die Kantine zu gehen, bekam man das Essen aufs Zimmer gebracht. Dann behauptete ich, es sei uns zu zugig dort unten, und schließlich brachte man uns das Essen einfach regelmäßig ins Zimmer.

Ich bade sehr gern, aber wir hatten nur eine Badewanne für das ganze Stockwerk, und man kann sich vorstellen, wie die aussah. Keiner machte sich die Mühe, sie nach Gebrauch zu putzen, und sosehr wir uns nach einem Bad sehnten, brachten wir es nicht über uns, in diese Dreckwanne zu steigen. Manchmal gingen wir in unserer Verzweiflung zur Kantine hinunter und fragten eine sehr nette Angestellte – sie hieß Katja –, ob sie die Wanne für uns mit Chlorpulver scheuern könnte.

«Aber selbst dann hätte man noch hundert Jahre an dieser Wanne herumschrubben können – sie wäre trotzdem nicht sauber geworden.»

Auch nachdem Katja sie geputzt hatte, wollte mein kleines dummes Schaf nicht reinsteigen, und ich musste sie hinter mir her zerren. Während ich mich dann im Wasser wälzte wie ein Walross im Schlammpfuhl, saß sie am Rand und zitterte beim bloßen Gedanken daran, dass all die anderen Leute vor uns in der Wanne gewesen waren.

Nachdem die Folter des abendlichen Unterrichts, den wir Dasha zu verdanken hatten, überstanden war, hatten wir im Zwanzigsten nichts mehr zu tun. Also beschlossen wir, es mit der Arbeitstherapie zu versuchen, weil man da wenigstens Geld bekam; wir brauchten ein bisschen etwas für Zigaretten und hin und wieder mal für eine Flasche Bier. Ich selbst konnte nicht trinken, aber ich mochte das Gefühl, wenn Dasha trank. Wenn wir also eine kleine Aufmunterung brauchten, baten wir jemanden vom Personal, uns ein paar Flaschen zu besorgen. Natürlich war Trinken verboten, aber wir schlichen auf den Balkon hinaus und legten uns hin, so dass keiner uns sehen konnte. Dann wurden wir total albern. Aber da wir uns solche Eskapaden mit einer Unterstützung von zehn Rubeln nicht oft leisten konnten, erklärte ich mich bereit, Kissenbezüge zu säumen. Tja, was gab es denn auch sonst zu tun? Für Behinderte gibt es keine richtige Arbeit – nichts, wofür man das Gehirn benutzen kann, denn Behinderte haben ja angeblich kein Gehirn. Als wir dann eine Nähmaschine und Faden hatten, konnten wir uns wenigstens auch Kleider nähen, die uns passten, ein sehr angenehmer Nebeneffekt. Ich bediente den Hebel, und Dasha schob den Stoff durch.

«Aber du hast immer meine Finger unter die Nadel geklemmt.»

Aber nicht mit Absicht!

«Das behauptest du …»

Nach kurzer Zeit ließ man es uns mit Hemden versuchen, aber die Kragen und Ärmel wurden dauernd schief, also gab man uns lieber wieder die Kissenbezüge. Manchmal klebten wir auch Kartons oder Hausschuhe zusammen, als Abwechslung sozusagen. Und wir zogen Gummihüllen über Pipetten, aber auch das war nicht gerade das, was man sich unter einer faszinierenden Arbeit vorstellt. Das Aufregendste war immer, die Formulare auszufüllen, auf denen bescheinigt wurde, was wir gearbeitet hatten. Eines Tages sagte der Buchhalter des Zwanzigsten: «Wir könnten so tun, als ob ihr mehr arbeiten würdet, so dass ihr statt fünf Rubel die Woche zwanzig Rubel bekämt, und dann teilen wir uns den Profit halbe-halbe.» Dasha wollte das nicht, weil es nicht ehrlich war – und sie hatte Angst, dass wir erwischt würden. Aber ich dachte: «Zehn Rubel die Woche! Phantastisch!», und sagte zu. Aber dann veranstaltete meine Dasha so ein Theater, dass wir die Sache abblasen mussten. Der Buchhalter war echt sauer und ließ uns unsere Nähmaschine wegnehmen. Die Wirtschafterin behauptete, die Maschine müsse repariert werden, aber sie brachte sie nicht zurück. Schließlich schrie ich sie an: «Sie können Ihre blöde Maschine nehmen und sonst wohin stecken!» Eine Weile versuchten wir, von Hand zu nähen …

«Du meinst, ich hab das versucht.»

… aber es war zu schwierig, und Dasha konnte auch nicht sehr sauber nähen. Wieder hatten wir nichts zu tun. Kissenbezüge zu säumen, ist vielleicht langweilig, aber immer noch besser, als Däumchen drehen. Nach einer Weile kamen wir auf die Idee, dem Portier zu helfen, wenn er Pause machte. Er saß in der Eingangshalle und musste alle Besucher namentlich registrieren. Anfangs gingen wir nur hin und wieder auf ein Schwätzchen zu ihm. Irgendwann bat er uns dann, für ihn einzuspringen, weil er irgendwo etwas reparieren musste. Uns war das nur recht. Er hatte einen Farbfernseher, und ich sah mir immer die Filme aus Indien an, die damals regelmäßig gezeigt wurden. Es machte Spaß, am Empfang zu sitzen, denn so lernte man die vielen Leute kennen. Diejenigen Besucher, die regelmäßig kamen, kannten uns nach einer Weile ebenfalls und wurden richtig nett. Sie unterhielten sich mit uns und brachten gelegentlich auch mal etwas zu essen mit. Aber wir schenkten es den Babuschkas, weil wir nicht genau wussten, woher das Zeug stammte.

Manchmal kamen ausländische Delegationen, um sich das Heim anzuschauen, und wir mussten uns alle von unserer besten Seite zeigen. Wir hatten ein Vorzeige-Stockwerk, das man den Ausländern vorführte, und danach gingen sie mit dem Direktor in dessen Büro und ließen sich mit Wodka volllaufen. Vor allem die Finnen waren begeistert von der Trinkerei. Einmal war ein Finne so betrunken, dass man ihn hinaustragen und auf dem Lieferwagen zurück ins Hotel kutschieren musste. Wir beobachteten die Szene vom Fenster aus und sahen ihn winken und rufen: «Spassiba sa Wodku!» Danke für den Wodka!

Am Wochenende war immer viel los, aber das gefiel uns nicht, denn sobald die Leute uns sahen, vergaßen sie, wen sie besuchen wollten, und liefen nur noch im Kreis um uns herum! Mit dem Rollstuhl wäre es halb so schlimm gewesen – wir hätten einfach fliehen können und wären keinem Menschen aufgefallen. Zwei Mädchen in einem Rollstuhl mit einer Decke über den Knien. Aber die russischen Rollstühle waren wie Panzer – so schwer und unhandlich, dass wir sie mit unseren schwachen Armen nicht von der Stelle brachten. Es hatte uns schon unsere ganze Kraft gekostet, Slawa herumzuschieben, weil er es selbst nicht konnte.

«Ein westdeutscher Geschäftsmann namens Wolfgang Meyer

bot an, in Deutschland hergestellte Rollstühle für russische Behinderte zur Verfügung zu stellen, aber als er sich 1969 an die Behörden wandte, sagte man ihm: Wir haben keine Behinderten in der Sowjetunion, also brauchen wir auch keine Rollstühle ... Weißt du noch, Masha? Wenn ich daran denke, werde ich immer noch ganz wütend. Allein schon all die Kinder ohne Beine im Snip! Wenn man keinen Rollstuhl hat und verkrüppelt ist, ist man dazu verurteilt, in der Bettlägerigen-Abteilung eines Altersheims dahinzuvegetieren.»

Das Zwanzigste war ein so genanntes «offenes» Heim, aber wenn man glaubt, wir hätten uns frei bewegen können, irrt man sich gewaltig. Hätten wir einen Rollstuhl gehabt, hätte die Sache anders ausgesehen, aber so konnte es uns völlig gleichgültig sein, ob das Heim offen oder geschlossen war, denn wir blieben sowieso an Ort und Stelle. Abends durften wir uns beim Tor auf die Bank setzen.

Manchmal, wenn mir todlangweilig war, träumte ich davon, zum Zirkus zu gehen. Im Ernst. Warum denn nicht? Ich dachte mir alle möglichen Tricks aus, die wir vorführen könnten – Strickleitern rauf und runter klettern, an Seilen schwingen. Aber wer hätte uns so was erlaubt? Schon der Gedanke, dem Direktor des Heims etwas Derartiges vorzuschlagen, war lächerlich. Wir saßen fest, wie zu lebenslanger Haftstrafe verurteilte Schwerverbrecherinnen. Nur dass unser einziges Verbrechen darin bestand, zusammengewachsen zu sein.

Es gab so viele Regeln und Vorschriften, dass wir das Gefühl hatten, in einer Zwangsjacke zu stecken. Jeder versuchte, sich irgendwie durchzumogeln. Rauchen war ebenso verboten wie Alkohol – kein Tröpfchen war erlaubt. Wenn jemand beim Trinken erwischt wurde, brachte man ihn nach Stupino, einem Heim für Behinderte mit Alkoholproblemen, irgendwo weit draußen in der Pampa. Es war demütigend – man bekam eine Beruhigungsspritze, und dann wurde man halb bewusstlos nach Stupino abtransportiert. Dort wachte man dann wieder auf. Es war nicht besonders grausam oder so, es war nur das blöde Sowjetsystem. Wenn man sich im Zwanzigsten über etwas zu heftig beschwerte oder sonstwie Theater veranstaltete, wurde man in die Irrenanstalt geschickt. Wenn man sich um den Verstand soff, kam man nach Stupino. Also protestierte man leise und trank in einem dunklen Eckchen.

Aber in den siebziger Jahren – unter Premierminister Kossygin – gab es eine Art Aufstand. Eine Gruppe Behinderter veranstaltete einen Protestmarsch auf der Straße vor dem Sozialministerium. Die Demonstration wurde von der Polizei aufgelöst. Schließlich konnte man ja nicht zulassen, dass all diese Behinderten plötzlich die Straße auf und ab wanderten, wo es doch gar keine Behinderten gab …

Stupino war wie eine bedrohliche dunkle Wolke, die über unseren Köpfen hing. Man wurde nicht nur wegen Alkoholmissbrauchs dorthin geschickt, sondern auch, wenn man in eine Schlägerei verwickelt wurde. Da ich eine Neigung zu Handgreiflichkeiten hatte, fürchtete ich mich genauso vor Stupino wie alle anderen. Es gab einen Jungen, der war ein wenig einfach gestrickt und mischte sich immer gern in anderer Leute Gespräche. Ansonsten war er eigentlich ganz nett. Jedenfalls fing er an zu trinken, und man schaffte ihn nach Stupino. Aber er war noch keinen Monat dort, da schlug ihm einer der anderen Insassen mit einer Schaufel den Schädel ein. In Stupino leben eine Menge ehemalige Strafgefangene; dort hat man seine eigenen Regeln, egal, ob einer behindert ist oder nicht. Offenbar ging unser Trottel mit seiner Dummheit und seiner Angewohnheit dazwischenzureden jemandem auf die Nerven. Wahrscheinlich sollten wir dankbar sein, dass die Insassen des Zwanzigsten sich nicht gegenseitig den Schädel einschlugen …

Von Stupino kommt kaum jemand zurück, aber ein alter Mann aus dem Zwanzigsten schaffte es. Er war Kriegsveteran und erzählte, er habe im Krieg als Spion gearbeitet. Als er gelähmt wurde, konnte sich seine Familie nicht mehr um ihn kümmern, und er landete im Heim. Dort fing er an zu trinken und wurde nach Stupino verlegt, aber seine Verwandten machten ein derartiges Theater, dass man ihm schließlich erlaubte zurückzukommen. Er sagte, es sei wie in einem Gefängnis gewesen – ich meine damit ein sowjetisches Gefängnis –, und das war ziemlich schlimm. Drei bis vier Leute wurden in ein Einzelzimmer gepfercht, und sie bekamen Abfälle zu essen.

So fristeten wir unser Dasein im Zwanzigsten, still, brav, unterwürfig, ohne Streit, ohne Alkohol, ohne Ärger mit den Behörden, denn sonst wäre es ab nach Stupino gegangen.

Nachts wurden wir nicht im Zimmer eingeschlossen. Die Türen waren groß, aus Metall und machten Lärm, wenn sie zufielen, aber sie hatten keine Schlösser, weil es schon mehrmals vorgekommen war, dass ein Insasse sich eingesperrt hatte. Wenn dann irgendwas passierte, musste das Personal die Tür aufbrechen. Die Vorschriften wurden mal strenger, mal weniger streng ausgelegt, je nachdem, wie oft sie übertreten wurden. Jedes Mal, wenn sich beispielsweise jemand aus dem Fenster stürzte, machte das Personal die Runde und versiegelte sämtliche Fenster. Nach einem halben Jahr oder so wurde dann eins nach dem anderen wieder geöffnet.

Unsere Rente hatten wir bitter nötig, denn im Heim musste man für jeden Gefallen bezahlen. Wenn man die Haare geschnitten haben wollte, die Fenster geputzt, einen verstopften Abfluss gereinigt, irgendwas, dann war Geld angesagt – oder Wodka. Wir versteckten unsere Ersparnisse an verschiedenen Stellen. Wenigstens hatten wir gute Augen und Ohren und konnten aufpassen, dass nichts gestohlen wurde, aber die halb blinden und tauben alten Leute aus der Bettlägerigen-Abteilung hatten keine Möglichkeit, etwas sicher aufzubewahren. Die Angestellten klauten wie die Raben, und eigentlich kann man ihnen auch keinen Vorwurf daraus machen. Wenn man mich fragt – ich würde lieber den ganzen Tag in irgendeiner Fabrik Steine schleppen, als in so einem Heim arbeiten und den lieben langen Tag hinter den Insassen herräumen. Aber die Angestellten hatten keine Wahl. Sie kamen vom Land und mussten zwei Jahre arbeiten, ehe sie sich die *Propiska* verdient hatten und in

Moskau wohnen durften. Und die Leute, die eine *Propiska* brauchen, kriegen immer die miesesten Jobs, die kein Moskauer machen will. Deshalb tranken sie auch so viel.

Der Heimdirektor, Drosdow, konnte uns nicht leiden. Wir hatten ihm nichts getan, er wollte uns einfach nicht haben. Immer wieder machte er sonderbare Spielchen mit uns – beispielsweise bot er uns Geld an, damit wir andere Insassen ausspionierten, aber wir weigerten uns, das zu tun. Er dachte, wir wüssten über alles Bescheid, weil wir uns für die Menschen und ihr Leben interessierten. Aber wir waren dabei nie aufdringlich, weil wir selbst nicht wollen, dass jemand seine Nase in unsere Angelegenheiten steckt. Wenn jemand uns etwas erzählen wollte, freuten wir uns, und es kam auch recht oft vor. Drosdow wollte wissen, was in seinem Heim ablief, wer Alkohol trank, wer klaute, was man über ihn redete … aber als wir nicht bereit waren, ihm Informationen zu liefern, sagte er den Leuten vom Personal, sie dürften sich nicht mehr mit uns unterhalten, weil das eine Aufforderung zum Tratschen sei. Doch was konnte man denn im Heim tun, wenn nicht wenigstens reden? Es war eine kleinkarierte, gemeine Welt, in der die Leute einander verpfiffen und beklauten. Drosdow war es auch, der der Wirtschafterin die Genehmigung erteilt hatte, uns die Nähmaschine wegzunehmen.

Die Wirtschafterin war eine echte Dampfwalze – wie oft Dasha ihretwegen geweint hat! Jedes Jahr wurde eine Inventarliste erstellt, was dem Heim gehörte. Einmal versteckte die Wirtschafterin eine Garnitur Bettwäsche auf unserem Balkon, um sie später mit nach Hause zu nehmen. Damals war in Moskau alles Mögliche knapp, und Bettwäsche war für kein Geld der Welt zu kriegen, also doppelt wertvoll, und die Wirtschafterin drohte uns mit Gott weiß was, wenn wir sie verrieten. Ich kochte vor Wut, denn wenn man das Zeug gefunden hätte, wären wir als Komplizinnen bestraft worden.

Als das Zwanzigste renoviert wurde, stahl eine Putzfrau einen Eimer Farbe, und zwar nicht irgendeinen, sondern einen besonders großen. Selbstverständlich versteckte sie ihn auf *unserer* Toilette – die Babuschkas konnten den Mund nicht halten, und die Putzfrau wusste, dass sie sich auf uns verlassen konnte. Es war mehr als lästig – dauernd stand uns der Farbeimer im Weg. Ungefähr einen Monat stand er schon da, ohne dass die Frau eine passende Gelegenheit gefunden hätte, ihn aus dem Heim zu schmuggeln. Da hörten wir eines Tages die Maler draußen den Direktor anschreien, weil ihnen Farbe fehlte. Ich stand am offenen Fenster, das Herz klopfte mir bis zum Hals, und ich dachte: «In zwei Minuten machen sie die Tür auf, und dann sehen sie, wo ihre Farbe ist!» Natürlich würden sie nicht uns für die Täterinnen halten, denn was sollten wir mit einem Eimer Farbe anfangen? Wir würden wohl kaum in unserer Freizeit die Wände neu streichen, oder? Trotzdem hätten wir Schwierigkeiten gekriegt. Zum Glück ging alles glatt, und keiner hat je Verdacht geschöpft.

Wir kamen nicht oft aus dem Heim heraus. Gelegentlich wurden Ausflüge in die Stadt unternommen, dann spähten wir aus den Fenstern auf die normale Welt. Wegen unserer schlechten Zähne schickte man uns eine Weile in die Zahnklinik auf der anderen Seite der Stadt. Dort bekamen wir ein eigenes Zimmer, und unser Zahnarzt Anatoli Schewtschenko war großartig – und hatte sehr viel Geduld mit uns. Um meine Dasha unter den Bohrer zu kriegen, braucht man auch eine Engelsgeduld!

«Die Kollegen von der unteren Etage haben sich geweigert, euch zu behandeln. Sie hatten Angst und wussten nicht, wie sie mit euch umgehen sollten. Ihr beiden hattet eine Heidenangst und wolltet nicht mal den Mund aufmachen. Da wuschen sich diese Ärzte ihre Hände in Unschuld und schickten euch zu mir herauf, weil ich den Ruf hatte, gut mit behinderten Patienten umgehen zu können. Kein Arzt wollte geistig oder körperlich Behinderte behandeln, aber ich hielt es für meine Pflicht, ihnen zu helfen. Man durfte ihnen doch nicht die Behandlung vorenthalten, nur weil sie behindert waren! Wie bei vielen Patienten, die ihr Leben in Heimen verbringen müssen, waren auch eure Zähne in einem fürchterlichen Zustand. Man hatte sich nie die Mühe gemacht, euch wenigstens die Grundlagen der Zahnhygiene beizubringen – wie man die Zähne putzt, welche Bürste man benutzt, welche Zahnpasta und so weiter. Außerdem waren eure Zähne seit frühester Kindheit sträflich vernachlässigt worden, und folglich gab es eine Menge zu tun. Als ihr das erste Mal bei mir auf dem Behandlungsstuhl wart, habe ich fünf Stunden lang operiert.

Anfangs wart ihr sehr zurückhaltend. Ich konnte euch nur nachts behandeln, weil ihr euch strikt geweigert habt, bei Tag euer Zimmer zu verlassen. Aus gutem Grund, denn es gab einen regelrechten Pilgerzug zu eurem Zimmer: Ärzte, Patienten, Besucher, einfach alle. Am Ende seid ihr mit den Krücken auf sie losgegangen, deshalb habe ich schließlich allen den Zutritt zu eurer Station untersagt, einschließlich meiner Vorgesetzten.

Wahrscheinlich erinnert ihr euch noch, wie wir einmal um ein Uhr früh mit einer Behandlung fertig waren. Ich sagte euch, ihr solltet auf dem Korridor warten, während ich aufräumte. Ihr habt euch solange die Bilder unserer Zahnärzte angesehen, aber da kam die Putzfrau. Ich hörte ein Krachen und Schritte, die sich hastig entfernten. Sofort lief ich zu euch. Von der Putzfrau waren nur noch Schrubber und Eimer zu sehen, und ihr zwei habt euch ängstlich an die Wand gedrückt. Ich weiß nicht, wer von euch dreien mehr Angst hatte, aber die Putzfrau beschwerte sich bei der Krankenhausleitung über die ‹Monster›, die ihr nachts im Korridor aufgelauert hätten, und erschien nie wieder zur Arbeit.

Im Zwanzigsten wart ihr gelegentlich beim Zahnarzt gewesen, aber immer nur zu einer eiligen Routineuntersuchung. Man hatte euch die schlimmsten Löcher zugestopft, ohne den ganzen Karies herauszuholen. In vielen Zähnen war der Nerv bereits abgestorben, und Dasha hatte Zysten von bis zu zehn Zentimetern Durchmesser an mehreren Zähnen. Sie wuchsen immer weiter und fraßen sich schon in den Knochen; obwohl sie bisher gutartig waren, konnten sie leicht bösartig werden. Eure Situation war also lebensbedrohlich.

Als ich euren Fall zum ersten Mal mit Kollegen diskutierte, schlugen sie vor, alle Zähne zu ziehen und euch dann ein Gebiss zu verpassen, aber ich sagte: ‹Nein, das geht nicht, wir sollten mit dem arbeiten, was wir haben.› Aber ihr wart nicht leicht davon zu überzeugen. Einige Zähne mussten gezogen werden. Wir holten die kaputten Wurzeln heraus und vernähten das Zahnfleisch, was gar nicht so einfach war, weil eure Zahnwurzeln am Ende breiter werden statt schmaler – ein sehr interessantes und seltenes Phänomen.

Mit der Narkose gab es ein Problem, denn normalerweise berechnet man die Dosis anhand des Körpergewichts und der Durchblutung des Patienten. Sollten wir sie nun verdoppeln, oder war das gefährlich? Ich rief Professor Anochin an, und er riet mir, euch keine Vollnarkose zu geben, weil man das bei eurer Beinamputation gemacht und euch dabei fast verloren hätte. Außerdem warnte Anochin mich noch wegen eures niedrigen Hämoglobinspiegels. Überhaupt hattet ihr eine Menge gesundheitlicher Probleme. Beispielsweise Nierensteine und Verdauungsstörungen, vermutlich wegen der lebenslangen schlechten Ernährung. Wie sah die noch mal aus? Haferbrei zum Frühstück, Suppe und Nudeln zum Mittagessen, Brötchen und Kuchen zum Abendessen? Praktisch kein frisches Obst und kein Gemüse, dabei hättet ihr gerade das nötig gehabt – Ballaststoffe und Vitamine.

Zwar hätten die Heime ihren Patienten offiziell dies alles bieten sollen, aber gute Lebensmittel landeten selten auf dem Tisch der Kantine. Jeder weiß, dass die Leute, die in den Heimen arbeiten, angefangen beim Direktor bis hin zur Putzfrau, alles stehlen, was nicht niet- und nagelfest ist. In der Küche wurde die Butter geklaut und durch Margarine ersetzt, das gute Fleisch verschwand, und stattdessen kamen irgendwelche Abfallstücke auf den Teller und so weiter. Euer Direktor Drosdow besaß zwei Autos, dabei hätte er sich damals nicht mal eines leisten können, selbst wenn er zwanzig Jahre lang sein Gehalt gespart hätte. Also war klar, woher das Geld stammte.»

Wir mochten Drosdow auch nicht. Ich nannte ihn immer «Beria», weil er genauso gemein und hinterhältig war wie Stalins Handlanger. Die Antipathie beruhte auf Gegenseitigkeit, nur wurde für uns das Leben dadurch schwerer. Deshalb waren wir gern in der Zahnklinik. Wir versuchten zu genießen, was wir konnten.

«Aber wir haben mehr geweint als gelacht.»

11

Masha

Im Zwanzigsten gab es Mäuse. Mir machte das nicht so viel aus, aber wenn Dasha eine zu Gesicht bekam, musste man beinahe den Krankenwagen rufen. Sie kletterte über die Möbel und schrie wie am Spieß. Irgendwann holten wir dann den Hausmeister, und der machte der Maus den Garaus, das heißt, er erschlug sie mit einem Brett. Dann holte ich Handfeger und Kehrblech, und Dasha hatte einen Ohnmachtsanfall. Und die Kakerlaken! Man sollte denken, mein Schwesterchen hätte sich im Lauf der Zeit daran gewöhnt, aber jedes Mal, wenn sie eine sieht, schreit sie wie am Spieß und rennt los, um sie zu zermalmen. Einmal wurden wir wegen einer Lungenentzündung ins Krankenhaus Nummer sieben gebracht. Wir lagen im Bett, und Dasha hatte hohes Fieber; aber es gab eine Menge Kakerlaken. Sie krabbelten die Wände rauf und runter, sie fielen von der Zimmerdecke, und schließlich hielt Dasha es nicht mehr aus. Sie sprang auf, packte einen Hausschuh und fing an, auf die Biester einzuschlagen. Bis vier Uhr morgens waren wir wach, und ich rannte mit ihr wie verrückt auf der Station herum. Sie hat den Kakerlaken eine Lektion erteilt, aber ich möchte nicht wissen, was die Patienten auf den benachbarten Stationen gedacht haben. Ich sagte immer wieder: «Dasha, du bist eine erwachsene Frau, reiß dich zusammen!» Aber sie machte einfach weiter.

Anscheinend hat sie einen sechsten Sinn für Kakerlaken. Ich weiß noch, wie wir eines Nachts im Zwanzigsten im Bett lagen. Das Licht war aus, und es war stockdunkel, aber auf einmal setzte sich Dasha kerzengerade im Bett auf und sagte: «Da krabbelt eine Kakerlake den Nachttisch hinauf.» Schon war sie wieder mit ihrem Hausschuh zugange. Es kann einen wahnsinnig machen ... Aber sie hatte Recht! Da war tatsächlich eine Kakerlake.

Dasha ist wie das Klischee einer Frau: romantisch, weinerlich, mit einer Höllenangst vor Mäusen. Ich bin anders. Manchmal wünsche ich mir, ich wäre mit einem Bruder geboren worden. Ich bin eindeutig der maskuline Teil von uns beiden. Aber ich dulde keinen Mann in Dashas Nähe, weil ich nicht noch ein Slawa-Desaster erleben will.

Beispielsweise dieser Knabe im Zwanzigsten, der uns immer geholfen hat, den Boden zu wischen und unsere Kleider auszuwringen. Er hieß Andrjuscha und hatte eine Schwäche für Dasha. Wenn wir draußen auf der Bank saßen, kam er angerannt, ließ sich neben ihr nieder und fing an, sie ganz klammheimlich zu küssen. Vielleicht dachte er, ich würde es nicht merken, aber da hatte er sich gewaltig geirrt. Ich versetzte ihm eine schallende Ohrfeige, so dass er von der Bank fiel und sich den Kopf anschlug. Da brüllte er, ich sei eine Missgeburt, was mich nur noch wütender machte. Ich habe ihm das nie verziehen. Dasha hätte es getan, aber sie ist ja auch so butterweich. Ich hasse es, gedemütigt zu werden, und vergesse so etwas nie mehr.

Dasha war schrecklich aufgebracht und sagte: «Du bist bloß eifersüchtig.» Und ich antwortete: «Red keinen Mist, natürlich bin ich nicht eifersüchtig. Männer sind allesamt Scheißkerle, das kannst du mir glauben.» Aber sie hat eine ganze Woche nicht mit mir gesprochen. Andrjuscha konnte gern weiterhin vorbeikommen und uns helfen, aber wenn er fertig war, sagte ich: «Danke, Andrjuscha, das war's, du kannst gehen, so ist's recht.» Und er probierte nicht noch einmal, bei Dasha zu landen.

Seit unserer ersten Woche im Zwanzigsten hatte Dasha den Plan, unsere Mutter aufzuspüren, da sie ja nie daran geglaubt hatte, dass sie tot war. Außerdem hatten wir alle möglichen Gerüchte gehört, dass sie lebte und sich vor uns versteckte. In Nowotscherkassk hatte man uns auch schon erzählt, unsere Mutter sei am Leben, doch muss ich rückblickend feststellen, dass das wohl wirklich nur leeres Gerede gewesen war. Aber Dasha wollte unsere Mutter suchen. Ich war strikt dagegen und dachte, damit sei die Sache erledigt, aber Dasha gab keine Ruhe. Tag für Tag, Woche für Woche, Jahr für Jahr nervte sie mich damit, und nach fünfzehn Jahren gab ich schließlich nach. Ich hielt das Gejammer einfach nicht mehr aus. Vielleicht dachte Dasha, wenn wir unsere Mutter fänden, würde alles ganz anders. Sie behauptete, es würde sie einfach interessieren, ob unsere Eltern noch lebten, aber ich wollte es gar nicht wissen, denn ich nahm an, wenn sie wirklich noch lebten, konnte das nur bedeuten, dass sie uns im Stich gelassen hatten und nichts mit uns zu tun haben wollten, und deshalb hasste ich sie. Wozu brauchte ich eine Bekanntschaft mit so jemandem? Inzwischen waren wir fünfunddreißig. Wenn unsere Mutter nicht bei unserer Geburt gestorben war, wie man uns gesagt hatte, bestand eine reelle Chance, dass sie inzwischen an Altersschwäche gestorben war.

«Masha war furchtbar stur. Sie wollte unsere Mutter nicht suchen.»

Natürlich nicht! Wir hatten so viel gelitten als Kinder, hatten so oft am Tor auf sie gewartet und durch den Zaun gespäht, ob sie nicht doch mit all den anderen Müttern auftauchte. Aber ich hatte das überwunden und wollte keine schlafenden Hunde wecken. Ganz anders als mein Dummerchen hier.

«Eines Abends gegen Jahresende haben wir etwas getrunken, und endlich hat Masha nachgegeben. Gleich am nächsten Tag schlug ich den Namen Jekaterina Kriwoschljapowa im Telefonbuch nach. Der Nachname ist sehr selten, und zu unserem Glück hatte sie ihn nicht geändert. Wir fanden ihre Telefonnummer ohne weiteres.»

Dann bekam ich plötzlich Bedenken, zerriss den Zettel mit der Nummer und verbot Dasha, noch mal in die Nähe des Telefonbuchs zu gehen. Aber sie hatte sich die Nummer schon gemerkt – ich hätte es ahnen müssen, sie hat ein Gedächtnis wie ein Computer. Solange sie bei mir ist, brauche ich kein Adressbuch! Letzten Endes gab ich klein bei, und sie bat eine Frau, die in der Garderobe arbeitete, die Nummer anzurufen und unserer Mutter mitzuteilen, dass wir lebten. Wir waren zu nervös, um es selbst zu erledigen, und wollten sichergehen, dass es auch wirklich unsere Mutter war, ehe wir mit ihr redeten. Als wir die Bestätigung hatten, rief Dasha sie an.

«Ich sagte: ‹Hier sind Masha und Dasha.› Weiter brauchte ich nichts zu sagen, denn sie hatte sofort verstanden, brach in Tränen aus und konnte gar nicht wieder aufhören. Eine richtige Unterhaltung war unmöglich. Ich hörte, wie sie immer wieder sagte: ‹Ach Mischa (das war ihr Mann), schade, dass du deine beiden Mädchen nicht mehr zu Gesicht bekommst.›

Als ich Masha den Hörer gab, zitterte ich. Zwar hatte ich ihr immer gesagt, dass ich nicht an den Tod unserer Mutter glaubte, egal ob es mir die Ärzte einreden wollten oder ob du, Masha, mir dasselbe gesagt hast. Ich konnte und wollte es nicht glauben.»

Sie gab mir das Telefon, damit ich auch mit Mutter reden konnte, aber ich hörte sie bloß weinen, also legte ich auf. Unser Bruder Serjoscha erzählte uns später, dass er sie vom Boden aufheben musste, als er heimkam, so fertig war sie. Wir wussten nicht, ob sie uns besuchen würde, ob sie überhaupt verstanden hatte, wo wir wohnten, aber an diesem Mittwoch (mittwochs ist Besuchstag) klopfte es an unserer Tür, und sie kam reinspaziert, zusammen mit ihrer Schwester Vera. Ich warf einen Blick auf sie und konnte nur stöhnen.

«Masha konnte sie auf Anhieb nicht leiden, weil sie aussah wie eine einfache Bauersfrau …»

Sie hat sich über uns gebeugt und uns geküsst, das kann ich sowieso nicht leiden. Dann fing sie wieder an zu weinen. Aber Tante Vera rettete die Situation – sie ist aus anderem Holz geschnitzt, eher wie ich. Sie setzte sich und unterhielt sich ganz normal mit uns. Danach schien sich unsere Mutter einigermaßen daran gewöhnt zu haben, dass wir wirklich lebten, und von nun an kam sie jeden Mittwoch, auch ohne Tante Vera. Sie backte Fleisch- oder Kohlpasteten für uns, brachte uns Nudelsuppe mit und gelegentlich ein Brathähnchen. Meistens bekamen wir mittwochs eine vollständige Mahlzeit mit drei Gängen – sie war eine großartige Köchin, und es schmeckte immer sehr lecker. Manchmal wollte man sie nicht zu uns lassen, weil es im Zwanzigsten Quarantänevorschriften gab, aber dann gab sie das Essen und ein paar Zeitschriften eben am Eingang ab. Wir freuten uns immer darauf, sie zu sehen. Gelegentlich rief sie an und sagte: «Diese Woche schaffe ich es nicht, meine Kleinen, aber nächste Woche bestimmt.» Dann waren wir immer sehr enttäuscht.

«Es war an einem Sonntag, als ich zum ersten Mal von meinen Zwillingen hörte. Ich war gerade auf dem Friedhof gewesen und hatte die Gräber meines Mannes und meiner Eltern besucht, und als ich zurückkam, klingelte das Telefon. Es war eine Frau, die im Zwanzigsten arbeitete. ‹Sind Sie Jekaterina Kriwoschljapowa?› ‹Ja›, sagte ich. ‹Haben Sie siamesische Zwillinge zur Welt gebracht?› Mein Herz setzte einen Schlag aus. ‹Ja›, antwortete ich wieder, und die Frau fuhr fort: ‹Die beiden sind am Leben und möchten Sie gern kennen lernen.› Als mein Sohn von der Arbeit kam, fand er mich in Tränen aufgelöst und fragte, was denn los sei. Ich erzählte es ihm. Er wusste ja nicht einmal, dass er zwei Schwestern hatte. All die Jahre dachte ich, sie seien tot, alles sei Vergangenheit. Weshalb hätte ich meinen Söhnen davon erzählen sollen? Ich war nicht wütend darüber, dass Anochin mich angelogen hatte. Bestimmt hatte er seine Gründe dafür gehabt. Jedenfalls passierte das alles an einem Sonntag, und am Mittwoch war ich bei meinen Mädchen.

Beim ersten Mal plauderten wir nur ein wenig, und später brachte ich ihnen dann immer selbst gekochtes Essen von zu Hause mit. Es war überwältigend, sie zu sehen, zu erfahren, dass sie nach all den Jahren doch lebten. Ich musste quer durch die Stadt, um sie zu besuchen, zwei Stunden dauerte das, aber es machte mir nichts aus, sie waren ja meine Töchter.»

Anfangs wollten wir alles über unsere Familie wissen, über unseren Vater, und so erfuhren wir auch, dass wir eigentlich Michailowna hießen und nicht Iwanowna, denn der Vorname unseres Vaters war Michail. Unsere Mutter erzählte uns von ihrer eigenen Mutter, unserer Babuschka, wie lieb und geduldig sie sei, dass sie jetzt in Moskau bei ihr wohne, weil sie zu alt und zu arm sei, um weiter allein auf dem Land zu leben. Sie hatte viele Kinder, aber außer unserer Mutter kümmerte sich keines um sie.

«Wenn man sich das vorstellt! Sie hat sie alle großgezogen, und als sie alt war, war keines bereit, ihr auch nur eine Kopeke zu geben. Ein Freund sagte ihr, sie könne gegen ihre Kinder prozessieren, aber das wollte sie nicht. Unsere Babuschka wusste nichts von uns, Mutter hatte es ihr nie erzählt. Das regte uns auf, aber noch schlimmer fanden wir, dass sie auch unseren Brüdern kein Sterbenswörtchen von unserer Existenz verraten hatte. Vielleicht hätten sie sonst von sich aus die Initiative ergriffen und uns gesucht.»

Zum ersten Mal bekamen wir unsere Brüder bei einem Essen im Haus unserer Tante zu sehen. Tante Vera, Mutter, Serjoscha und Tolja waren anwesend. Aber der Besuch gefiel uns nicht sonderlich. Unsere Tante hatte aus dem Industriealkohol, den sie aus der Fabrik hatte mitgehen lassen, einen ziemlich starken Cocktail gemixt und mit Cognac versetzt, um ihn trinkbar zu machen – Gott, wenn man das Zeug intus hatte, kippte man sofort aus den Latschen! Sie schütteten Dasha ein Glas nach dem anderen von diesem Gebräu ein, als gäbe es kein Morgen, und so wäre es auch beinahe gekommen! Ich sagte immer wieder: «Was macht ihr mit meiner Schwester? Wir müssen heute

Abend quer durch die Stadt zurück ins Zwanzigste!» Aber wie sich zeigte, waren wir nicht mehr transportfähig und mussten bei unserer Tante übernachten. Tolja war sehr nett. Er ist ein gut aussehender Kerl und einigermaßen intelligent. Als er uns sah, war er so überwältigt, dass er erst mal zu weinen begann, richtig rührend. Aber Serjoscha ist ganz anders, er wollte überhaupt nicht zu der Einladung kommen und sagte zu Mutter: «Ich mag mir die beiden nicht ansehen, und du kannst mich nicht dazu zwingen.» Tante Vera hat ihn dann doch dazu gebracht. Er redete kein Wort mit uns, saß nur da, starrte uns an und betrank sich bis zur Besinnungslosigkeit – für ihn nichts Ungewöhnliches. Tolja hat uns nicht angeglotzt. Er hat Dashas Charakter.

«Und Serjoscha ist eher wie du, aggressiv.»

Wir haben noch eine Tante in Moskau, die in einem Fischladen arbeitete, aber entweder wollte sie nicht kommen, oder sie war nicht eingeladen. Außerdem haben wir noch einige Nichten und Neffen und Cousins, die uns auch nie besucht haben. Das Essen bei meiner Tante war die einzige Gelegenheit, bei der wir mit dem engeren Familienkreis in Kontakt kamen, aber wir waren nicht sonderlich begeistert. Ich meine, was haben sie schon gemacht? Sie haben versucht, uns mit ihrem Methylalkohol oder was es war, betrunken zu machen. Und ich fühlte mich wie in einem Käfig in dieser kleinen Wohnung ohne Balkon, in der wir nicht mal frische Luft bekamen, weil unsere Verwandten auch nicht wollten, dass wir auf den Hof gingen – die Leute, die hier wohnten, arbeiteten alle in derselben Munitionsfabrik. Als wir die Treppe hochgingen, hörten wir die Nachbarn tuscheln: «Das sind nicht Veras Kinder, das sind die von Katja.» Die Leute behaupten, wir sehen aus wie unsere Mutter. Aber ich nicht! Ich sehe aus wie der Postbote!

Nach ungefähr einem Jahr begannen mir die Besuche auf die Nerven zu gehen. Ständig hatte unsere Mutter irgendwelche Wehwehchen und war deprimiert. Ihre Dummheit ärgerte mich, ich schämte mich, so eine ungebildete Bauersfrau als

Mutter zu haben. Und warum hatte sie uns nie gesucht? Vielleicht aus Angst, ihr lieber Mischa würde sie verlassen, wenn sie uns aufspürte? Deshalb kam ich zu dem Schluss, dass es reichte, und wir trafen uns nicht mehr.

«Über ein Jahr lang habe ich die beiden regelmäßig besucht, aber eines Tages lagen sie im Bett, als ich kam, wollten nicht aufstehen und antworteten nur widerwillig auf meine Fragen. Na gut, ich konnte ja wieder gehen, aber ich wollte ihre Wäsche mitnehmen. ‹Du brauchst unsere Wäsche nicht mehr zu waschen, sie ist schon sauber›, sagten sie. Das war's. Ich spürte, dass sie mich nicht mehr sehen wollten. Sie gingen auf den Balkon hinaus, und ich hörte, wie Masha brummelte: ‹Wir haben fünfunddreißig Jahre ohne sie gelebt, da kommen wir auch noch mal fünfunddreißig Jahre ohne sie zurecht.› Dasha versuchte sie zum Schweigen zu bringen, aber Masha sagte: ‹Ich hab die Nase voll. Das kann sie ruhig wissen.› Den ganzen Heimweg habe ich geweint. Ein paar Mal rief ich sie noch an, aber sie waren kurz angebunden, und eines Tages war ein Freund von ihnen am Telefon und sagte: ‹Masha und Dasha wollen nicht mehr von Ihnen angerufen werden, vielen Dank.› Damit war die Sache endgültig erledigt.

Ich weiß nicht, warum sie mich nicht mehr sehen wollten – vielleicht geben sie mir die Schuld daran, dass sie so sind, wie sie sind. Sie wollen sein wie alle anderen, und vermutlich bin ich wirklich daran schuld, aber sie müssen doch wissen, dass ich es nicht wollte. Manchmal fragen meine Söhne nach ihren Schwestern, aber ich versuche sie zu vergessen. Ich will nicht mehr an sie erinnert werden. In meinem Leben habe ich eine Enttäuschung nach der anderen erlebt. Jetzt habe ich meine Töchter zweimal verloren. Ich möchte sterben. Ich habe mich nach dem Tod gesehnt, seit ich sechzehn bin, aber er will nicht kommen ...»

Dasha wollte nicht, dass ich so grausam zu unserer Mutter war, aber ich wollte sie nicht mehr sehen, basta. Sie regte mich nur auf. Sie behandelte uns wie jämmerliche kleine Schwachsinnige, und das war das Letzte, was ich wollte – genau genommen war sie keinen Deut besser als die anderen alten Frauen im Heim, die mich so nervten. Ich wollte sie sowieso nie kennen lernen. Dasha hat ihren Kopf durchgesetzt, und jetzt sieht man ja, wohin das geführt hat.

Wir haben nie mit unserer Mutter darüber gesprochen, warum wir nach der Geburt von ihr getrennt wurden, weil wir annahmen, sie habe uns einfach im Stich gelassen und wolle nicht daran erinnert werden, und schon gar nicht von uns. Das konnte ich ihr nicht verzeihen, obwohl ich es wirklich versuchte. Dasha hatte damit natürlich keine Schwierigkeiten, aber ich hatte immer wieder diese Phantasievorstellung, wie sich unsere Mutter angeekelt von uns, ihren Babys, wegdreht. Das ging mir einfach nicht aus dem Kopf. Ich redete mir ein, es sei eine ganz normale Reaktion – welche Mutter konnte jemanden wie uns lieb haben? –, aber der Gedanke, dass sie uns abgelehnt hatte, setzte mir zu. Irgendwann ertrug ich dann ihren Anblick einfach nicht mehr. Außerdem war sie mir überhaupt nicht sympathisch. Ich erkannte keine der Qualitäten, die ich von ihr erwartet hätte. Ich mag Menschen, die klüger sind als ich, Menschen, die ich respektieren kann, aber sie war ein einfacher Bauerntrampel. Na ja, sie muss ja wohl ziemlich blöd gewesen sein, wenn sie den Ärzten einfach so geglaubt hat, dass wir tot seien, ohne sich wenigstens unsere Leichen und einen Totenschein zeigen zu lassen. Sie hat nicht mal nachgefragt, wo wir begraben seien. Sie hat uns erzählt, sie habe gedacht, wir seien in einem Glas konserviert und in die Horrorabteilung der «Kunstkammer» gebracht worden, dem Museum, das Peter der Große in Sankt Petersburg eingerichtet hat. Sie ist sogar hingefahren, um uns zu suchen, aber wir haben ihr gesagt, dass wir beabsichtigten, diesem Etablissement auf ewig fern zu bleiben! Leider hat sie den Witz nicht kapiert.

«Sie hat unsere Witze nie begriffen ... unser Humor war ihr fremd. Sie hat uns nicht verstanden. Jedenfalls haben wir es bis jetzt verhindern können, eingelegt zu werden wie saure Gurken.»

So weit, so gut! Ich möchte verbrannt werden. Ich möchte nicht, dass die Wissenschaft auch noch ihre Finger nach uns ausstreckt und uns in Einzelteile zerlegt, wenn wir im Jenseits sind. Die Kerle haben genug gesehen. Sie hatten kein Recht, uns dermaßen auszunutzen, kein Recht, unserer Mutter vorzulügen, wir seien tot. Diese Mistkerle. Sie hätten unsere Eltern um Erlaubnis bitten können, uns zu beobachten, sie hätten unserer Mutter erlauben müssen, uns zu besuchen. Dann wären wir bei ihr aufgewachsen und hätten sie geliebt – wie kann man erwarten, dass man jemanden nach fünfunddreißigjähriger Trennung liebt, einfach so? Als wir im Snip gelebt haben, schrieb Dasha unserer Mutter immer Briefe: «Bitte komm zurück zu uns, Mami, bitte hol uns von hier weg.» Man hatte uns gesagt, sie sei tot, aber so denken sieben-, achtjährige Kinder eben: Mami kommt immer zurück, sogar aus dem Grab, man muss sie nur richtig darum bitten. Wir gaben die Briefe Tante Nadja zum Abschicken, und sie versprach, dafür zu sorgen, dass unsere Mami sie bekam, aber Tante Nadja wusste natürlich nicht, ob wir überhaupt eine Mutter hatten, deshalb schickte sie die Briefe auch nicht weg. Da wir nie eine Antwort bekamen, veränderten wir die Briefe nach einem Jahr oder so und bettelten lieber um ein Paar Socken oder manchmal sogar um ein Kleid. Aber im Herzen wünschten wir uns immer nur, sie würde uns besuchen. Wir träumten, sie würde hereinkommen und sagen: «Ich bin eure Mami. Ich bin gekommen, um euch zu holen.» Das ist ja wohl keine Frage – möchte man als Kind mit jemandem zu tun haben, der nur mit einem arbeitet, der sich immer nur im weißen Laborkittel zeigt? Mit einem Arzt, einer Krankenschwester, mit jemandem, der dafür bezahlt wird, dass er sich um einen kümmert? Oder möchte man lieber von der eigenen Mutter umsorgt werden? Ich konnte es nie leiden, wenn mich jemand geküsst und umarmt hat, nicht mal Tante Nadja, denn auch sie gehörte nicht zur Familie, niemand gehörte dazu. Aber so war es eben: Als wir unsere richtige Familie endlich kennen lernten, war es zu spät. Man kann nicht verändern, was das Herz einem vorschreibt.

Wenn Tante Nadja ihre Zuneigung zeigte, hatte ich das Gefühl zu ersticken. Natürlich hatte sie selbst schlimme Probleme: Ihre Schwester war geistig behindert, und Nadja musste sie samt ihrem Neffen versorgen, der ebenfalls nicht ganz richtig im Kopf war. Zwar konnte sie die beiden allein lassen und einigermaßen sicher sein, dass sie nicht das Haus über ihren Köpfen anzündeten, aber mit beiden konnte sie keine vernünftige Unterhaltung führen. Ich könnte nie mit so einer Schwester leben! Tante Nadja muss eine Engelsgeduld haben. Wenn ich mit jemandem zusammen wäre, der herumgeistert wie ein Schlafwandler, wäre ich innerhalb einer Woche wahnsinnig.

Tante Nadja hatte unsere Mutter ebenfalls kennen gelernt, und nun war sie böse auf uns, weil wir sie so einfach fallen ließen. Wenn wir mit unserer Mutter jetzt so grausam umsprangen, hätten wir lieber erst gar nicht versuchen sollen, mit ihr Kontakt aufzunehmen, fand Tante Nadja.

«Ihr habt mir nie gesagt, dass ihr eure Mutter sucht, weil ihr wusstet, dass ich dagegen war, aber eines Tages – es war euer Geburtstag, ich hatte euch zu mir eingeladen – sagte Dasha: ‹Tante Nadja, fall jetzt bitte nicht in Ohnmacht, wir haben unsere Mutter gefunden.› Und du, Masha, hast noch hinzugefügt: ‹Es war nicht meine Idee, Dasha wollte es unbedingt›, und darauf Dasha, unter Tränen: ‹Tante Nadja, bitte sei nicht wütend auf mich, ich wollte sie doch bloß mal sehen.› Dann begann eure Mutter, euch zu besuchen. Sie ist eine einfache, ziemlich ungebildete Bauersfrau mit einem Kopftuch. Ich war überrascht, wie ähnlich sie euch sieht, obwohl ihr beide da anderer Meinung seid. Sie hat ihr Leben lang in einer Munitionsfabrik gearbeitet und nie jemandem erzählt, dass sie siamesische Zwillinge geboren hat. Aber als ihr sie gefunden habt, kam die ganze Wahrheit ans Licht. Das hat sie ganz schön mitgenommen, weil jeder glaubte, sie habe euch gleich nach der Geburt einfach im Stich gelassen.

Ich glaube, sie hat nicht gern über euch gesprochen. Einige ihrer Freunde waren nett und haben ihr Geld gegeben, damit sie Lebensmittel für euch kaufen und euch Essen mitbringen konnte, weil sie mit ihrer Rente kaum über die Runden kam und auch noch ihren alkoholkranken Sohn unterstützen musste. Es gibt ein russisches Sprichwort: ‹Man kann nicht über jedermanns Hörner ein Tuch werfen›, und sie konnte die Leute nicht daran hindern, gemeine Sachen zu sagen. Ihre Bekannten waren keine gebildeten, intelligenten Menschen. Als die Frauen in der Fabrik erfuhren, dass eure Mutter vor fünfunddreißig Jahren diese einzigartigen Zwillinge zur Welt gebracht und es die ganzen Jahre über geheim gehalten hatte, hat sie natürlich einiges zu hören bekommen.»

Tja, jetzt brauchte sie unseretwegen nicht mehr zu leiden und konnte uns vergessen! Und wir waren auch besser dran ohne sie. Wir hatten genug Ärger mit den alten Frauen im Heim, da brauchten wir nicht auch noch unsere Mutter.

Beispielsweise wollte eine der Babuschkas einmal Leim kochen, stellte ihn in einem kleinen Topf auf den Gasofen und ging dann fröhlich zum Frühstück. Natürlich fing das Zeug Feuer, und als das Personal herbeieilte, standen Tisch und Vorhänge schon in Flammen. Zwar konnte der Brand gelöscht werden, aber nach dem Vorfall nahm man uns allen sämtliche potentiell gefährlichen Sachen weg – unsere Kessel, unsere Messer, unsere Lampen ... Nach etwa einem halben Jahr wurde die Regelung etwas gelockert, und die Gegenstände gelangten nach und nach wieder in die Zimmer derjenigen Insassen zurück, die nett genug darum baten. Wer Beziehungen hatte, bekam sein Zeug zuerst, aber irgendwann war auch der Rest von uns wieder versorgt. Wir hatten nie irgendwelche Beziehungen. So genannte «Ausländer», die einmal außerhalb der Sowjetunion gelebt hatten, hatten die besten Beziehungen. Oder ehemalige Parteifunktionäre, die im Zwanzigsten gestrandet waren und jetzt nichts mehr hatten außer ihren Beziehungen. Wenn irgendetwas nicht nach ihrer Nase ging, marschierten sie gleich zum Direktor und beschwerten sich. Wir hingegen waren normale Durchschnittsbürger. Ich wollte nie Mitglied der

Kommunistischen Partei werden, aber wie alle anderen waren wir im Komsomol (bei den Jungkommunisten). Vielleicht hört sich das seltsam an, doch wir konnten es kaum erwarten, bis wir siebenundzwanzig waren und automatisch aus dem Komsomol ausgeschlossen wurden. Bis dahin mussten wir es irgendwie ertragen. Jeden Monat gab es Versammlungen, aber außer uns waren nur Leute vom Personal dabei, alle anderen waren ja zu alt. Egal wie langweilig es war, wir mussten uns hinschleppen, auch wenn wir müde waren, uns schlecht fühlten oder gar Fieber hatten. Meistens hockten wir nur rum, hörten nicht zu, sagten nichts und waren als Erste wieder zur Tür hinaus. Wir taten nur so, als machten wir mit. Glücklicherweise mussten wir für die Mitgliedschaft nicht viel zahlen. Als ich siebenundzwanzig wurde, dachte ich, gut, endlich ist es soweit, Gott sei Dank. In die Partei wollte ich auf keinen Fall eintreten. Angeblich sollte der Komsomol moralische Werte vermitteln, aber davon wusste ich auch ohne Komsomol genug. Bei den Versammlungen ging es sowieso immer nur darum, wer Alkohol getrunken und woher derjenige ihn bekommen hatte und welche Strafe verhängt werden sollte. Ich konnte mir nicht vorstellen, dass Parteiversammlungen besser waren. Es galt als große Ehre, in die Partei aufgenommen zu werden, aber auf dieses Privileg verzichtete ich gern.

Wenn wir etwas wirklich dringend brauchten, beispielsweise einen Mantel oder eine Wintermütze, dann marschierten natürlich auch wir zur Direktion, obwohl wir es überhaupt nicht mochten, dauernd jemandem zu Dank verpflichtet zu sein. Eine Menge Insassen bettelten um irgendwas, aber wir nicht. Wir bettelten nicht gern. Wenn jemand uns etwas nicht von sich aus geben wollte, konnte er uns den Buckel runterrutschen.

Auch die Spione, die zu Drosdow rannten und ihm alles erzählten, bekamen eine Sonderbehandlung. Aber alle kannten und hassten sie. Eine Weile waren wir mit zwei Schwesternschülerinnen befreundet, die manchmal abends auf ein

Schwätzchen bei uns reinschauten. Das gefiel den Babuschkas nicht – sie behaupteten, unsere Musik sei zu laut und wir würden irgendwelche Intrigen schmieden. Also beschwerten sie sich bei Drosdow, woraufhin der den Schwesternschülerinnen die Besuche bei uns verbot. Wir waren über dreißig und wurden behandelt wie ungezogene Schulkinder! Wir durften uns keine eigenen Freunde aussuchen, geschweige denn einen Mann in unser Zimmer lassen. Gott behüte! Aber wenigstens konnten wir im Gegensatz zu den Behinderten aus der Bettlägerigen-Abteilung allein hinaus in den Garten. Die Bettlägerigen waren auf Begleitung angewiesen, denn sie brauchten «besondere Pflege», und die meisten mussten regelmäßig Medikamente einnehmen. Manche von ihnen waren auch geistig zurückgeblieben, und wenn sie laut wurden oder sich über etwas aufregten, goss das Personal ihnen kaltes Wasser über den Kopf oder verpasste ihnen eine Beruhigungsspritze.

Mit uns machten sie so etwas nie – das hätten sie mal versuchen sollen! Manchmal beklagten sich die Babuschkas, dass unser kleines Radio zu laut sei, aber man nahm es uns nicht weg – ich glaube, es war allen klar, dass das Radio für uns eine lebenswichtige Verbindung zur Außenwelt war und dass wir jedem, der es uns wegnehmen wollte, das Leben zur Hölle machen würden, bis wir es wieder hatten. Was mich wirklich störte, war die Tatsache, dass sich das Waschbecken direkt neben dem Bett befand und die Babuschka im benachbarten Zimmer jeden Morgen um fünf aufstand und ihre Wäsche wusch. Die Wände waren dünn wie Papier, und wenn sie den Wasserhahn aufdrehte, rumpelte und pfiff es in der Wasserleitung, als würde das Gebäude gleich in die Luft fliegen. Und das jeden Morgen, achtzehn Jahre lang! Ich hätte platzen können vor Wut. Die alten Frauen gingen alle etwa um sieben Uhr abends schlafen und standen mit den Hühnern bei Sonnenaufgang wieder auf. Es gibt doch bestimmte Geräusche, die einem so richtig durch Mark und Bein gehen, zum Beispiel, wenn jemand mit dem Fingernagel über die Tafel kratzt – genauso war für mich das Pfeifen der Wasserleitung. Schon beim Gedanken daran bekam ich eine zentimeterdicke Gänsehaut.

Das Problem war, dass die Babuschka von nebenan nichts zu tun hatte, und um die Zeit totzuschlagen, wusch sie gleich nach dem Aufwachen ihre Wäsche. Meistens konnte ich nicht wieder einschlafen. Ich stand auf, putzte mir die Zähne und beschimpfte unsere Nachbarin durch die Wand. «Werd bloß nicht frech, junge Dame!», quäkte sie zurück. Und ich rief: «Was erwartest du denn – soll ich dich lieber verprügeln? Das würde ich gern tun!» Aber es fiel mir nie ein umzuziehen. Man kann sich im Heim nicht einfach ein Zimmer aussuchen, als wäre man im Hotel. Außerdem gefiel uns das Zimmer ansonsten, wir hatten uns daran gewöhnt.

«Wir hatten Glück, dass wir ein Zimmer für uns hatten. Die meisten anderen waren mindestens zu zweit, und in die Zimmer passten gerade mal zwei Betten, zwei Nachttischchen und ein Waschbecken rein. Dann gab es noch die Toilette hinter der Tür und eine Kleiderstange.»

Wir hatten nur ein Bett und dadurch Platz für einen Tisch, an dem wir nähen konnten. Vom Fenster sah man auf das Hochhaus gegenüber, was besser war als der Wald auf der anderen Seite, denn ich sah wenigstens Menschen kommen und gehen. Man muss in einem Heim wie dem Zwanzigsten gelebt haben, um die Mentalität der Insassen wirklich zu verstehen.

«Wenn man hier auch bloß eine Woche lebt, ist man hinterher ein anderer Mensch.»

Kein Tag ging vorbei, ohne dass wir davon träumten, in ein anderes Heim zu ziehen. Achtzehn Jahre lang. Aber ich wollte nicht vom Regen in die Traufe kommen. Einmal organisierte einer der Angestellten ein Auto und fuhr uns zum Neunundzwanzigsten, aber da gefiel es uns überhaupt nicht, denn wir hätten ein Zimmer mit einer alten Frau teilen müssen.

«Masha hat ihnen gesagt, mit einem alten Mann würde sie das Zimmer gern teilen …»

Das war ein Witz! Ich wollte mein Zimmer mit niemandem

teilen. Vielleicht hätten wir eine alte Frau im Zimmer gehabt, die genauso viel Wert auf Sauberkeit legte wie wir, vielleicht aber auch nicht, und da nicht nur das Zimmer, sondern auch das Waschbecken und die Toilette gemeinsam benutzt wurden, hätten wir womöglich dauernd hinter ihr herputzen müssen. Das hätte mich wahnsinnig gemacht!

Außer Ira und Sergej Michailowitsch hatten wir wenig enge Freunde. Sergej war fünfzig, aber mit ihm konnte ich tratschen wie mit einem Fischweib. Ich sah ihm zu, wie er Netze für Billardtische nähte, oder wir gingen im Garten spazieren. Er hatte bei einem Unfall den Rücken verletzt und konnte sich mit zwei Stöcken nur mühsam fortbewegen. Er war wirklich nett.

«Er war ein anständiger Mensch: intelligent und freundlich.»

Und er hat immer Sachen für uns repariert, zum Beispiel unser Radio und unseren Wecker.

Wir aßen, was wir vorgesetzt bekamen, und beklagten uns nicht. Es gab einen Fischtag, einen Hähnchentag und so weiter, aber verglichen mit dem, was in einer normalen Familie zubereitet wird, war alles ziemlich fad. Außerdem wird es langweilig, wenn man immer genau weiß, was bei der nächsten Mahlzeit auf dem Tisch steht. Der Fisch bestand nur aus ein paar glitschigen Schuppen, die auf einem Berg Kartoffelbrei thronten. Das Hühnchen waren Knochen und Knorpel auf einem Berg Buchweizen, und am Reistag gab es einen Berg Reis auf einem Berg Reis. Aber wir konnten ja schlecht in einen Hungerstreik treten – da wären wir einfach verhungert –, deshalb aßen wir alles auf. Als dann die anderen jungen Leute ins Heim kamen, waren sie entrüstet über das Essen. Ein paar von ihnen gingen regelmäßig zum Direktor und fragten nach Obst und Eiern, aber das hatte ich nicht nötig. Ich hatte eine kleine monatliche Unterstützung, und wenn ich unbedingt Eier wollte, bat ich beispielsweise Tante Nadja, mir welche zu kaufen. Dank Tante Nadja bekamen wir sogar Tomaten – die ohne Haut aus der Dose.

In der Küche gab es einen Wassertank, der einmal am Tag

aufgeheizt wurde, damit wir alle heißes Wasser für unseren Tee hatten. Ich besorgte uns einen Kessel und versteckte ihn unter dem Bett, aber ehe ich ihn benutzte, musste ich mich immer vergewissern, dass niemand sonst in der Küche war. Alle Insassen versteckten ihre Sachen voreinander, sonst überlebte man nicht. Außerdem brauchte man zum Überleben eine Menge Geduld, damit man gegenüber der Direktion nicht die Fassung verlor, denn sonst wurde das Leben leicht zur Hölle. Wir lasen viel und unterhielten uns gern mit Leuten von draußen. Rita, eine Schwesternschülerin, arbeitete ein paar Monate im Zwanzigsten, und wir mochten sie sehr. Sie war wirklich süß.

«Zu meiner Ausbildung gehörte auch die Arbeit im Heim. Ich hatte keine andere Wahl. Noch nie hatte ich so etwas gesehen. Es war zutiefst deprimierend, denn man wurde den Eindruck nicht los, dass die Leute, die hier lebten, von niemandem mehr gebraucht wurden. Sie waren der Abfall der Gesellschaft. Ich war erstaunt, so einzigartige Menschen wie dich und Dasha hier zu finden – auf dem dritten Stockwerk eines Altersheims versteckt und von allen vergessen. Fast zwanzig Jahre hat man euch hier langsam verkommen lassen ... Unsere Wissenschaftler haben alles aus euch rausgeholt und euch dann fallen lassen. Im Grund hat man euch gesagt: ‹Es ist euer Problem, dass ihr zusammengewachsen seid, also seht zu, wie ihr damit fertig werdet.› Ihr hattet keine andere Perspektive als das Heim. Das Zwanzigste galt als eines der besten im ganzen Land, obwohl ich das nicht recht verstehe. Vielleicht weil Drosdow, der Direktor, absolut skrupellos war und ein strenges Regime führte. Das Personal war entsetzlich grob und unfreundlich, manchmal sogar brutal. Viele kamen vom Land und arbeiteten hier nur deshalb, weil sie eine Wohnberechtigung brauchten. Sie hatten keinerlei Interesse daran, den Insassen das Leben leichter oder angenehmer zu machen, daran dachten sie überhaupt nicht. Euch schien das nichts auszumachen, es war fast, als würdet ihr es gar nicht bemerken. Vermutlich weil ihr von Geburt an daran gewöhnt wart und nie ein warmes, gemütliches Zuhause hattet.

Vielleicht habt ihr euch aber auch einfach gegen die Grobheit abgeschottet.

Euer Zimmer war viel zu klein – ihr konntet euch kaum umdrehen, und ich weiß noch, dass ich gedacht habe, wie traurig es sein muss, das ganze Leben auf so engem Raum zu verbringen. Ihr kamt ja auch kaum raus und konntet schwer Kontakte knüpfen. Unglücklicherweise waren viele der alten Leute schon ziemlich senil – wahrscheinlich hatten ihre Familien sie deshalb ins Heim gesteckt. Die Jüngeren waren zum großen Teil entweder geistig behindert oder zerebral gelähmt, was die Kommunikation mit ihnen erschwerte. Aber ihr zwei wart klug, ihr habt eine Menge Bücher und Zeitungen gelesen. Dasha war stiller, nachdenklicher und zurückhaltender, du warst verspielter, aber ihr wart beide sehr gesellig. Immer wolltet ihr noch mehr wissen und habt mich mit Fragen über die Welt da draußen und die politischen Verhältnisse gelöchert. Manchmal habt ihr euch beklagt, aber im Großen und Ganzen wart ihr sehr gelassen und wurdet kaum einmal wütend. Aber ich konnte sehen, wie einsam ihr euch fühltet.»

«Aber man kann sehr wohl wütend werden, stimmt's, Masha? Man kann sich endlos aufregen, wenn man keine Schere und keinen Kessel zum Teekochen haben darf, wenn das Personal oder die anderen Insassen einen beleidigen. Und wenn man sich seine Wut nicht zugesteht, vergiftet man sein Leben Stück für Stück. Man schneidet sich ins eigene Fleisch, und das tut weh. Aber wir haben viele Jahre gebraucht, um das zu kapieren. Ein ganzes Leben.»

1982 starb Breschnjew, der Vorsitzende der Kommunistischen Partei. Fast zwei Jahrzehnte war er an der Macht gewesen. Natürlich wussten wir das damals nicht, aber mit seinem Tod begann der Zusammenbruch der Sowjetunion, und für uns bedeutete es eine Möglichkeit zur Flucht. Die Möglichkeit zur Flucht aus dem Zwanzigsten und die Chance auf ein besseres Leben.

12

Dasha

Achtzehn Jahre lang hatten wir im Zwanzigsten gelebt, als Gerüchte in Umlauf kamen, das Heim solle in eine Einrichtung für Geisteskranke umgewandelt werden. Wir bekamen einen Riesenschrecken. Unser ganzes Leben hatten wir darum gekämpft zu beweisen, dass wir psychisch gesund sind – gewöhnlich glauben die Leute ja, weil wir zusammengewachsen sind, hätten wir auch einen geistigen Schaden. Wenn das Altersheim nun zu einem Heim für Geisteskranke wurde, konnten wir die Segel ein für alle Mal streichen. Dann waren wir endgültig besiegt.

Also mussten wir raus. Aber wie? Die Hälfte der Babuschkas waren viel zu weggetreten, um mitzukriegen, was los war – die behielt man einfach im Heim. Doch diejenigen, die ihren Kopf noch beisammen hatten, stellten so rasch wie möglich einen Antrag, in ein anderes Heim umziehen zu können. Die Behinderten taten das Gleiche. Diejenigen, die schreiben konnten, verfassten den Brief und gaben dann eine Blutprobe ab – ich weiß nicht, wofür, aber es war eine Bedingung für den Umzug –, und so verschwand einer nach dem anderen. Das Zwanzigste wurde immer leerer.

Natürlich gehörten wir zu den Ersten, die ein Gesuch auf Verlegung einreichten, aber Direktor Drosdow lachte nur und sagte, wir würden es bestimmt nicht schaffen umzuziehen.

«Was gefällt euch denn nicht am Zwanzigsten?», fragte er uns.

«Wie meinen Sie das?», fragten wir zurück. «Uns gefällt hier gar nichts.»

Wir wollten nur still und leise verschwinden, ohne Aufhebens, genau wie die anderen Behinderten und Babuschkas, aber das war nicht einfach. Ich weiß nicht, warum, aber als wir aus Drosdows Büro kamen, war uns klar, dass man uns unbedingt den Rest unseres Lebens im Zwanzigsten behalten wollte. Vielleicht setzte das Gesundheitsministerium Drosdow unter Druck. Wer weiß?

Wir waren verzweifelt. Höflich um eine Verlegung zu bitten, brachte uns nicht weiter, also heckten wir einen anderen Plan aus. Wenn es eine andere Möglichkeit für uns gegeben hätte, hätten wir sie wahrgenommen, aber man ließ uns keine andere Wahl.

Gott sei Dank müssen nicht alle Menschen so für ihre geistige Gesundheit kämpfen wie wir.

Dann mussten wir auch noch einen schweren Schlag einstecken – Tante Nadja wollte uns nicht helfen. Sie hatte uns immer wie kleine Mädchen behandelt und nie akzeptiert, dass wir seit ungefähr zwei Jahrzehnten erwachsen und für uns selbst verantwortlich waren. Zwar wollte sie immer nur unser Bestes, aber sie traute uns keinen selbständigen Gedanken zu. Vermutlich hatte sie Angst, weil wir erwachsen wurden und allmählich aus ihrem Einflussbereich verschwanden. Und nun vertrat sie vehement die Ansicht, wir sollten das Zwanzigste keinesfalls verlassen. Sie hatte sich von Drosdow schon immer leicht einschüchtern lassen. «Das könnt ihr nicht machen, Mädels», sagte sie, «wer bin ich, mich gegen Drosdows Rat aufzulehnen?» Aber schließlich stand auch nicht ihre Zukunft auf dem Spiel, sondern unsere. Sie hatte auch nicht gewollt, dass wir das Snip verließen, und trotzdem hatte sich unsere Entscheidung als richtig herausgestellt. Außerdem waren wir hundertprozentig von unserem Vorhaben überzeugt.

Wegen meiner Zähne hatten wir wieder mal einen Termin in der Zahnklinik bei Anatoli Schewtschenko. Wir freuten uns darauf. Im Lauf der Jahre hatten wir das Personal recht gut kennen gelernt. Die Leute waren freundlich und verständnisvoll, und so schmiedeten wir einen Plan: Wenn wir uns nach der Behandlung einfach weigerten, ins Zwanzigste zurückzugehen? Wenn wir an die Ärzte appellierten, uns bei der Suche nach einem neuen Heim zu helfen?

Wir machten uns vorsichtshalber auf eine Enttäuschung gefasst. Wenn es nicht klappte, würden wir uns eben etwas Neues ausdenken. Und so weiter. Wir waren zu allem bereit, außer vielleicht aufzustehen und davonzulaufen – da hätte uns innerhalb kürzester Zeit die Polizei aufgegriffen. Wir sind stigmatisiert, nicht wahr, Masha? Aber wir hatten geschworen, uns nicht unterkriegen zu lassen. Wir hatten erkannt, dass wir auf die Hilfe von Leuten angewiesen waren, die mit uns sympathisierten und wussten, dass wir geistig ebenso gesund waren wie jeder normale Mensch und ein möglichst normales Leben führen wollten.

Natürlich erzählten wir im Heim keinem Menschen von unserem Plan. Dort fragte man uns: «Na, Mädels, habt ihr vor abzuhauen, ehe das Heim zur Klapsmühle wird?» Und wir antworteten: «Nein, wir bleiben, wo wir sind.» Wir hatten einfach das Gefühl, niemandem trauen zu können. Sicher, es ist demütigend, lügen zu müssen, aber es war nicht das erste und würde nicht das letzte Mal sein. Es war schrecklich, Fluchtpläne zu schmieden, als wären wir Kriminelle, aber so war das Sowjetsystem eben. Eins hatten wir im Zwanzigsten gelernt – man muss schlau sein …

«… und sich was einfallen lassen!»

… von Anfang an. Wir haben schon immer gewusst, zu wem wir nett sein mussten. Schon im Snip, denn dort hätte man ein

«Sprawka»-Formular ausfüllen können, das uns ein für alle Mal als psychisch labil abstempelte. Damit wären wir erledigt gewesen. Es war schlimm genug, als intelligente Behinderte in der UdSSR zu leben – wir durften keine selbständigen Entscheidungen treffen, wir mussten alles tun, was die Behörden von uns verlangten, und waren ihnen restlos ausgeliefert. Wenn man jedoch als psychisch krank eingestuft war …

«… dann sass man erst recht in der Scheiße …»

Also warteten wir auf unseren Ausflug zur Zahnklinik, und da Drosdow nichts ahnte, ließ er uns ohne Schwierigkeiten gehen. Ob wir traurig waren, das Zwanzigste und unsere dortigen Freunde hinter uns zu lassen? Nicht im Geringsten! Wir wussten ja, dass wir neue Freunde finden würden. Auch das hatten wir früh im Leben gelernt, damals im Snip: Wenn man von einer Freundin oder einem Freund zu abhängig wird, bricht einem die Trennung das Herz. Doch wenn man den Abschiedsschmerz so häufig durchgemacht hat wie wir, lernt man, sich nicht mehr allzu fest an jemanden zu binden und den Verlust gelassener hinzunehmen. Im Snip haben wir noch geweint, jetzt tun wir das nicht mehr.

Es war schön, wieder mal in der Zahnklinik zu sein; alle schienen sich über unseren Besuch zu freuen. Da wir inzwischen seit fünfzehn Jahren mehr oder weniger regelmäßig herkamen, waren die meisten, die dort arbeiteten, wie alte Freunde. Es war für uns ja wie ein zweites Zuhause, und wir brauchten nicht lange, um mit den anderen Patienten Freundschaft zu schließen. Eine Frau namens Tanjuscha hatte eine relativ harmlose Zahnoperation gehabt, bei der jedoch unabsichtlich ein Nerv verletzt worden war, und jetzt litt sie schreckliche Schmerzen. Man sagte ihr, da sei nichts zu machen, sie würde damit leben müssen. Sie sagte uns, am liebsten würde sie Schluss machen, aber sie hatte zwei kleine Kinder zu Hause. Ihretwegen durfte sie nicht sterben. Wenn man so jemanden kennenlernt, merkt man erst richtig, wie viel Glück man selbst hat. Zwar bekam sie starke Medikamente, aber wenn man sich vorstellt, das ganze Leben lang solche Schmerzen ausstehen zu müssen ... eine furchtbare Vorstellung.

Dann erklärten wir Tante Nadja, dass wir uns nicht aus der Zahnklinik rühren würden, bis wir die Erlaubnis bekämen, in ein anderes Heim umzuziehen. Keine zehn Pferde würden uns zurück ins Zwanzigste bringen. Tante Nadja war wütend, aber unser Entschluss stand fest. Drosdow hatte mit Nadja geredet und gedroht, wenn sie uns nicht zurückholte, würde er dafür sorgen, dass sie ihre Stelle im Snip verlöre. Natürlich war das nur Bluff, und sie hätte uns sowieso nicht überreden können. Nicht in dieser Phase.

Als Erstes fragten wir Anatoli Schewtschenko, ob er uns helfen würde. Zunächst zögerte er, aber immerhin besprach er die Angelegenheit mit der Direktorin der Zahnklinik, Raissa Naumowa. Sie war sofort auf unserer Seite und meinte, wir sollten am besten Kontakt zur Presse aufnehmen, um auf unsere Lage aufmerksam zu machen. Das war in der Zeit der großen «Glasnost»-Kampagne, und die Journalisten berichteten über Themen wie Korruption, Drogenmissbrauch, Selbstmorde und vieles andere, was bislang sorgsam unter den Teppich gekehrt worden war – wie beispielsweise die Situation der Behinderten.

Wir hatten uns noch nie mit einem Journalisten unterhalten – warum auch? Uns glotzten schon genug Leute an, auch ohne dass unser Foto in der Zeitung erschien oder wir im Fernsehen interviewt wurden. Eigentlich lag uns so etwas überhaupt nicht, und wenn es einen anderen Weg gegeben hätte, wären wir ihn gegangen. Aber Naumowa bestand darauf: Ihrer Ansicht nach war es nur möglich, Drosdow zum Einlenken zu bringen, wenn wir an die Öffentlichkeit gingen. Sie kannte eine Journalistin, die bei der *Moskowskaja Prawda* arbeitete; sie hatte mit einer Pressekampagne dazu beigetragen, dass vor der Klinik eine Bushaltestelle eingerichtet wurde. Vielleicht konnte sie uns helfen. Ihr Name war Irina Krasnopolskaja. Bereits am nächsten Tag kam sie vorbei, um sich mit uns zu unterhalten. Als sie mit unserer Geschichte bei ihrem Chefredakteur vorstellig wurde, wollte er ihr nicht glauben. Also kam sie mit einem Fotografen zurück und zeigte ihrem Chef dann unsere Bilder. Aber er glaubte ihr immer noch nicht. Er meinte, es sei eine Collage – wir konnten doch unmöglich so zusammengewachsen sein! So eine alberne Geschichte habe er noch nie gehört! Irina Krasnopolskaja jedoch blieb hartnäckig und lud ihn ein, mit zu uns zu kommen. Das überzeugte ihn endlich von unserer Existenz. Aber es half immer noch nichts – er sagte, er könne den Bericht nicht veröffentlichen, weil die Leser ihn für ein Märchen halten würden. Wenn er als Journalist unsere Geschichte schon für erfunden hielt, was würden erst die Leser denken? So etwas konnte in seiner Zeitung nicht erscheinen.

Nun wurden wir doch nervös, denn die Zahnklinik wurde den Sommer über geschlossen, und dann blieb uns nichts anderes übrig, als ins Zwanzigste zurückzugehen. Doch Krasnopolskaja gab nicht auf. Sie ärgerte sich über ihren Chef und kam zum Schluss, dass die einfachste Art, unsere Existenz zu beweisen, darin bestand, uns im Fernsehen zu zeigen. Also sprach sie mit ein paar Kollegen, die bei einer populären Sendung namens «Wsgljad» (Standpunkt) mitarbeiteten, und bat sie, uns mit einem Kamerateam zu besuchen. Wir waren furchtbar aufgeregt. Doch es war die einzige Lösung. Die Fernsehleute nahmen Kontakt zu Tante Nadja auf und fragten, ob sie bereit wäre, mit uns aufzutreten, aber sie lehnte strikt ab. Sie sagte, sie habe viel zu viel Angst vor dem Fernsehen.

Schon am nächsten Tag um halb zwei tauchte das Kamerateam in unserem Zimmer auf. Ich war so nervös, dass ich vor lauter Stottern kaum ein Wort herausbrachte, aber zum Glück dauerte das Interview nur ein paar Minuten. Wir erklärten, dass wir nicht im Zwanzigsten bleiben wollten und warum. Krasnopolskaja redete am meisten, stellte uns vor und erzählte unsere Lebensgeschichte.

Als Drosdow hörte, dass wir in «Wsgljad» auftreten sollten, kam er noch am selben Abend in die Zahnklinik und riss uns aus dem Schlaf. Er war außer sich und wollte haarklein wissen, was wir gesagt hätten und wann die Sendung ausgestrahlt werden sollte. Ursprünglich war der Termin am darauf folgenden Samstag, aber wie sich herausstellte, wollten die Produzenten nicht warten. Sie hatten uns noch am gleichen Abend gezeigt, wenige Stunden nachdem das Kamerateam seine Arbeit beendet hatte. Wir waren sehr dankbar, denn wir waren gar nicht so sicher gewesen, ob sie den Film wirklich senden würden, und wenn doch, ob sie nicht womöglich wochenlang damit warten würden, bis es für uns zu spät war, weil die Zahnklinik ja zumachte.

Nach der Sendung kam Drosdow gleich wieder angerannt und sagte: «Hört mal, Mädels, ich tue alles für euch. Was wollt ihr? Ich gebe euch eigene Leintücher. Ich gebe euch einen Sessel, alles, aber kommt bitte zurück.» Ich antwortete: «Verstehen Sie denn nicht? Wir wollen keine Laken, wir müssen das Heim verlassen, sonst werden wir verrückt.» Es war schlimm genug, in einem Altersheim leben zu müssen, aber in einem Heim für geistig Behinderte würden wir es nicht aushalten. Wie sollten wir den Leuten jemals klarmachen, dass wir nicht verrückt waren? Irgendwann gab Drosdow auf und ließ uns endlich in Frieden.

Unser Leben hatte sich über Nacht geändert. Plötzlich waren wir berühmt! Der deutsche Geschäftsmann Meyer, der in Deutschland eine Rollstuhlfabrik besaß, hatte auch eine Niederlassung in Moskau; sein Sekretär sah unsere Sendung im Fernsehen und rief sofort seinen Chef an. Meyer fand, es sei höchste Zeit, dass wir unsere Krücken abschafften und uns einen Rollstuhl zulegten. Er setzte sich ins nächste Flugzeug und besuchte uns mit ein paar Mitarbeitern, um Maß für einen Rollstuhl zu nehmen. Die Leute erzählten uns, Meyer habe in der Zeit nach der bolschewistischen Revolution auch einen Rollstuhl für unseren Parteiführer Lenin angefertigt. Jedenfalls zogen sie ihre Messbänder hervor und vermaßen unsere Beine, machten Fotos, wie wir uns hinsetzten und aneinander festhielten. Nichts blieb dem Zufall überlassen, und wenig später hatten wir einen phänomenalen elektrischen Rollstuhl nach dem neuesten Stand der Technik. Sogar in Deutschland war dieses Modell noch eine Seltenheit. Man erklärte uns, er sei so teuer wie ein Mercedes, aber wir bekamen ihn umsonst. Unglaublich – wir mussten kein Geld bezahlen, und das in Russland! Der Rollstuhl hat einen kleinen Hebel zum Lenken, und man kann die Geschwindigkeit leicht regulieren. Als er gebracht wurde, versammelte sich das gesamte Personal der Zahnklinik, um zuzusehen, wie wir durch die Korridore sausten.

«... man hätte denken können, wir wären die ersten Menschen, die in den Weltraum geschossen werden sollten!»

Wir fühlten uns in diesem Rollstuhl ausgesprochen wohl, nicht nur körperlich, sondern auch psychisch. Jetzt waren wir in unserer Bewegungsfreiheit nicht mehr so eingeschränkt; wenn wir im Rollstuhl saßen, fielen wir kaum jemandem auf. Wir brauchten nur eine Decke über unsere Knie zu legen, und schon sahen wir aus wie zwei normale junge Frauen – na ja, vielleicht eher wie junge Männer: Die meisten Leute halten uns nicht für Frauen. Jetzt konnten wir allein rausgehen, sooft wir wollten, und wir brauchten uns von niemandem schieben zu lassen. Wir waren auf keinen Menschen mehr angewiesen.

Kurz darauf teilte uns das Sozialministerium mit, wir könnten uns ein Heim aussuchen; ausgenommen war nur das Sechste – und natürlich wollten wir genau dorthin! Viele unserer Freunde aus dem Zwanzigsten waren ins Sechste gezogen, und auch einige nette Leute vom Personal hatten dorthin gewechselt, aber aus irgendeinem Grund wollte man uns dort nicht. Masha kam auf die Idee, einfach in der Zahnklinik zu bleiben, nicht wahr, Masha? Die Leute waren nett, die Patienten teilten ihr Essen von zu Hause mit uns, wir hatten ein eigenes Zimmer mit einem großen Bett. Aber schließlich entschied sie sich doch dagegen. In der Zahnklinik wäre es genau wie im Snip gewesen, wo das Leben nur aus einem Bett und einem Nachttisch bestand. Wenn man sich erst mal irgendwo zu Hause fühlt, ist es schwer, sich loszureißen. Aber man muss vernünftig sein und an die Zukunft denken.

Wir besuchten das Erste, das nicht schlecht war, aber im gleichen Stadtteil lag, in dem auch alle unsere Verwandten wohnten, und wir wollten sie nicht in unserer Nähe haben. Dann besichtigten wir das Einunddreißigste. Es war kalt und feucht, genau wie das Zwanzigste. Die anderen Heime kamen erst gar nicht in Frage, weil wir kein Einzelzimmer bekommen hätten. Unterdessen berichteten die Leute, die vom Zwanzigsten ins Sechste gezogen waren, dass es das beste Heim in ganz Moskau sei. Es war erst vor kurzem am Stadtrand gebaut worden; gleich in der Nähe waren ein Wald und ein Park mit einem See, auf dem man Boot fahren konnte – und wir lieben Bootsfahrten! Als wir dann noch hörten, dass einige Zimmer eine eigene Dusche und eine eigene Badewanne hatten, stand unser Entschluss fest. Wir fuhren hin, und es war tatsächlich trocken und warm (im Zwanzigsten hatten wir allmählich das Gefühl, Moos anzusetzen), und wir passten beide gleichzeitig in die Toilette! Im Zwanzigsten mussten wir uns im Zimmer ausziehen und uns dann seitlich reinquetschen. Im Sechsten gab es jede Menge Platz, es war sauber und roch gut. Außerdem waren die Zimmer groß genug für ein Doppelbett, so dass wir nicht mehr auf einer Couch würden schlafen müssen. In der Zahnklinik hatten wir uns an den Luxus eines Doppelbetts gewöhnt und wussten, wie schön es ist, nachts warme Füße zu haben.

Aber es würde nicht leicht werden, unser Ziel zu erreichen: Der Direktor wollte uns nicht. Es war dasselbe alte Lied – er meinte, wir würden doch nur Ärger machen, wie man ja an dem Skandal sehe, den wir heraufbeschworen hätten; er wolle keine Störenfriede in seinem Heim. Außerdem hatte er Angst, dass jetzt, wo wir berühmt waren, ständig Ausländer kommen und uns sehen wollten, und auch das passte ihm nicht. Also weigerte er sich einfach, uns aufzunehmen. Notgedrungen wandten wir uns erneut an die Presse. Was hätten wir sonst tun sollen? Gott sei Dank hatte die Presse große Macht. Wir überlegten sogar, ob wir uns an unseren Parlamentsabgeordneten wenden sollten, entschieden uns dann aber dagegen, weil wir wussten, dass Politiker nur gewählt werden wollen, aber danach nichts tun. Alles heiße Luft. Als wir das letzte Mal wählen gegangen sind, haben wir alle Kandidaten durchgestrichen, weil sie einem die Sterne vom Himmel versprechen und nichts davon halten. Während unserer Zeit im Zwanzigsten schrieben wir mehrere Politiker an, ob sie uns bei der Arbeitssuche unterstützen könnten, aber keiner von ihnen machte sich die Mühe, uns zu antworten. Sie wollten nur ins Parlament und leeres Gerede von sich geben und alle Probleme vergessen.

Wir baten Krasnopolskaja, uns zu helfen. Sie schlug vor, wir sollten uns eine Wohnung suchen. Aber wir sind ja nicht in Amerika: nirgends gab es Rampen, nicht mal für Kinderwagen, von Rollstühlen ganz zu schweigen. Vor jedem Wohnblock war eine Treppe, und noch mehr Stufen führten zum Aufzug. Obendrein war unser Rollstuhl zu breit für den Aufzug, so dass wir zu Fuß hätten einkaufen müssen – ausgeschlossen! Das bedeutete, selbst wenn wir mit viel Glück jemanden gefunden hätten, der die Einkäufe für uns erledigt hätte, wären wir immer noch wie Vögel im Käfig in der Wohnung eingesperrt gewesen. In einem Heim gibt es wenigstens Leute, die mal auf ein Schwätzchen vorbeikommen oder uns in ihr Zimmer einladen. Und wir können uns in die Eingangshalle setzen und uns mit den Leuten unterhalten, die kommen und gehen.

Inzwischen wusste auch Krasnopolskaja, dass wir ziemlich störrisch waren, also vereinbarte sie eine private Unterredung mit dem Direktor des Sechsten, und schließlich erklärte er sich, wenn auch widerwillig, bereit, uns aufzunehmen. Ich weiß nicht, wie Krasnopolskaja das geschafft hat.

Von Tante Nadja fühlten wir uns zunehmend im Stich gelassen. Wir hatten uns an Wildfremde wenden müssen, um Hilfe zu bekommen, wir waren gezwungen gewesen, im Fernsehen einen Appell zu veröffentlichen. Irgendwie wurden wir den Gedanken nicht los, dass sie uns aus dem Zwanzigsten hätte rausholen können, wenn sie nur gewollt und die richtigen Briefe an die richtigen Stellen geschrieben hätte. In solchen Dingen war sie immer gut gewesen. Immerhin hatte sie für uns ja auch den zweiten Pass und unsere Unterstützung erkämpft. Natürlich sind wir dankbar, dass sie sich so um uns gekümmert hat, aber wir legen großen Wert auf unsere Unabhängigkeit, und es machte uns wirklich zu schaffen, dass sie unsere Entscheidungen nicht akzeptierte.

Schon als wir damals mit vierzehn Jahren im Snip den Wunsch geäußert hatten, auf eine richtige Schule zu gehen, statt den Rest unseres Lebens auf einer Krankenhausstation zu versauern, war sie strikt dagegen gewesen. Wie die meisten Menschen war sie der Meinung, dass Behinderte keine gute Ausbildung brauchten, sondern dass für sie die Grundlagen wie Lesen und Schreiben genügten. Unsere Freundin Ira aus dem Zwanzigsten zum Beispiel hätte gern eine vollständige Schulbildung absolviert, aber man sagte ihr: «Vier Klassen sind genug – warum willst du mehr lernen, du bist doch sowieso ein Krüppel!» Trotzdem muss man wenigstens versuchen, für seine Rechte zu kämpfen.

Jetzt, wo wir das Zwanzigste verlassen hatten, regte sich Tante Nadja furchtbar auf, aber wir erklärten ihr, dass wir das Recht hätten, unsere eigenen Entscheidungen zu treffen. «Wir sind erwachsen», sagten wir. «Du musst uns gehen lassen. Du hast uns unser ganzes Leben lang beschützt, und wohin hat uns das gebracht? Was haben wir bisher in unserem Leben erreicht? Wir vegetierten in einem kleinen Kämmerchen im Altersheim dahin, und wenn wir dort geblieben wären, wäre das unser Ende gewesen. Verstehst du das denn nicht?» Anscheinend hat sie es nicht verstanden. Sie ärgerte sich auch, weil wir unsere Mutter nicht mehr sehen wollten, und sie ließ unsere Gründe nicht gelten. Schließlich war sie so böse auf uns, dass sie uns nicht mehr besuchte. Ich glaube, da wurde uns klar, dass wir uns auseinander gelebt hatten, obwohl wir zweiunddreißig Jahre befreundet gewesen waren.

«Ihr habt gesagt, ihr braucht eure Mutter nicht, weil sie euch nicht aufgezogen hat und ihr mit ihr nichts gemeinsam habt, und ich sagte: ‹Gut! Aber ich habe euch großgezogen, und anscheinend haben wir auch nichts gemeinsam.› Da sagte Masha: ‹Tja, Tante Nadja, wir haben auch einen Kopf auf den Schultern, weißt du, wir können für uns selbst denken.› Ich wusste, dass irgendwas grundsätzlich im Argen lag, also sagte ich nur noch: ‹Na, dann viel Glück!› und ging. Natürlich weinte ich, weil ihr euch so unvernünftig und verwöhnt verhalten habt. Ihr habt nicht mal angerufen, um euch zu entschuldigen, und ich habe euch auch nicht besucht. Wochenlang habe ich geweint, denn ich war zweiunddreißig Jahre für euch da und habe euch nie etwas verweigert. ‹Tante Nadja, wir brauchen Kaffee!› Tante Nadja konnte sich damals keinen Kaffee leisten, aber Tante Nadja hat trotzdem welchen gekauft. Warum hab ich das alles für euch getan? Niemand hat sich so viel um euch gekümmert wie ich. Jedes Jahr habt ihr euren Geburtstag bei mir zu Hause gefeiert. Einmal seid ihr mit eurem Freund Andrjuscha gekommen, und sogar ihn ließ ich ein paar Tage bleiben. Wisst ihr, ich würde alles für euch und andere unglückliche Menschen tun. Mit euch hatte ich mehr Mitleid als mit meinem eigenen Sohn.»

Aber wir brauchten dein Mitleid nicht. Von Mitleid zu Verachtung ist es nur ein winziger Schritt.

«Ihr habt immer in einer begrenzten Welt gelebt, eingeschlossen von vier Wänden, da ist es ja kein Wunder, dass ihr nicht wisst, wie hart die Welt ist. Deshalb benehmt ihr euch immer noch wie Kinder. O ja, ihr seid gesellig, aber ihr sucht euch die Leute aus, mit denen ihr etwas zu tun haben wollt. Ihr seid misstrauisch, ihr denkt, alle sind darauf aus, euch zu betrügen, ihr wagt es nicht, jemanden richtig zu lieben, denn ihr habt Angst, dass er euch im Stich lässt. Ihr verliebt euch, aber das ist etwas anderes. Wenn ihr das Gefühl habt, dass jemand euch hintergeht, dann lasst ihr ihn fallen wie eine heiße Kartoffel. Ich habe gesehen, wie ihr das mit anderen gemacht habt, aber ich hätte mir nie träumen lassen, dass ihr es auch mir antun würdet. Ihr beklagt euch über Anochin, dabei war er gut zu euch. Ihr könnt ihm keinen Vorwurf machen, wie er euch als Babys behandelt hat – er war Wissenschaftler, seine Arbeit war ihm sehr wichtig. Ihr führt euch auf wie Kinder, trotz eures Alters. Ich sehe euch nicht als Erwachsene.»

Genau das war ja das Problem! Du wolltest uns kontrollieren und wie kleine Kinder behandeln, damit konnten wir nicht umgehen. Und wir haben uns auf andere Menschen nie ganz eingelassen, weil wir immer spürten, dass wir niemandem vertrauen konnten – außer einander. Wir erkannten, dass wir unser Leben selbst in die Hand nehmen mussten, wenn wir etwas ändern wollten.

«Wir standen hinter unserem ‹Ich›.»

Unser Leben lang hat man uns Vorschriften gemacht, nicht nur, was wir denken, sondern auch, was wir tun und lassen sollten. Alles, wovon wir geträumt haben – Arbeit zu bekommen, Auto fahren zu lernen, mit Menschen unseres Alters zusammen zu sein, ein möglichst normales Leben zu führen –, alles wurde uns verweigert, und wir haben es hingenommen. Wie konnte man das Sowjetsystem in Frage stellen? Wir lebten in der ständigen Angst, für geisteskrank erklärt zu werden, und jetzt drohte aus dieser Angst Wirklichkeit zu werden. Wir wussten, dass niemand uns helfen würde, wenn wir weiter nur dumm rumsitzen und unser Schicksal akzeptieren würden. Wenn wir nicht untergehen wollten, mussten wir aus eigener Kraft ans andere Ufer schwimmen. Was für einen Sturm der Empörung wir damit auslösten! «Wie kann es angehen, dass unsere Zwillinge ihr Schicksal selbst bestimmen wollen? Wie können sie das wagen?» Wenn du entdeckst, dass jemand, dem du vertraut hast, für eine Flasche Wodka Leute zu dir ins Zimmer schmuggelt, damit sie dich anglotzen können – wie es uns in Nowotscherkassk passiert ist –, dann fängst du notgedrungen an, dich zu verschließen.

«Das ist zynisch. Habt ihr mich je wirklich geliebt? Oder wart ihr mir nur dankbar? Ihr sagt, euer Leben ist hart – das ist Unsinn! Ich habe euch alles gegeben, was ihr wolltet, ich habe immer dafür gesorgt, dass ihr eine Orange auf dem Nachttisch liegen hattet. Aber bei eurem Fernsehinterview habt ihr nichts davon erwähnt, was ich und die anderen im Snip für euch getan haben, dass ihr nur deshalb auf zwei Beinen steht.»

Es tut uns sehr Leid, dir wehzutun, aber wir sind keine Kinder, wirklich nicht. Wir sind vielleicht überempfindlich und vielleicht sogar zynisch. Aber wer kann uns daraus einen Vorwurf machen? Wir waren dir dankbar, aber dann haben wir erkannt, dass wir Distanz brauchten, um erwachsen zu werden.

13

Masha

Wir zogen also ins Sechste. Im Zwanzigsten war unsere größte Hoffnung gewesen, ein kleines Zimmer mit einer Toilette zu bekommen, in die wir beide gleichzeitig reinpassten. Aber jetzt hatten wir nicht nur unsere ehemaligen Freunde aus dem Zwanzigsten und die Leute vom Personal, die wir kannten, um uns herum, sondern alles, was wir uns je erträumt hatten: ein großes Zimmer mit einem Doppelbett, ein Sofa, einen Teppich auf dem Fußboden – so viel Luxus kannten wir gar nicht! Wir hatten sogar ein Telefon und durften eigene Bilder aufhängen. Ich hatte schon immer eine Schwäche gehabt für Jurij Gagarin, den ersten Mann im All, jetzt prangte ein Poster von ihm an unserer Wand neben einem Kalender mit Strandschönheiten, den wir geschenkt bekommen hatten. Wir verfügten über eine Dusche und eine kleine Wanne, in der wir nach Herzenslust baden konnten, alles für uns allein. Wir hatten den deutschen Rollstuhl, und aus Finnland bekamen wir einen Videorecorder und einen Farbfernseher. Aus Großbritannien schickte man uns Musikkassetten, Kosmetika, Kleider, Postkarten und Familienfotos von unseren dortigen Wohltätern.

Plötzlich öffnete sich uns die Welt – offenbar interessierten sich die Menschen wirklich für uns. Nie hätten wir uns das träumen lassen!

«Es war, als wäre unser Leben ein Alptraum gewesen, aus dem wir endlich aufwachten.»

Ein britischer Chirurg schrieb uns, er habe Zwillinge wie uns operativ voneinander getrennt, und wenn wir wollten, könne er es bei uns auch versuchen. Aber ich sagte: «Kommt gar nicht in Frage! Was soll ich ohne sie anfangen – wer soll dann für mich den Boden schrubben?»

«Masha und ich sehen die Dinge realistisch. Wir können uns nicht vorstellen, dass eine Trennung tatsächlich möglich sein sollte. Ich würde mich für sie opfern, aber Masha will ohne mich nicht leben.»

Gemeinsam ist das Leben besser. Die ersten Monate im Sechsten hatten wir ständig das Gefühl zu träumen. Wir konnten es einfach nicht glauben. Unser einziges Problem war, dass wir fast umkamen vor Angst, alles wieder zu verlieren. Wenn unsere Sachen nun konfisziert oder gestohlen würden? Nachts konnten wir vor lauter Sorge nicht schlafen, obwohl wir zur Sicherheit alle Türen verriegelten. Wir lebten praktisch wie in einem Safe. Zwar wussten wir gar nicht recht, wer unsere Habseligkeiten eigentlich konfiszieren sollte, aber das Sowjetsystem steckte uns noch so in den Knochen, dass wir überzeugt waren, es müsste irgendwann so kommen. Man kann doch nicht inmitten so vieler schöner Dinge sitzen und an das Glück glauben, oder? Man kommt sich vor wie im Märchen, aber Märchen sind bekanntlich nicht wahr. Wenn jemand ohne ersichtlichen Grund einen Palast geschenkt bekäme, könnte er sein Glück doch auch nicht fassen. Nein, er würde denken, das sei zu schön, um wahr zu sein! Genauso war es bei uns. Wir waren sicher, dass irgendwo ein Haken auftauchen und jemand uns die ganzen schönen Sachen wegnehmen würde und dass wir dann noch schlechter dran wären als vorher, weil wir ja jetzt auf den Geschmack gekommen waren.

Eines Abends erschien Drosdow ganz unerwartet im Sechsten, und der Direktor brachte ihn zu uns, um ihm unser schönes Zimmer und unsere Geschenke zu zeigen. Doch er konnte so viel klopfen, wie er wollte, wir hörten ihn nicht, denn vor unserem Zimmer liegt ein kleiner Korridor, von dem auch Toilette und Bad abgehen. Außerdem waren wir bereits eingeschlafen.

«Vielleicht waren wir ja auch vorübergehend taub ...»

Es brach uns nicht gerade das Herz, dass wir Drosdow verpasst und nicht mitbekommen hatten, wie unser Direktor mit uns prahlte. Aber am nächsten Morgen kam er gleich angelaufen: «Wir haben gestern Abend eine halbe Stunde an eure Tür geklopft!» Ich sperrte die Augen auf und fragte: «Wer ist ‹wir›?» Und er antwortete: «Na, ich und euer Drosdow. Ich wollte ihm zeigen, wie gemütlich ihr es jetzt habt, aber ihr habt einfach nicht aufgemacht!» «Oh, tut mir Leid», meinte ich. «Wir haben die Tür zugemacht und nichts gehört, stimmt's, Dasha?»

Zum ersten Mal im Leben hatten wir eine größere Summe Geld zur Verfügung. Viele Leute hatten aus der Presse von uns erfahren und Spenden geschickt, und so hatten wir nicht nur genug für ein gelegentliches Päckchen Zigaretten oder fürs Fensterputzen, sondern wir konnten sogar Kaviar und Räucherlachs kaufen. Aber ich war nicht an das ganze schicke Zeug gewöhnt und merkte, dass es mir nicht besonders schmeckte.

«Und man muss mit einem Löffel Kaviar zwei Tage auskommen, so teuer ist er!»

Also kauften wir Schinken und Huhn und andere Dinge, die wir noch nie probiert hatten, beispielsweise Garnelen. Kleider kauften wir nicht – wir wollten schließlich nicht auf den Laufsteg. Stattdessen legten wir einiges auf die hohe Kante, beispielsweise für besondere medizinische Behandlungen.

Eigentlich brauchte ich gar kein so großes Zimmer, mir hätte ein kleines genauso gut gefallen. Ich hätte auch im Besenschrank übernachtet, nur um im Sechsten sein zu können! Die Atmosphäre war wesentlich entspannter als im Zwanzigsten.

Wir können hier einladen, wen wir wollen, während wir im Zwanzigsten Freunde immer heimlich reinschleusen mussten, wie ungezogene Schulkinder unter Hausarrest. Solange wir nicht auf den Tischen tanzen, nimmt keiner daran Anstoß. Leider kommen immer noch Leute zu uns reingeplatzt, um uns anzugaffen, allerdings keine von draußen. Wie in jedem anderen Heim muss man sich namentlich eintragen, ehe man hereingelassen wird, damit nicht plötzlich Hinz und Kunz in den Gängen rumspaziert. Aber manchmal kriegen Medizinstudenten von den Babuschkas unsere Zimmernummer und statten uns ungebeten einen Besuch ab – die scheuchen wir dann so schnell raus, dass sie gar nicht wissen, wie ihnen geschieht. «Geht zurück an euren Schreibtisch, wie sich das für brave Jungs gehört, und hört auf, erwachsene Frauen mit eurer Neugier zu belästigen!»

Manchmal muss ich grob werden, aber das ist eine normale Reaktion auf die Grobheit anderer Leute. Ich bin nicht der Typ, der die andere Wange hinhält.

Zuerst einmal mussten wir dafür sorgen, dass sich alle an uns gewöhnten – angefangen beim Personal bis hin zu den Babuschkas. Weil es eine ziemlich große Fluktuation gibt, ist das natürlich ein permanenter Prozess. Aber es war längst nicht so schwierig wie im Zwanzigsten, weil wir wussten, was uns erwartete, und weil wir zwanzig Jahre älter und abgehärteter waren. Zwar setzte uns der Bruch mit Tante Nadja ziemlich zu, aber als Dasha anfing, darüber zu jammern, dass wir sie nicht hätten verletzen dürfen, sagte ich: «Denk daran, wie wir sie angefleht haben, uns aus dem Zwanzigsten rauszuholen, und wie sie sich einfach geweigert hat. Wir haben sie nicht gebeten, uns nach Australien zu schicken – lediglich in ein anderes Heim!»

Das ganze erste Jahr lang lebten wir in ständiger Angst, dass man uns alles wieder wegnehmen würde, sobald der Presserummel um uns vorbei war, und dass wir dann wieder zurück ins Zwanzigste müssten. Aber als dann das zweite Jahr anbrach, begriffen wir allmählich, dass tatsächlich niemand unsere Geschenke zurückfordern würde. Trotzdem verstecken wir unsere Besitztümer, denn wir haben noch immer Angst, bestohlen zu werden. Unser Kassettenrecorder liegt unter dem Sofapolster, unsere Atari-Spiele unter einem Tuch auf dem Sessel, unsere Kosmetika unter dem Bett. Man kann schließlich nie wissen.

Nachdem wir zwei Jahre im Sechsten gewohnt hatten und das Personal und die tägliche Routine kannten, nahm ein deutsches Fernsehteam mit uns Kontakt auf und bat uns um ein Interview. Wir sagten zu, denn wir lernen immer gern neue Leute kennen – vor allem Männer! –, und Ausländer mögen wir besonders, weil sie so großzügig zu uns sind. Am nächsten Tag kam der deutsche Korrespondent Adrianno mit seinem Kamerateam, um das Interview mit uns aufzunehmen. Danach meinte er: «Wenn ihr wollt, nehmen wir euch einen Monat mit nach Deutschland in den Urlaub.» Natürlich glaubten wir ihm kein Wort – in dieser Hinsicht sind wir waschechte Russinnen: Wir glauben nichts, was wir nicht mit den Händen anfassen können. Unser kühnster Traum war bisher, ein Wochenende in Sankt Petersburg zu verbringen, und selbst das schien recht unrealistisch. Und da schlug dieser Mann uns eine Reise vor, als ginge es um einen Spaziergang! Doch die Vorbereitungen für unseren «Urlaub» gingen munter voran. Dasha hielt vor Spannung die Luft an.

«Bis zur letzten Minute, als das Flugzeug russischen Boden verließ, konnte ich es nicht glauben, nicht wahr, Masha? Sogar als wir auf dem Moskauer Flughafen durch den Zoll gingen, dachte ich: ‹Bestimmt geht etwas schief, sie werden sich schon was einfallen lassen, um uns einen Strich durch die Rechnung zu machen.›»

Dann fand der sowjetische Zollbeamte tatsächlich eine Ungereimtheit im Pass unserer Dolmetscherin. Sie war Russin und brannte genauso darauf wie wir, nach Deutschland zu kommen: «Die beiden sind auf meine Begleitung angewiesen!», behauptete sie, und ich dachte: «Von wegen!» Adrianno drehte sich zu uns um und sagte: «Macht es euch was aus, ohne sie zu fliegen?»

Blitzschnell antwortete ich: «Mir nicht!» Am Ende konnte die Dolmetscherin den Mann doch noch davon überzeugen, dass alles in Ordnung war, und sie flog mit uns.

«Ich weiß nicht, warum, aber Deutschland war schon immer unser Traum gewesen, lange bevor wir die Chance zu dieser Reise bekamen. Und als wir erst mal da waren, wollten wir überhaupt nicht wieder weg. Zum ersten Mal seit unserer Geburt fühlten wir uns wie menschliche Wesen.»

Von Anfang an war alles anders – nach der Landung verließen wir das Flugzeug durch einen Tunnel, der direkt zum Terminal führte, statt erst mühsam die Treppen runterklettern und die Rollbahn überqueren zu müssen, wie das in Russland üblich ist. Wir bekamen ein gutes Hotelzimmer für normale Leute in der Stadt Köln. Man führte uns in normale Restaurants und Läden. In Russland grenzt man uns überall aus, aber hier…

«… hier fühlten wir uns absolut wohl. Wir fühlten uns wie Menschen, wie normale, intelligente Menschen. Es hätte wunderbar sein können … und es war auch wunderbar, nur brach es mir fast das Herz, wenn ich daran dachte, dass wir vierzig Jahre in der Sowjetunion verbracht hatten, wo wir doch genauso gut in Deutschland hätten auf die Welt kommen können.»

Anfangs hatten wir Angst, dass es auch hier die üblichen Menschenmengen und gehässigen Kommentare geben würde, aber niemand fasste uns an, niemand starrte – nicht mal die Kinder –, und niemand betrat ungebeten unser Hotelzimmer. Kein Mensch. Dasha hatte die verrückte Idee, wir könnten vielleicht in Deutschland bleiben, aber ich sagte nein. Unsere Freunde sind in Russland, wir sprechen kein Deutsch, und ich würde unser Zimmer vermissen.

Ein paar medizinische Koryphäen fragten uns, ob sie uns untersuchen dürften, und wir fanden das ganz in Ordnung. Wir hatten sogar ein bisschen darauf gehofft. Nicht, dass unsere Ärzte allesamt Idioten wären, aber sie sagen uns nie etwas. Wenn man in Deutschland einen Arzt etwas fragt, bekommt man meist eine ehrliche Antwort. Zu Hause dürfen wir unsere eigene Krankenakte nicht einsehen, deshalb wissen wir kaum, welche Organe jede von uns hat! Eine komplette medizinische Untersuchung hätten wir natürlich nicht selbst bezahlen können, aber wir hatten Glück: Zuerst kam ein Gynäkologe. Zwar war er nicht unbedingt mein Fall, trotzdem waren wir ihm dankbar, dass er uns kostenlos behandelte – wahrscheinlich wären sogar die Pillen, die er uns verschrieb, zu teuer für uns gewesen! Noch einige andere Ärzte untersuchten uns und kamen einhellig zu dem Schluss, dass wir eine normal entwickelte Intelligenz besaßen – Anochin dagegen hatte seinerzeit im amerikanischen «Life Magazine» einen Artikel geschrieben, in dem er ausführte, dass wir geistig zurückgeblieben seien. Damals waren wir sechzehn und lebten in Nowotscherkassk. Ich möchte den Menschen kennen lernen, der nicht zurückgeblieben ist, nachdem er sechs Jahre in Anochins Labors verbracht hat! Dann wollte uns noch ein deutscher Psychologe sehen, aber das lehnten wir ab. «Ich bin nicht irre!», sagte ich. «Ich brauche keinen Seelenklempner, vielen Dank.»

«Sowjetische Psychiater sind genauso schrecklich wie der KGB. Von ihnen hält man sich lieber fern. Wahrscheinlich ist auch das in Deutschland anders.»

Na ja, ich hatte keine Lust, es darauf ankommen zu lassen … Wir hatten unseren Rollstuhl mitgenommen und fuhren damit im Hotel herum, aber nie sehr weit. Ich wollte die Gegend ein bisschen auskundschaften, aber Dasha hatte Angst, uns würde das destillierte Wasser ausgehen und wir würden in irgendeiner Seitenstraße sitzen bleiben. Wir konnten ja beide kein Wort Deutsch! Man stelle sich vor – wenn nun irgendein armer Deutscher über uns gestolpert wäre, während wir dumm in einer Gasse festsaßen und auf Russisch radebrechten! Also blieben wir in unserem Zimmer und sahen fern. Das Zimmermädchen war nett – sie wechselte alle zwei Tage die Bettwäsche, was mich sehr wunderte. Ich sagte: «Sie brauchen sich die Mühe nicht zu machen, wir sind sehr sauber – wir baden jeden Tag, manchmal sogar zweimal!» Aber sie meinte:

«Nein, nein, wir wechseln jeden zweiten Tag die Wäsche, das ist hier so üblich.»

Mit unserer Dolmetscherin kam ich nicht sehr gut aus. Es gibt Leute, die man auf Anhieb unsympathisch findet, und das war bei ihr der Fall. Wir hatten vor, einen Monat in Deutschland zu verbringen, und sie hatte ohne weiteres ihr kleines Baby in der Obhut des Vaters zurückgelassen – nur weil sie die Gelegenheit bekam, nach Deutschland zu fahren!

«Wir konnten nicht verstehen, dass eine Mutter so etwas übers Herz brachte.»

Während unseres Aufenthalts sahen wir eine Fernsehsendung über ein deutsches Behindertenheim: Alles Notwendige war in der Nähe und für die Behinderten erreichbar. Unglaublich – man hatte wirklich an alles gedacht, bis zu Badewannen mit Spezialrahmen, damit man besser hineinsteigen konnte! Natürlich fehlten auch nirgends die Rampen für die Rollstühle. Dasha fand, dass es aussah wie im Paradies. Weil das Heim vom Roten Kreuz geleitet wurde, fragte sie Adrianno, ob er in Erfahrung bringen könne, ob auch Russinnen dort aufgenommen würden, und wenn ja, unter welchen Bedingungen. Ich sagte ihr, sie sei verrückt, auch nur an so etwas zu denken. Natürlich gab es das unbedeutende Problem, dass wir kein Geld hatten – wir hatten das meiste für Fernseher und Kassettenrecorder ausgegeben, und was noch auf unserem Konto gewesen war, hatte der Staat im Zuge der Währungsreform konfisziert, kurz nachdem wir im Sechsten eingezogen waren. Und wir sind nicht Stalins Töchter. Wir sind zwei völlig Unbekannte, warum also sollte man uns in Deutschland aufnehmen? Jedenfalls fragte Adrianno beim Roten Kreuz nach, bekam aber eine abschlägige Antwort. Vielleicht weil wir russische Staatsbürgerinnen waren? Wenn ich ein bisschen mehr Zeit gehabt hätte, hätte ich mir schon einen netten deutschen Mann geangelt und ruckzuck meine Staatsangehörigkeit geändert!

Wir waren gerade zehn Tage in Deutschland, als zu Hause der «Putsch» stattfand. Während sich Gorbatschow mit seiner

Frau Raissa im Süden der Sowjetunion auf Urlaub befand, inszenierten die kommunistischen Generäle einen Coup und schickten Panzer nach Moskau. Da Adrianno der Moskau-Korrespondent seines Fernsehsenders war, musste er zurück. Am Morgen kam er in unser Zimmer und informierte uns, dass wir abreisen müssten. Ich war sehr enttäuscht, dass die Reise schon nach so kurzer Zeit abgebrochen wurde. Dasha drehte total durch.

«Ich wollte nicht heim! In der Nacht sagte ich zu Masha: ‹Komm, lass uns springen, Mashinka. Bitte. Wir sind im elften Stock, das überleben wir ganz sicher nicht.›»

Aber ich sagte: «Komm weg vom Fenster und leg dich ins Bett!» Damit war die Sache erledigt. Aber sie hat den ganzen Rückflug im Flugzeug geweint, das war furchtbar peinlich. Unsere Abreise verlief so überstürzt, dass am Moskauer Flughafen Scheremetjewo niemand da war, um uns abzuholen. Wir mussten Idito, die neue Heimdirektorin, anrufen, damit sie uns einen Wagen schickte. Sonst wären wir vermutlich heute noch am Flughafen.

«Nachdem wir Deutschland verlassen hatten, verfiel ich in Apathie. Damals habe ich angefangen zu trinken. Es war dieser kurze Blick auf das, was hätte sein können, die Erfahrung, dass ein Wunschtraum sich zehn zauberhafte Tage lang erfüllte und dann für immer zerstört wurde. Ich war wieder in Russland. Im Heim, mit nichts zu tun als traurig zu sein und mir zu wünschen, das Leben wäre vorbei. Deshalb fing ich an zu trinken. Es war diese ‹toska›, diese Seelenqual, die mich dazu trieb.»

Versuch jetzt nicht, dich zu rechtfertigen!

«Doch! Ich werde mich rechtfertigen. Du verstehst dieses schreckliche Gefühl nicht.»

Es ist schrecklich genug, mit einer Säuferin wie dir zusammen zu sein. Ich frage mich immer wieder, an welchem Punkt ich dich eigentlich verloren habe. Hat alles im Snip angefangen, mit zwölf Jahren? Damals haben wir das erste Mal versucht zu trinken – dieses Mädchen, Ida, hatte eine Flasche billigen

Weins. Sie hat uns erzählt, sie habe Süßigkeiten bekommen, und lud uns auf ihr Zimmer ein, und dann zog sie stattdessen die Flasche heraus. Wir tranken jede ein Glas und torkelten zurück in unser Zimmer. Dann musste ich mich übergeben. Das Personal war sehr besorgt. «Was ist denn los mit euch? Habt ihr vielleicht was Falsches gegessen?» «Nein, nein», beteuerten wir. «Es geht uns schon wieder gut!» Dann plumpsten wir in unser Bett und schliefen ein. Damals hat das Trinken Spaß gemacht. In Nowotscherkassk habe ich mich mit den Jungs getroffen und Dasha Portwein gegeben. Die Lehrer wussten nicht, dass wir Alkohol tranken, dabei war eine ganze Menge in Umlauf. Als wir zurück nach Moskau ins Zwanzigste zogen, trank Dasha weiter, um uns bei Laune zu halten. Vermutlich war das schon eine ernstere Situation, aber immer noch nicht schlimm – nur gelegentlich mal eine Flasche Bier, wenn wir das Gefühl hatten, wir könnten es brauchen. Aber als sie aus Deutschland zurückkam, total am Boden zerstört, da beschloss sie, es mit Wodka zu versuchen. Und damit geriet die Sache außer Kontrolle.

«Ich trinke, um schlafen zu können.»

Schläfst du nachts nicht genug?

«Dieser Schlaf ist anders. Da bin ich total weg, ich träume nicht mal.»

Dasha mag ihre Träume nicht – sie erzählt mir nichts, außer dass es oft um den Tod geht. Meine Träume sind vollkommen in Ordnung, ihre anscheinend nicht. Deshalb kippt sie einen Drink nach dem anderen in sich rein, bis sie die Besinnung verliert, und wenn sie wieder aufwacht, ist sie weich wie Butter und sagt: «Versuch nicht, mich zu kurieren, Masha, denn ich finde schon eine Möglichkeit, mich umzubringen, und dann nehm ich dich mit.» Nach ein, zwei Tagen fängt sie dann an, verrückt und zittrig zu werden, und dann braucht sie Nachschub. Wenn ich ehrlich bin, mag ich es, wenn sie trinkt, denn dann ist sie so süß. Nicht wie manche Säufer, die im Suff gemein werden und fluchen! Dasha wird ganz sanft und weich, sie lächelt und schläft ein und wacht wieder auf wie ein kleiner

Sonnenstrahl. Sie ist auch nicht die Einzige hier, die trinkt. Im Heim wird eine Unmenge Alkohol konsumiert, sowohl vom Personal als auch von den Insassen. Man kann sich kaum vorstellen, wie es im Heim am Morgen nach der Rentenauszahlung aussieht – überall kippen die Leute um, mit Rollstuhl oder ohne. Manchmal kommt man kaum aus dem Aufzug und durch die Halle, weil überall Schnapsleichen rumliegen.

«Und trotzdem werden die Leute wütend auf uns ... ich meine auf mich ... weil ich trinke. Warum? Es ist deprimierend hier, es ist schrecklich, stimmt's nicht, Masha? Manchmal halte ich es einfach nicht mehr aus. Ja, wir haben den Fernseher, wir haben Videos und Bücher, aber manchmal fällt uns trotzdem die Decke auf den Kopf. Tagein, tagaus dieselben vier Wände. Deshalb trinke ich. Wenn Masha wütend wird und mich beschimpft, sage ich: ‹Masha, bitte schrei mich nicht an, du bist meine Schwester, wenn du mich nicht verstehst, wer soll mich dann verstehen?›»

Und was ist mit all den Leuten, die deinetwegen weinen? Die traurig sind, weil du dir das antust?

«Wer weint denn meinetwegen? Niemand!»

Doch, zum Beispiel die Lehrer in Nowotscherkassk. Sie waren so stolz auf ihre kleine Dasha, und jetzt müssen sie erfahren, dass sie eine Säuferin geworden ist.

«Sag so was nicht, Masha. Du hättest ihnen nicht erzählen dürfen, dass ich trinke, so was regt sie bloß auf. Ich wollte, du hättest es für dich behalten. Ist es denn allein meine Schuld? Unsere Brüder trinken, unser Vater war Alkoholiker. Es liegt in meinen Genen. Es ist mein ‹sudba›, mein Schicksal.»

14

Masha & Dasha, Winter 1997

«Ich war also Alkoholikerin geworden. Was habe ich dabei empfunden? Ich habe mich geschämt, mich vor mir selbst geekelt. Ich hatte das Gefühl, an einer unheilbaren Krankheit zu leiden. An einer Krankheit, die auch Masha zerstörte. Ich konnte ohne Alkohol nicht leben. Ich war körperlich und psychisch vom Wodka abhängig.»

«Wodka war nicht sonderlich teuer – knapp acht Mark pro Flasche –, aber es war nicht leicht, sich welchen zu besorgen. Wenn Dasha wirklich dringend etwas brauchte, mussten wir selbst zum Laden um die Ecke gehen. Der Ladenbesitzer kannte uns und stellte die Flasche schon auf die Theke, ohne dass wir etwas zu sagen brauchten. Manchmal jedoch hielten uns die Wachen am Tor an und durchsuchten unsere Taschen, weil es gegen die Regeln war, Alkohol ins Heim zu bringen. Wenn man bei uns eine Flasche fand, wurde sie konfisziert. Deshalb gingen wir lieber nicht selbst, sondern baten einen unserer Freunde, uns etwas zu holen, entweder jemanden vom Personal oder von den Insassen.»

«Die waren schlauer, wenn es ums Schmuggeln ging, stimmt's, Masha?»

«Aber sie waren auch Säufer, und sie erwarteten, dass wir zum Dank unsere Flasche mit ihnen teilten. Das machte uns zwar nichts aus, weil es sowieso mehr Spaß macht, in Gesellschaft zu trinken, aber in einer späteren Phase wurde es manchmal unangenehm. Immer wieder dachte einer, er könne mit uns ‹intim› werden, und ich musste ihn rausschmeißen. Oder wir entdeckten, wenn wir aufwachten, dass unser ‹Gast› mitsamt unserer Rente verschwunden war, die wir in einer Schublade aufbewahrten, oder mit ein paar von unseren Kassetten.»

«Aber wir verloren kein Wort darüber, denn das hätte sowieso keinen Sinn gehabt. Wir wollten ja auch nicht überall rumposaunen, dass wir uns in einem Zustand befunden hatten, in dem man uns ausrauben konnte. Außerdem gehört Stehlen im Heim zum Alltag, das weiß jeder. Wir haben die betreffenden Leute einfach nicht mehr eingeladen.»

«Aljoscha ist einer der Heiminsassen, mit dem wir gelegentlich eine Flasche teilen. Wir haben ihn kennen gelernt, als wir uns in der Bibliothek nach Zeitschriften umsahen. Er kam an uns vorüber, und ich sagte: ‹Hände weg von ihm, er gehört mir.› Aber inzwischen hat sich herausgestellt, dass er Dasha gehört, nicht mir – wie üblich. Zwar hat er einen gebrochenen Rücken, aber er hat immer einen kleinen Plastikbecher irgendwo in seinem Rollstuhl versteckt, falls ihm jemand mit einer Flasche über den Weg läuft. Aber wer kann es ihm verübeln? Er war jung, gut aussehend und fit, hatte eine hübsche Frau und zwei Kinder, und dann hatte er vor zwei Jahren einen Autounfall. Sein Leben war vorbei … Tja, jedenfalls dachte er das, bis er Dasha begegnete!»

«Nein, Masha, er mag uns beide, er ist nett zu uns beiden. Und außerdem hat er immer noch eine Frau und zwei Kinder.»

«Dass ich nicht lache! Seine Frau und seine zwei Kinder haben ihn hierher abgeschoben, oder? Nach dem Unfall hat er gemerkt, dass ihn niemand mehr will. Weder seine Frau noch seine Kinder, noch seine Eltern. Wenn man hier landet, weiß man, dass das Leben vorbei ist.»

«Er hat uns einfach Leid getan. Wir haben ihm oft Geld zugesteckt.»

«Valentina Alexejewna, die Garderobenfrau, mag ihn überhaupt nicht. Sie meint, Dashas Trinkerei habe uns den Abschaum auf den Hals gehetzt.»

«Valentina Alexejewna ist wie eine Mutter zu uns, wir haben so ein Glück. Sie bringt uns selbst gekochtes Essen von zu Hause mit, sie macht unsere Wäsche, sie kümmert sich um uns. Wir lieben sie sehr. Nicht wahr, Masha?»

«Wir nennen sie ‹Mama›, und sie ist mehr eine Mutter für uns, als es unsere eigene Mutter je war. Manchmal ruft Dasha unsere Mutter immer noch an, aber dann regen sich beide bloß auf. Valentina Alexejewna ist anders, sie ist stark, sie bemitleidet weder sich selbst noch andere, sie ist sehr streng mit uns – sie schimpft mit uns, wenn wir nicht ordentlich gekämmt sind, wenn wir einen Fleck auf den Kleidern haben, wenn wir die leeren Wodkaflaschen vom Balkon werfen. Aber das müssen wir tun, weil sie sonst die Putzfrau findet, und dann verpetzt sie uns. Wenn sich Valentina Alexejewna bereit erklären würde, die Flaschen für uns wegzubringen, wäre es nicht nötig, aber sie weigert sich. Sie sagt, sie tut prinzipiell nichts, was die Sauferei noch unterstützt. Wenn wir eine Flasche Wodka brauchen, können wir sehr überzeugend sein – sogar unsere Mutter hat uns schon welchen mitgebracht und auch Tante Nadja, was wieder einmal beweist, dass wir Berge versetzen können, wenn wir nur wollen – aber Valentina Alexejewna ist unerbittlich. Sie tut nichts, um den Alkoholkonsum zu unterstützen, und sie regt sich darüber auf, dass Dasha nicht bereit ist aufzuhören.»

«Weil sie uns liebt. Sie ist der einzige Mensch auf der ganzen Welt, dem wir vertrauen können.»

«Sie macht sich Sorgen wegen Dasha, aber ich sage: ‹Was soll ich denn tun? Sie in die Wüste schicken? Dann sag mir, wie ich das anfangen soll!› Aber dann sieht Valentina Alexejewna uns so voller Schmerz und Enttäuschung an, dass mir wund und weh ums Herz wird, und dann sage ich: ‹Tu das nicht! Bitte schau uns nicht so an, es wäre mir lieber, du würdest uns ohrfeigen.›»

«Ich mache mir oft Sorgen um euch, vor allem wegen dem Trinken. Du gibst Dasha die Schuld, aber du brauchst es genauso wie sie. Du hättest sie dazu bringen können aufzuhören, wenn du wirklich gewollt hättest. Ich frage mich, wie ihr im Sommer hier zurechtkommt, wenn ich nicht da bin. Wenn ich einen ehrlichen Menschen finden würde, der bereit ist, euch zu helfen, dann wäre mir leichter ums Herz, aber so liegt mir die Sache furchtbar im Magen.

Alle betrügen euch, ob es um drei, dreißig oder dreihundert Rubel geht. Wie kann man nur so gemein sein? Die Menschen sind manchmal schrecklich selbstsüchtig. Ich meine, seht euch doch an, wie dünn und blass ihr seid, von eurer spärlichen Unterstützung kann man nicht leben und nicht sterben, ihr seid hilflos in dieser Welt, absolut hilflos, aber niemand hat Skrupel, euch übers Ohr zu hauen. Ihr könnt nicht mal einkaufen gehen, weil ihr keinen Orientierungssinn habt – so etwas lernt man als Kind, aber ihr hattet ja nie die Gelegenheit dazu, deshalb würdet ihr wahrscheinlich vom nächstbesten Auto überfahren, wenn ihr über die Straße gingt. Und weil ihr so selten einkaufen geht, habt ihr natürlich auch keine Ahnung von Geld.

Die Leute haben keinen Schimmer, wie ihr euch fühlt. Deshalb verstehen sie auch nicht, warum ihr euch so verhaltet. Vielleicht ist es leichter für mich, weil mir mit vierzehn ein Geschwür aus der Wange operiert werden musste. Der Arzt machte seine Sache so schlecht, dass eine tiefe Narbe zurückblieb. Diese Narbe veränderte mein Leben. Ich war zutiefst gedemütigt. Vorher war ich ein hübscher Teenager mit einer netten Figur, jetzt war ich in meinen eigenen Augen plötzlich abgrundtief hässlich, und ich versteckte mich, so gut ich konnte. Ich verzog mich in eine dunkle Ecke und kleidete mich möglichst unauffällig. Und glaubt ihr etwa, die Leute hätten so viel Taktgefühl besessen, darüber hinwegzusehen? Keineswegs! Wohin ich auch ging, bekam ich zu hören: ‹Ach, das ist ja schrecklich, wie du jetzt aussiehst, früher warst du doch so hübsch!› Ich erinnere mich noch genau an jede einzelne fiese Bemerkung, als wäre sie in mein Gedächtnis eingebrannt. Ich glaube, diese Narbe hat mich schüchtern und menschenscheu gemacht, und dann denke ich, wie es erst sein muss, wenn man so aussieht wie ihr. Vielleicht können euch nur Menschen richtig verstehen, die irgendwann einmal etwas Ähnliches durchgemacht haben.

Die Leute denken schnell, dass ihr beide abweisend und unfreundlich seid, aber das kommt nur daher, dass sie euch nicht kennen. Im Innern seid ihr von Natur aus liebe Menschen, alle beide, und ihr habt es geschafft, nicht völlig zu verbittern, wie das leider bei vielen Behinderten der Fall ist. Viele Heiminsassen haben diese Ellenbogenmentalität: ‹Niemand hat je etwas für mich getan, warum sollte ich dann etwas für jemand anders tun?› Ich gehe auch für ein paar andere Insassen einkaufen, aber ihr beide seid für mich etwas Besonderes – sogar meine eigenen Kinder sagen, ich mache mir mehr Sorgen um euch als um sie. Aber sie sind ja auch selbständig und glücklich, während ihr mich braucht. Man hat mir gesagt, es werde die Zeit kommen, da ihr euch mit mir streiten und mir wehtun würdet, wie ihr es mit allen gemacht habt, die euch nahe standen. Darauf bin ich gefasst.

Seit ich euch kenne, hat sich euer Charakter leicht verändert. Natürlich wart ihr schon immer verschieden – fast Gegenpole. Du bestimmst, wo's langgeht, Masha, keine Frage. Man versuche nur mal anderer Meinung zu sein als du! Und du bringst Dasha dazu, die ganze Arbeit zu erledigen, streite das gar nicht erst ab! Ganz gleich, wie schlecht sie sich nach einem Alkoholexzess fühlt, du schleifst sie aus dem Bett, damit sie den Boden wischt oder die Wäsche auswringt. Aber inzwischen beharrt Dasha schon ein wenig mehr auf ihrem Willen. Zwar tut sie immer noch alles, was du sagst, aber sie nimmt es wenigstens nicht mehr widerspruchslos hin. Insgesamt hat sie wahrscheinlich eine etwas negativere Lebenseinstellung als du.

Andererseits versteht ihr euch anscheinend telepathisch.

Dasha steht auf, und du merkst, sie will, dass du eine Fluse vom Teppich auf deiner Seite des Betts aufhebst. Es ist wirklich beeindruckend. Ihr sprecht ganze Sätze synchron, so als wüsstet ihr genau, was im Kopf der anderen vor sich geht, aber untereinander habt ihr dauernd kleine Streitereien, ihr neckt euch und macht Witze – noch etwas, was ihr gemeinsam habt: euren Sinn für Humor. Ihr seid alle beide schlagfertiger, witziger und humorvoller als die meisten Leute hier im Heim, und ich denke oft, dass es gerade deshalb für euch so schlimm ist, wenn die Babuschkas euch behandeln wie Idiotinnen. Außerdem hört ihr auch noch besonders gut – manchmal glaube ich, ihr könnt von den Lippen ablesen: Wenn ihr die Treppe runterkommt, und da steht eine Gruppe Babuschkas in einer Ecke auf der anderen Seite und unterhält sich im Flüsterton über euch, kriegt ihr jedes Wort mit. Ihr seid die unglücklichsten Menschen, die ich kenne, und ich sehe, dass ihr es im Leben sehr schwer habt, nicht zuletzt, weil eure Mitmenschen so grausam zu euch sind. Trotzdem behaltet ihr euren Humor.

Niemand wäre in der Lage, auch nur eine Woche lang all die Beleidigungen wegzustecken, die ihr schlucken müsst – offenbar sind alle darauf aus, euch irgendwie zu verletzen, deshalb finde ich es mehr als verständlich, dass ihr trinkt. Aber es tut mir weh, weil ich glaube, dass ihr euch damit langsam umbringt – obwohl ich verstehe, warum ihr es tut.»

«Wir vertrauen Valentina Alexejewna hundertprozentig, deshalb ist sie so wichtig für uns, nicht wahr, Masha? Sie hat Recht, dass wir, weil wir zusammengewachsen sind, in diesem Land immer auf andere Leute angewiesen sein werden. Doch unser Vertrauen ist schon so oft missbraucht worden. Wir wollen hier nicht leben, wo wir nur eine Last sind. Aber was sollen wir tun? Wir sind voll und ganz von anderen Menschen abhängig, ob wir es wollen oder nicht. Ende der Geschichte.»

«Ein Mensch wie Valentina Alexejewna, die uns versteht und unsere Freundin sein will, ist eine Seltenheit. Die meisten Leute wollen irgendwas von uns. Sie lernen uns kennen und erzählen dann allen ihren Freunden, dass sie die berühmten Zwillingsschwestern Masha und Dasha getroffen haben, sie machen Fotos von uns und zeigen sie überall herum, obwohl ich sie natürlich gebeten habe, genau das nicht zu tun. Andere zerfließen vor Mitleid, und es ist schwer zu sagen, was ich schlimmer finde. Schon als Kind konnte ich erkennen, was in einem Menschen vorgeht, wenn er uns begegnet. Ich bin wie eine gespannte Feder; erst wenn ich merke, dass jemand wirklich nett ist, kann ich mich ganz allmählich entspannen. Wenn nicht, bleibe ich angespannt, oder ich springe dem Betreffenden gleich ins Gesicht. Ich habe einen Instinkt anderen Menschen gegenüber – wenn ich jemand nicht mag, halte ich ihn mir vom Leib. Es kommt auch vor, dass Dasha jemanden mag, ich aber nicht.»

«Wie Wanja, der Gelegenheitsarbeiter, der ein paar Monate hier gearbeitet hat. Wir haben dieselbe Wellenlänge. An der Oberfläche scheint er ein bisschen barsch, aber im Inneren ist er freundlich und hilfsbereit. Er ist ein netter Mann, und wir sind wirklich gern mit ihm zusammen.»

«Er ist ganz in Ordnung, ich necke ihn, und er macht mit, aber mir gefällt es nicht, wie er dich behandelt.»

«Nur, wenn er betrunken ist. Masha ... irgendwie hab ich ihn lieb. Nicht wie eine Frau einen Mann liebt, eher wie einen guten Freund. Seine Frau ist an einer Bushaltestelle gestürzt und ist mit dem Kopf so unglücklich aufgeschlagen, dass sie gestorben ist. Sein Sohn und seine Schwiegertochter haben ihn rausgeworfen, wahrscheinlich, weil er trinkt. Er hat uns nie verraten, warum genau, und wir fragen auch nicht nach. Da kam er hierher, um zu arbeiten, weil man ihm ein Zimmer zur Verfügung gestellt hat. Er züchtet Tauben, aber er lässt sie nie fliegen, weil er Angst hat, dass ein Bussard sie erwischt. Manchmal habe ich das Gefühl, er liebt diese Tauben mehr als alles andere auf der Welt. Zeigt das nicht, dass er ein guter Mensch ist? Und er ist nett zu den Behinderten, er trägt sie herum, wenn einer ihn darum bittet. Er kommt zu uns, um unsere Laken auszuwringen, wenn wir sie gewaschen haben. Es ist einfach angenehm, einen normalen Mann in der Nähe zu haben. Jemanden, der gern mit uns zusammen ist, um unseretwillen. Ich fühle mich bei ihm sicher, weil ich weiß, er tratscht nicht über uns und will nicht Geld aus uns rausschlagen.»

«Du fühlst dich sicher – ja, er ist ein richtiger Heiliger. Bis er ein bisschen was intus hat, dann ist er mies wie eine Klapperschlange. Er schlägt meine Dasha. Männer sind unberechenbar, wenn sie trinken.»

«Aber wenn er nicht besoffen ist, ist er großartig. Ich hab ihn sehr gern, ich freue mich beim Aufwachen immer darauf, ihn zu sehen. Du darfst ihn nicht verscheuchen, Masha, schick ihn nicht fort ...»

«Seht euch das an, jetzt fängt sie schon wieder an zu schniefen. Kleines Sensibelchen. Sie ist wie ein Schwamm, sie saugt die ganzen Emotionen auf, und dann kommen sie als Tränen wieder raus, tropf, tropf, tropf. Es macht mich krank. Wer kriegt den Kater, wenn du wieder mal zu viel getrunken hast? Ich. Dann fühle ich mich wie eine wandelnde Leiche. Du bist egoistisch, du denkst immer nur an dich. Schlimm genug, dass wir zusammengewachsen sind, aber dass wir so verschieden sind, macht alles noch schlimmer. Das Saufen verändert Dashas Charakter, sie hat angefangen, mir zu widersprechen, damit kann ich nicht umgehen. Sie war immer weich wie Butter, aber jetzt kann sie echt gemein werden, vor allem wenn ich Wanja kritisiere, ihren Liebling. So was gab's früher nie. Warum kannst du ihn nicht mal durch meine Augen sehen? Er ist nichts weiter als ein alter Säufer ...»

«... und warum siehst du ihn nicht mal durch meine? Er ist ein angenehmer Mensch, ich bin gern mit ihm zusammen, und er ist in unserem Alter ...»

«... er ist gemein und tut dir weh. Meinst du, ich sehe tatenlos zu, wie jemand dir was antut? Er schlägt dich auf den Kopf – verhält sich so ein richtiger Mann? Bei mir würde er das nie wagen.»

«Es gibt ein russisches Sprichwort: ‹Wenn er dich schlägt, dann liebt er dich.›»

«Ja, ja – er liebt dich, weil du ihm Wodka besorgst, der alte Sack! Wir geben ihm Geld, er zieht los und kauft eine Flasche für uns, aber hinter unserem Rücken lacht er sich ins Fäustchen, weil wir nicht wissen, wie viel das Geld wert ist. Glaub doch nicht, dass er uns mit dem Wechselgeld nicht übers Ohr haut, das macht jeder. Wie sollen wir auch je lernen, was ein Rubel wert ist, wenn man in der einen Woche eine Rente von 400.000 Rubel kriegt und in der nächsten 400, wegen der Geldentwertung? Man glaubt, man hat eine Million Rubel sicher auf der Bank, dann findet man heraus, dass man gar nichts mehr hat, weil der Staat alles einsackt. Und gerade wenn man meint, jetzt hat man es mehr oder weniger begriffen, dann wird über Nacht der Preis für eine Flasche Wodka verdoppelt. Ich geb's auf. Sitz aufrecht, ja? Mein Rücken tut weh.»

«Vielleicht mogelt er mit dem Wechselgeld ein bisschen, na und? Wenigstens holt er Wodka für uns. Ja, er trinkt, aber wer tut das nicht? Warum magst du ihn nicht, Masha? Er holt den Aufzug für uns und kommt auf ein Schwätzchen vorbei, wann immer er Zeit hat, und er führt uns im Park spazieren. Er würde das nicht tun, wenn er es nicht wollte. Er ist gern mit uns zusammen.»

«Vermutlich toleriere ich ihn, weil er sich nützlich macht. Wenn er beim Abladen der Lebensmittellieferungen hilft, klaut er, was das Zeug hält, und bringt uns davon was mit – Dosenfisch und Bohnen. Aber legt das nicht den Verdacht nahe, dass er auch bei uns klaut, wo er nur kann?»

«Es ist ein Unterschied, ob man den Staat beklaut oder uns. Wir sind seine Freundinnen. Warum geht er mit uns im Park spazieren, was glaubst du? Dafür wird er nicht bezahlt. Und wer würde mit uns gehen, wenn nicht Wanja? Wir haben Angst, alleine rauszugehen – was wäre, wenn wir irgendwo stecken blieben. Das wäre furchtbar peinlich!»

«Oh, und es war nicht peinlich, als Wanja uns letzte Woche in den Graben gekippt hat?»

Ehe wir uns versahen, bums, da kippte der Rollstuhl und wir mit ihm. Wanja hat gestaunt, sich am Kopf gekratzt und gesagt: ‹Hmm, wen soll ich zuerst aufheben, euch oder den Rollstuhl?› Aber als Idito Iono, unsere neue Direktorin, davon erfuhr, ging sie an die Decke. Sie meinte, er dürfe uns nicht mehr ausfahren, sonst würde er uns das nächste Mal womöglich in den See kippen. Ira mag ihn auch nicht, genauso wenig wie Tante Nadja. Ich bin froh, dass wir uns mit Tante Nadja wieder versöhnt haben, denn sie ist alt, Masha, sie kann nichts dafür, sie ist, wie sie ist. Sie hat ihr halbes Leben mit uns verbracht, und es gibt keinen Grund, ihr auf ewig böse zu sein. Ich hab dir gesagt, wir müssen nachsichtiger sein, und jetzt kommt Tante Nadja wieder zu Besuch, aber sie regt sich auf, weil wir … weil ich trinke.»

«Selbstverständlich regt sie sich auf. Alle tun das. Als sie uns besuchte und merkte, was mit Dasha los ist, hab ich gesagt: ‹Ja, schau sie dir nur gut an. Siehst du, was aus deiner Dashinka geworden ist? Was soll ich mit ihr machen? Sie schaufelt sich ihr eigenes Grab. Und meines dazu.›»

«Das ist mir egal. Um dich tut es mir Leid, aber um mich nicht. Ich ziehe mich von allen zurück, auch von dir, Masha.»

«Ach ja? Und was soll das nun wieder heißen? Ich werde dich nicht daran hindern.»

«Ich habe die Nase voll.»

«Von mir auch?»

«Ja.»

«Aha, verstehe …»

«Du verstehst überhaupt nichts.»

«Ich weiß nicht, was in dich gefahren ist – so hast du früher nie mit mir gesprochen.»

«Ich hab alles so satt.»

«Als Nächstes wirst du dich weigern, die Hausarbeit zu erledigen, und wo kommen wir denn dann hin? Ich kann nicht mal den Fernseher anmachen!»

«Höchste Zeit, dass du es lernst.»

«Glaub nur nicht, dass du mich dazu kriegst, die Wäsche zu

waschen oder den Boden zu schrubben. Ich gebe nur Anweisungen.»

«Keine Sorge. Ich mache gern sauber. Ich glaube, die Wohnung eines Menschen ist ein Spiegelbild seiner Persönlichkeit. Vielleicht lasse ich mich gehen, wenn ich trinke, aber das habe ich nicht unter Kontrolle, weil ich mich dann fühle wie in einer anderen Welt, in einer anderen Dimension. Sobald ich wieder ich selbst und nüchtern bin, möchte ich alles nett und sauber und korrekt haben.»

«Jeden Tag schrubbt sie die Kloschüssel mit Waschpulver, man stelle sich das vor! Und dann hat sie kein Waschpulver mehr übrig, um unsere Unterhosen zu waschen. Und wenn man überlegt, wie teuer das ist ...»

«Hör auf zu jammern.»

«Ich soll aufhören zu jammern? Na, so was! Was ist mit dir los? Kein Wunder, dass ich gewalttätig werde. Warum glauben alle, ich sei gemein und Dasha sei lieb? Unsere Beziehung ist Privatsache, die geht keinen was an. Wenn jemand in meiner Haut stecken würde, dann würde er verstehen, wie ich mich fühle, aber es hat ja keiner einen blassen Schimmer, was hier abgeht. Dasha sagt, sie habe die Nase voll von mir – tja, ihr Pech. Sie sagt: ‹Rutsch mir den Buckel runter, Masha›, und ich sage: ‹Du kannst mich mal.› Eine von uns muss hart sein, sonst zerfließen wir in Tränen. Gestern zum Beispiel, als wir mit dem Rollstuhl stecken geblieben sind. Wer hat da einen kühlen Kopf bewahrt und die Situation gemeistert? Ich natürlich. Wenn es nach dir gegangen wäre, würden wir jetzt noch da sitzen. Wir sind den Hügel hochgefahren, und Ira hat sich mit ihrem Rollstuhl angehängt, und da ging plötzlich nichts mehr, und Dasha geriet in Panik und rief: ‹Wir bleiben stecken!› ‹Sag so was nicht›, hab ich geantwortet, ‹das bringt nur Pech›, aber es war schon zu spät. Wir blieben stehen und kamen nicht mehr von der Stelle, keinen Zentimeter vor oder zurück. Ich sagte: ‹Ich muss aufs Klo›, aber wir steckten fest. Unsere Freundinnen Ira, Gjenna und Valera haben sich schiefgelacht, konnten aber auch nichts machen, weil sie ebenfalls im Rollstuhl saßen, und unserer wiegt mindestens eine Tonne. Es war eigentlich ziemlich komisch, aber mein Dummerchen hier kapierte das nicht, sondern fing an zu flennen, deshalb musste ich einen Jungen losschicken, damit er einen Torwächter holte, um mich zurück zum Aufzug zu schieben.»

«Ich dachte, wir seien total aufgeschmissen, Masha. Ich habe mich so hilflos gefühlt – wir hatten nicht mal unsere Krücken dabei, und alle haben uns ausgelacht.»

«Aber sie haben das doch nicht böse gemeint, du warst doch bloß in Panik. Genau wie damals, als man dir den Zahn ziehen musste. Gott, man hörte dich schreien bis in den sechsten Stock. Ich sagte: ‹Sei still, Dummchen, es tut nicht weh, du bekommst eine Spritze›, aber es hat eine Stunde gedauert, bis dein Zahn draußen war, er ist zerbröckelt, und die Wurzel steckte noch drin, und du dachtest, die Narkose würde jeden Moment nachlassen, deshalb hast du geschrien, weil du dich so vor den Schmerzen gefürchtet hast. Das kann einen wirklich in den Wahnsinn treiben.»

«Oder in den Alkohol.»

«Ich krieg dich wieder gesund, irgendwie.»

«Nein, bloß nicht, Masha. Wenn du das tust, bring ich mich um.»

«Versuch's doch.»

«Vielleicht bringe ich mich mit Wodka um. Es gibt schlimmere Methoden ...»

«Du machst deine Sache jedenfalls schon ganz gut. Ich will nicht, dass noch mal so was passiert wie damals, als du ein paar Flaschen intus hattest und plötzlich mitten in der Nacht blau angelaufen bist und angefangen hast zu japsen. Ich hab die Schwester gerufen, der Krankenwagen kam, aber in dieser Nacht dachte ich wirklich, das war's. Ehrlich. Sie haben gesagt, es sei das Herz gewesen. Tante Nadja bekam fast selbst einen Herzanfall, als sie es erfuhr. Sie hat uns dazu überredet, im Snip, wo sie immer noch arbeitet, eine Akupunktur-Behandlung zu machen, damit Dasha mit dem Trinken aufhört.»

«Ihr beide macht mich wahnsinnig vor Angst mit eurer Trinkerei. Ihr seht so schlecht aus mit euren aufgedunsenen Gesichtern und sonst ganz abgemagert. Zuerst habt ihr es mir verheimlicht, aber dann bekam ich plötzlich Anrufe von Masha – sonst hat immer Dasha telefoniert –, und ich dachte, irgendwas stimmt da nicht, denn du hast verschwommen und undeutlich geredet. Dann habt ihr mich gebeten, euch zu besuchen und eine Flasche Wodka mitzubringen, zum Andenken an den Tod eines Freundes. Damals habe ich mir nicht viel dabei gedacht, aber kaum war ich durch die Tür, da nahm mir Dasha die Flasche aus der Hand, füllte sich ein Glas und kippte es mit einer Grimasse runter. ‹Dashinka, meine kleine Dashinka, was ist denn los?›, fragte ich und schlug die Hände über dem Kopf zusammen. Aber Dasha antwortete: ‹Tante Nadja, reg dich nicht auf. Ich will nur fliehen.›

Masha, dir war immer klar, dass die Leute Dasha lieber mochten, und jetzt, wo Dasha Alkoholikerin ist, sagst du: ‹Da seht ihr, was ihr mit eurem ganzen Schmus angerichtet habt – Dashinka, kleine Dashinka, meine Süße, mein Püppchen –, ihr habt sie verwöhnt, und jetzt schaut euch an, was aus eurem Püppchen geworden ist.› Manchmal hat es fast den Anschein, als freust du dich. Dann sage ich: ‹Weißt du, Masha, deine Schwester hat ihre Gründe. Das Leben langweilt sie. Sie hätte gern einen Mann und eine Familie.›

Es gab eine Phase, da wart ihr jedes Mal betrunken, wenn ich euch besuchen kam, und man konnte kein vernünftiges Wort mit euch reden. Zu allem Überfluss hat der Alkohol auch noch einen ganz unterschiedlichen Effekt auf euch – du, Masha, wirst gewalttätig, während Dasha einfach fröhlich vor sich hin dämmert. Es fängt damit an, dass du Dasha ohrfeigst, und dann gerätst du richtig in Rage und sagst: ‹Sieh dich bloß an – die kleine Prinzessin ist nichts weiter als eine Säuferin! Wie kannst du mir das nur antun?› Du versuchst dauernd zu beweisen, dass Dasha allein an allem schuld ist, obwohl du genau weißt, dass du diejenige wärst, die trinkt, wenn du nicht alles gleich wieder ausspucken würdest. Aber inzwischen hast du dich sogar selbst davon überzeugt, dass Dasha schuld ist, und sie glaubt es dir sowieso längst. Jetzt fühlt sie sich doppelt schuldig, weil sie dich mit ins Verderben zieht.

Die arme Dasha war mit blauen Flecken übersät, wenn ich kam, das Gesicht, die Arme und Beine zerkratzt und voller Narben. Du hast sie gezwickt und misshandelt, wo du nur konntest, Masha, und am nächsten Tag hast du dann überall rumerzählt, ‹dein kleines Dummerchen› sei hingefallen, und Dasha hat genickt und alles bestätigt, was du hören wolltest. Es war schrecklich mit anzusehen, und es ist schwer zu verzeihen, aber ich denke, es ist der psychische Stress, weil ihr zusammengewachsen seid. Dasha trinkt, um alles zu vergessen, und wenn sie dann halb bewusstlos daliegt, machst du deinem Ärger Luft, indem du ihr weh tust, wie damals, als ihr noch ganz klein wart. Manchmal erscheint es mir wie ein Wunder, dass ihr fast ein halbes Jahrhundert so überlebt habt, ohne euch je ernsthaft zu verletzen.»

«Wenn sie besoffen ist, spürt sie überhaupt nichts, da kann ich ihr wehtun, so viel ich will, sie lächelt mich bloß an. Ich weiß selbst nicht, warum ich das tue, ich liebe sie doch wirklich. Am nächsten Morgen sage ich ihr dann, sie soll sich nicht aufregen, ich könne einfach nicht anders, und sie sagt, ja, wahrscheinlich sei das so. Aber jetzt habe ich damit aufgehört. Ich tue ihr nicht mehr weh. Ich konnte den Ausdruck auf Valentina Alexejewnas Gesicht nicht ertragen, als sie eines Morgens reinkam und Dasha überall Prellungen und Kratzer hatte. Ihr konnte ich auch nicht erzählen, dass Dasha gefallen sei, denn sie hat immer genau durchschaut, was los war, und es brach ihr das Herz. Deshalb habe ich aufgehört. Der blaue Fleck auf Dashas Gesicht, der kommt vom Zahnarzt, als er ihr den Zahn gezogen hat, dafür kann ich nichts.»

«Niemand gibt dir die Schuld daran, Masha. Neulich bin ich

einer der Babuschkas auf dem Flur begegnet. Sie blieb stehen und meinte: ‹Mädchen, Mädchen, ich verstehe ja, warum ihr trinkt, ich weiß, wie's euch geht. Ich glaube auch nicht, dass es ein Zeichen von Schwäche ist. Ihr seid stark. Ihr habt nicht Selbstmord begangen, ihr habt euren Verstand bewahrt, und ihr seid immer noch Freundinnen. Deswegen bewundere ich euch. Das Leben ist nicht leicht, und ich verstehe, warum ihr trinkt.› Sicher, sie schütteln den Kopf über uns und machen besorgte Gesichter, aber tief im Inneren verstehen uns viele von den Babuschkas, auch wenn sie es nicht zugeben. Sie halten es nur für ihre Pflicht, uns auszuschimpfen.»

«Hah! Die müssen gerade das Maul aufsperren! Wo sich die meisten selbst ganz gerne mal voll laufen lassen! Sie versuchen doch alle, sich das Leben irgendwie ein bisschen erträglicher zu machen. Man sehe sich nur die alte Frau neben uns an – sie hat einen Freund, der sie jede Nacht besucht, obwohl das natürlich verboten ist. Ich hätte es niemandem verraten, aber sie hat sich ihrerseits bei unserer Direktorin, Idito Iono, beschwert, dass wir morgens um drei Musik hören würden. Als Idito dann ankam, um uns Bescheid zu sagen, faselte die Babuschka immer weiter von unseren ‹Mitternachtspartys›. ‹Vielleicht in deinen Träumen!›, unterbrach ich sie. ‹Und was machst du nachts um drei mit deinem Großvater?› Da hat sie den Mund gehalten.»

«Sie kann ihren Großvater gern behalten, wir wünschen ihr viel Glück.»

«Sex interessiert mich nicht. Manchmal denke ich, dass ich unsere männliche Hälfte bin und Dasha die weibliche ist, denn ich bin härter und gröber und nicht ernsthaft an Männern interessiert. Ich kann kokett sein und auch mal flirten, wenn's sein muss – wer bekommt nicht gern gelegentlich einen Blumenstrauß oder ein bisschen Aufmerksamkeit, aber ich mag keine Männer, die sich aufspielen wie Paschas und denken, bloß weil sie die Hosen anhaben, können sie alles bestimmen. Da würde ich lieber allein wohnen als zusammen mit so einem. Und wenn

Dashas Tränen zu ihrer femininen Seite gehören, dann komme ich gut ohne aus. So was stört mich. Ich mag auch die romantischen Filme nicht, die sie so gerne anschaut, mit den ganzen Bettszenen. So was Langweiliges! Ich mag Abenteuerfilme und Gewalt, keinen Sex.»

«Ich nicht. Warum sollte es mir Spaß machen, das ganze Rumgeballere und Töten anzuschauen, Masha? Ich mag Liebesfilme, weil wir so etwas nie erleben werden, deshalb möchte ich es wenigstens aus zweiter Hand haben, wie eine Phantasiegeschichte.»

«Ich habe keine Lust, so was zu erleben, weder aus erster noch aus zweiter Hand.»

«Es ist ja nicht so, dass ich unbedingt einen Mann will. Das hab ich längst überwunden. Ich mag nur gern ein bisschen männliche Gesellschaft. Jungs wie Genna oder Valera, die haben auch ihr Leben in Heimen verbracht, genau wie wir, und sind anders als die Menschen von draußen. Deshalb sehe ich Wanja so gern.»

«Ich persönlich würde mir einen deutschen Mann aussuchen, wenn ich die Wahl hätte – groß, blond und treu!»

«Manche Männer aus dem Heim glauben, wir seien dankbar für jede Form von Zuneigung und nähmen, was wir kriegen könnten. Ira hatte einen Freund, Valera. Er war groß und gut aussehend, hatte einen schwarzen Schnurrbart und ist vor vier Jahren von seiner Frau hier untergebracht worden. Wie Aljoscha hatte auch er einen Autounfall gehabt und war gelähmt, aber vorher hatte er ein ganz normales Leben geführt. Es machte Spaß, mit ihm zusammen zu sein. Aber nachdem er eine Weile hier war, hat er angefangen zu trinken. Seine Frau hat ihn nie besucht, deshalb hat er was mit Ira angefangen. Dann wurde er krank und hat seine Frau gebeten, seine Tochter zu ihm zu bringen, und als sie sich weigerte, hat er sich hingesetzt und sich mit Wodka zu Tode gesoffen. Es dauerte nur zwei Tage. Wenigstens hat Aljoscha dieses Stadium noch nicht erreicht.»

«Und du auch nicht, Gott sei Dank.»

«Aljoscha ist ruhig und vernünftig, er wird auch nicht gewalttätig, wenn er trinkt, aber eines Abends haben wir ihn eingeladen, und er hat so viel getrunken, dass er aus dem Rollstuhl gekippt ist, direkt vor unsere Füße. Da waren wir ziemlich schnell wieder nüchtern, nicht wahr, Masha? Er hat sich nicht gerührt, wir dachten schon, er sei tot.»

«Und wie hätten wir das seiner Verwandtschaft erklären sollen? Man hätte uns die Schuld in die Schuhe geschoben.»

«Aber als wir merkten, dass er noch ganz normal atmete und nur ohnmächtig war, haben wir ihn in den Rollstuhl zurückbugsiert und ihn in sein Zimmer zurückgeschoben. So und ähnlich sehen die meisten unserer sozialen Kontakte aus.»

«Mit ihm haben wir keinen Kontakt mehr – ich habe ihn danach nie wieder eingeladen.»

«Jetzt trinken wir allein. Das ist sicherer, denn selbst unsere so genannten Freunde nützen es aus, wenn wir betrunken sind, nicht wahr, Masha? Andererseits sind wir abhängig von ihnen, weil wir abhängig sind vom Alkohol. Es ist ein Teufelskreis, deshalb werden wir bestohlen, geschlagen oder sogar vergewaltigt ...»

«Manchmal bleibt Genna mit uns wach, weil er nicht trinkt und uns im Auge behält, damit wir keinen Unsinn machen oder niemand richtig böse zu uns ist.»

«Er ist hinter Dasha her und hat ihr sogar schon einen Heiratsantrag gemacht, aber ich habe ihm gesagt, ich würde lieber den Klodeckel heiraten.»

«Ich habe keinerlei Interesse an Genna. Ja, ich hätte gern einen Mann, aber nicht irgendeinen, und ganz bestimmt keinen, der mir hier Avancen macht. Valentina Alexejewna hat uns erzählt, ein Mann, der uns besucht hat, während wir betrunken waren, habe hinterher vor seinen Freunden damit angegeben, dass er mit zwei Frauen gleichzeitig geschlafen habe, aber wir erinnern uns an nichts. Hoffentlich hat er es nur erfunden. Eine Babuschka am anderen Ende des Flurs passt auf unser Geld auf, denn wir haben die Dinge nicht unter Kontrolle, wenn wir trinken. Aber wenn ihr Mann, der über achtzig und obendrein taub ist, uns allein erwischt, fängt er jedes Mal an, uns zu belästigen. Es ist furchtbar, und wenn seine Frau davon wüsste, würde sie uns bei lebendigem Leib begraben.»

«Doch wir setzen dem schnell ein Ende – ein paar passende Worte von mir, und der alte Bock hat verstanden, was Sache ist, taub oder nicht. Aber mit solchen Leuten leben wir zusammen. Ich habe alles Mögliche ausprobiert, um Dasha dazu zu bringen aufzuhören: Hypnose, Pillen und vieles mehr. Aber sie labert immer nur von ‹toska›, dieser Angst vor der Leere oder was, und als Tante Nadja vorschlug, wir sollten zurück ins Snip, um einen Monat lang eine Akupunkturbehandlung zu machen, dachte ich, warum eigentlich nicht? So würden wir wenigstens eine Weile hier rauskommen und ein paar neue Gesichter sehen. Schon waren wir unterwegs.»

«Ich wollte sowieso Urlaub, eine Ruhepause von hier, deshalb habe ich mich bereit erklärt mitzugehen.»

«Im Snip hab ich mir Behandlungen ausgesucht, von denen ich dachte, sie würden mir gut tun, beispielsweise Rückenmassagen. Aber mein Dummerchen hier hielt nur zwei Sitzungen Akupunktur durch, weil sie zuviel Angst vor der Nadel hatte. So half es natürlich auch nichts.»

«Es tat weh.»

«Feigling. Mir machen Nadeln nichts aus, ich hatte nie Probleme damit. Am Anfang hat man im Zwanzigsten einen Bluttest mit mir gemacht, und die Ärztin war völlig außer sich, weil der Eisenwert in unserem Blut so niedrig war. Sie hat uns sofort Eisenspritzen verpasst. Seither bekommen wir die regelmäßig.»

«Nicht nur die Nadeln haben mich gestört. Ich wollte gar nicht, dass die Akupunktur etwas bewirkte … Wir haben darum gebeten, nicht in ein Einzelzimmer, sondern auf die normale Station zu kommen, nicht wahr, Masha, damit wir uns mit den anderen unterhalten und Domino oder Karten mit ihnen spielen konnten. Gewöhnlich dauert es nicht lange, bis die Leute sich an uns gewöhnen, und wir lernen immer gern neue Leute kennen.»

«Das ist der wahre Grund, warum ich hingegangen bin – ich hatte keine Hoffnung, dass sie geheilt würde.»

«Es war interessant, und wir hatten teilweise auch Spaß, aber wie so oft haben wir eine Menge unerwünschter Aufmerksamkeit auf uns gezogen – wenn Tante Nadja uns massierte, erschienen aus heiterem Himmel plötzlich jede Menge Medizinstudenten, genau wie früher. Aber Nadja ist das gewohnt und hat sie ziemlich schnell verscheucht. Von Medizinstudenten erwarten wir nichts anderes, die haben uns schon unser Leben lang genervt, aber tatsächlich verfolgten uns auch Patienten anderer Stationen im Rollstuhl. Sie flüsterten miteinander und zeigten mit dem Finger auf uns. Einmal wurde ich so wütend, dass ich mich umdrehte und sagte: ‹Hört mal, Jungs, reicht es denn nicht, dass ihr selbst Krüppel seid? Fühlt ihr euch besser, wenn ihr uns anstarrt?›»

«Und ich sagte: ‹Was starrt ihr uns denn so an? Dasha und ich können wenigstens laufen – aber ihr seid an den Rollstuhl gefesselt, bis ihr eines Tages tot rauskippt!› Vielleicht war das nicht sonderlich nett, aber sie haben verstanden.»

«Wenigstens hast du nicht geflucht ...»

«Ich kann gut fluchen! Als wir letztes Jahr wegen einer Lungenentzündung im Krankenhaus waren, haben mir die Schwestern den Spitznamen ‹Höllenhund› gegeben, weil ich jeden angeblafft habe. Da hab ich gesagt: ‹Komm ruhig mal hier rüber, Schätzchen, dann wirst du merken, dass ich auch beißen kann!›»

«Man kann mit verschiedenen Leuten ganz verschieden umgehen, und wir sind mit allen fertig geworden. Einmal beispielsweise gingen wir an der Cafeteria des Snip vorbei, und als das Personal herauskam, um uns nachzustarren, haben wir uns einfach umgedreht, sind an den Leuten vorbei ins Café gegangen und haben uns mitten in den Raum gestellt. Alle schwiegen, und da sagte ich: ‹Na gut, schaut uns jetzt genau an, damit ihr es ein für allemal erledigt habt.›»

«Nach einem Monat im Snip kamen wir zurück ins Sechste, aber wir durften keinen Besuch von draußen empfangen, weil das Heim wegen einer Grippe-Epidemie für einen Monat unter Quarantäne stand. Nicht dass uns sonst jemand besuchen würde, aber das Kommen und Gehen macht das Heim doch etwas lebendiger.»

«Wir sind solche Quarantänemaßnahmen gewohnt, nicht wahr, Masha? Wir kennen sie unser Leben lang, und schon das Wort Quarantäne klingt in unseren Ohren wie ein Totenglöckchen. Noch schlimmer war jedoch ein neuer Erlass von Idito, dass das Personal sich nicht mehr zu den Insassen setzen und mit ihnen reden durfte. Nicht wegen der Quarantäne, sondern nur, weil sie fand, es werde zu viel Zeit mit Schwatzen verplempert. Es ist das gleiche alte Lied – Behinderte sollen isoliert werden. Ob wir geistig oder körperlich behindert, senil oder Säufer sind – wir werden alle in einen großen Topf geworfen und sollen in unserem eigenen Saft schmoren.»

15

Masha & Dasha, Frühling 1998

«Ich hoffe, man beurteilt mich nicht zu hart. Für jeden ist es schwer einzugestehen, dass er Alkoholiker ist, und ich habe mich nur deshalb durchgerungen, es in diesem Buch zu tun, weil ich hoffe, dass die Menschen es verstehen und mir verzeihen. Wir hatten gute Zeiten in unserem Leben, nicht wahr, Masha? Aber es gab auch schlechte Zeiten, und im Heim ist Alkohol immer ein leichter Ausweg. Da kann man jeden fragen. Ich meine nicht, dass die Lebensbedingungen so schlecht sind, sondern, dass es schwer ist, in einer solchen Umgebung psychisch fit zu bleiben. Wenn jemand auch nur zwei Tage mit uns verbringen könnte, würde er es sofort verstehen. Valentina Alexejewna arbeitet jeden Tag in der Garderobe, und sie versteht uns. Sie kümmert sich um uns. Sie ist unsere richtige Mutter. Die Mutter, die ich all die Jahre gesucht habe.»

«Ja, ich kümmere mich um euch, und ihr wisst, dass ich euch lieb habe, aber ich kann euch nicht daran hindern, eure eigenen Freundschaften zu schließen, und ich war alles andere als glücklich, als ihr euch so eng an Wanja angeschlossen habt. Ich mochte diesen Mann noch nie. Nicht nur, weil er trank und euch deshalb ermunterte, noch mehr zu trinken, sondern weil ich ihm nicht über den Weg traute. Er schwänzelte um euch herum, weil er etwas von euch wollte, und jetzt wissen wir auch, was – Geld. Zweihundert Dollar – eineinhalb Millionen Rubel –, die euch eure Wohltäter aus dem Ausland geschickt hatten. Für euch war es ein Vermögen, und ihr hattet es in der Nachttischschublade versteckt, um es mir am nächsten Tag zu geben. Aber man kann eine solche Summe nicht mal einen Tag im Heim lassen. Dann hat Wanja euch betrunken gemacht und das Geld gestohlen.

Das Schlimmste war, dass ihr ihm unbedingt vertrauen wolltet. Ich wusste, was für ein Mensch er war, aber ich versuchte erst gar nicht, euch das klarzumachen. Ihr seid erwachsen und wart gern mit ihm zusammen. Schließlich bist du eine Frau, Dasha, deshalb hast du ihn gemocht – du brauchst jetzt gar nicht den Kopf zu schütteln –, obwohl er dich schlecht behandelt hat. Es hat dir gefallen, dass er sich um dich gekümmert hat. Jede Frau wünscht sich Zärtlichkeiten von einem Mann, und das hast du auch bei ihm gesucht. Vielleicht warst du sogar in ihn verliebt. Du hast ihm verziehen, also muss doch Liebe im Spiel gewesen sein, oder?»

«Ja, ich habe Wanja auf meine Art geliebt. Gut, er hat unser Geld gestohlen, aber ich will nicht, dass jemand davon erfährt, ich will nicht, dass jemand schlecht von ihm denkt. Ich weiß, er hat uns hintergangen, und er lügt, wenn er sagt, er war es nicht, aber uns betrügt doch jeder. Jeder lügt uns an. Außerdem war es eine Versuchung für ihn, dass wir das Geld in unserem Zimmer hatten, wo er doch einen Hungerlohn verdiente. Und jetzt hat Idito ihn gefeuert, weil er bei der Arbeit getrunken hat, und er ist weg, und ich muss dauernd weinen …»

«Ich wusste gar nicht, wie ernst es dir mit ihm war, bis ich diese ganzen Tränen gesehen habe.»

«Es war nichts zwischen uns, Masha kann das bezeugen.»

«Das hätte er mal versuchen sollen, der Mistkerl.»

«Ich war einfach gern mit ihm zusammen. Ich hatte ihn gern

in meiner Nähe. Und jetzt ist er weg, und ich spüre eine Leere in mir. Ich fühle mich elend. Nicht wegen des Geldes, sondern weil ich wieder allein bin.»

«Wer ist allein? Was bin ich denn – ein Möbelstück?»

«Er hat hart gearbeitet, aber Idito Iono erlaubt nicht, dass er sich verteidigt. Ich war bei ihr, um ein gutes Wort für ihn einzulegen, aber sobald sie mich gesehen hat, hat sie die Hand erhoben und gesagt: ‹Kein Wort, Dasha!›, und ist gegangen. Aber ich vermisse ihn so.»

«Na, ich bestimmt nicht – ich brauche niemanden wie Wanja, der mich rumschubst. Was siehst du denn an ihm? Was denn?»

«Ich kann es nicht erklären. Und was soll er jetzt anfangen? Wo soll er wohnen? Du beklagst dich über ihn, Masha, aber du hast dich auch gern von ihm im Park spazieren fahren lassen, du bist gern mit ihm und seinem kleinen Hund über das Grundstück gewandert. Und weißt du noch, er hat sogar einen Freund mit einem Auto dazu gebracht, uns ins Café mitzunehmen. Das hat Spaß gemacht, oder nicht, Masha?»

«Das letzte Mal, als wir ausgegangen sind, waren wir bei einem Konzert unserer russischen Popsängerin Alla Pugatschowa. Die Veranstalter haben uns gebeten zu warten, bis das Licht ausging, damit die anderen Leute uns nicht sähen, und das Konzert hatte schon angefangen, als wir endlich zu unseren Plätzen gelangten. Aber natürlich bemerkte man uns trotzdem, und es gab so einen Aufstand, dass Alla zu singen aufhörte und wütend rief: ‹Sorgt dafür, dass die beiden sich hinsetzen, ja!› In der Reihe vor uns saß ein Filmteam, und als sie das Konzert fertig gefilmt hatten, drehten sie sich um und sahen uns zum ersten Mal. Dem Produzenten blieb der Mund offen stehen. ‹Machen Sie den Mund zu›, sagte ich, als wir gingen. Und er machte den Mund zu. Ich möchte gern in das Konzert der deutschen Gruppe ‹Modern Talking›, das bald stattfindet. Das sind meine Lieblingssänger – ich hab alle ihre Lieder auf Band und höre sie dauernd.»

«Aber das Konzert ist im Kreml, Masha, wir müssten über die

ganzen Brücken laufen, um hinzukommen, das kann ich nicht. Wirklich nicht, Masha, nicht mal für Modern Talking – denk doch bloß an all die Leute, die sich an unsere Fersen heften würden, bis wir auch nur zur Tür kämen!»

«Natürlich kannst du das. Hör auf zu jammern. Wir gehen eben ganz früh los.»

«Nein, Masha, bitte, ich ertrage so was nicht. Wir können doch ein Video von ihnen kaufen, das ist genauso gut, und wahrscheinlich wird das Konzert auch im Fernsehen übertragen …»

«Ich will endlich mal rauskommen! Es wird schon alles gut gehen. Manchmal macht es Spaß, zusammengewachsen zu sein – wie damals, als jemand uns im Auto mitnahm und ein Verkehrspolizist auf dem Motorrad den Fahrer anhielt, weil ‹zwei Jungen› auf dem Vordersitz saßen. Ehe der Fahrer ein Wort herausbrachte, hüpften wir auch schon aus dem Wagen und verkündeten: ‹Wir sind aber zwei Mädchen!› Im Handumdrehen saß der Polizist wieder auf seinem Motorrad und war in einer Staubwolke verschwunden.»

«Normalerweise ist es nicht sonderlich spaßig, aber wir haben uns an die verschiedensten Reaktionen gewöhnt. Einmal mussten wir in die Klinik, zu einem Urologen, und wir hörten ihn den nächsten Patienten reinrufen und schimpfen, wie viel er zu tun habe und warum sich niemand an die Termine halte. Wir bekamen Angst und haben Tante Nadja vorgeschickt, damit sie sich für uns entschuldigte und ihm erklärte, wer wir waren, aber der Arzt ließ sie überhaupt nicht zu Wort kommen, sondern schrie sie auch gleich an. Da schlichen wir uns leise hinter ihr in sein Zimmer, und plötzlich wurde er still. Ganz still.»

«Er sah richtig zerknirscht aus, nicht wahr, Masha?»

«Wenn Leute uns zum ersten Mal sehen, tun wir so, als bemerkten wir ihre Reaktion überhaupt nicht. Ich meine, was sollen wir denn tun – ebenfalls in Tränen ausbrechen, wenn jemand das tut, oder was?»

«Genau, Masha!»

«Dabei haben uns alle möglichen Ärzte untersucht. Spezialisten, medizinische Koryphäen.»

«Aber in Russland hat nie jemand vorgeschlagen, uns operativ zu trennen. Nur dieser eine Chirurg aus England, der uns geschrieben hat, er könne uns operieren, wenn wir es wollten, aber daran hatten wir vorher nie gedacht. Da es für uns nie zur Debatte stand, dachten wir auch nie darüber nach, und von der Kommission, die darüber diskutiert hatte, als wir Babys waren, wussten wir nichts. Aber Masha meint, es sei unmöglich. Wie sollte man uns trennen, wo wir doch so viele Organe gemeinsam haben?»

«Reden wir nicht über Trennung! Du gehörst mir und wirst mir immer gehören. Wenn ich mich schlecht fühle, erzähle ich dir alles ...»

«... und wenn *ich* mich schlecht fühle, sagst du mir, ich solle den Mund halten.»

«Aber du erzählst es mir trotzdem, weil wir Schwestern sind, weil wir alles füreinander sind.»

«In Ordnung, sprechen wir nicht von Trennung.»

«Was glaubst du, was ich ohne dich tun würde – wer würde mir die Haare waschen und mich am Rücken kratzen? Du bist lieb, Dasha. Du bist viel netter als ich. Manchmal wirst du böse, aber dann gibst du mir einen Kuss und machst alles wieder gut. Du bist meine Schwester, meine Freundin, mein Ein und Alles. Ich könnte es nicht ertragen, wenn jemand dich mir wegnähme, ich brauche dich viel zu sehr. Und wenn man uns trennen würde, würdest du mich verlassen, das weiß ich genau. Du würdest weggehen. Ich habe viele Freunde, aber ich kann keinen von ihnen so kontrollieren wie dich.»

«Aber ich will nicht mit einem Feldwebel zusammenleben. Ich will allein sein, Wenn wir getrennt wären, würde ich auf dem Land leben, eine Kuh halten und Gemüse anbauen, und wenn du in meine Nähe kämst, würde ich die Hunde auf dich hetzen. Mach nicht so ein wütendes Gesicht, Masha, du weißt, ich mache bloß Spaß.»

«Das ist kein Spaß. Du würdest weggehen und mir fremd werden. Das könnte ich nicht ertragen. Du würdest einen Mann finden, der sich in dich verliebt, na klar, du bist ja eine Heilige. Aber wenn ich dich verlieren würde, wäre ich aufgeschmissen, ich wüsste nicht, was ich tun sollte. Ich würde verrückt werden. Du würdest Kinder kriegen, und ich würde wahnsinnig. Ich weiß, dass du dir Kinder wünschst.»

«Dafür ist es jetzt zu spät. Wir tun es sowieso nicht, also reden wir nicht mehr darüber.»

«Na gut, reden wir über die Liebe. Ich war noch nie verliebt und habe auch nicht die Absicht, es zu tun. Es gibt Männer, die ich bewundere – wie beispielsweise Stalin –, und ich schwärme für Berühmtheiten, zum Beispiel für den ersten Mann im Weltraum, Gagarin. Nicht, dass ich verrückt wäre oder so was, aber ich hab von ihm geträumt, obwohl er schon lange tot ist – na ja, für seine Träume kann man nichts. Ich habe also geträumt, Gagarin und ich seien die Leiter zur Weltraumrakete hochgestiegen, kurz vor dem Start. Das war vielleicht aufregend! Ich sollte ins All geschossen werden, und dann würden wir da oben sein, nur wir beide – na ja, natürlich nicht nur Gagarin und ich, schließlich ist Dasha auch in meinen Träumen immer bei mir, aber sie hat mich nicht gestört – und dann hat mein Dummerchen mich geweckt, und jetzt werde ich nie erfahren, ob wir wirklich gestartet sind oder nicht!»

«Ich bin auch mit Masha zusammen, wenn ich träume, aber wenn wir unsere Entspannungsübungen machen, stellen wir uns immer vor, wie es wäre, normal zu sein. Wir malen uns aus, was für einen Mann wir geheiratet hätten und was für ein Leben wir führen würden. Es ist ein Phantasiespiel, ein Weg, der Realität zu entfliehen, nicht wahr, Masha?»

«Daran ist doch nichts auszusetzen, oder? Wir stellen uns vor, wir hätten jede ein eigenes Leben. Natürlich erzählen wir einander davon, wir haben keine Geheimnisse voreinander. Es ist eine Art Fortsetzungsgeschichte. Ich beispielsweise bin jetzt seit drei Jahren verheiratet. Ich habe einen netten, zuverlässigen

Ehemann, der seine Familie ernährt, ein richtiger Mann eben. Ich wünsche mir einen Mann nach alter russischer Tradition: hart, aber gerecht. Er kann mich ruhig schlagen, wenn ich es verdient habe – beispielsweise, wenn ich ihn betrügen würde. Wir leben also zusammen, ich und mein Ehemann. Er ist drei Jahre älter als ich – ich mag keine jungen Männer –, er hat seine eigenen Ansichten, er ist groß, dunkel und glatt rasiert – für ungepflegte Bärte hab ich nichts übrig. Er verdient mehr als ich, weil ich mich nebenbei noch um die Kinder kümmern muss und deshalb nicht voll berufstätig bin. Er ist aber keiner von diesen irrsinnig reichen ‹Neuen Russen›, nein, mit denen will ich nichts zu tun haben. Er leitet eine Klinik, ist sehr erfolgreich auf der Karriereleiter und hat gute Aussichten auf eine Professur. Von Geschäftsmännern halte ich nichts, die kommen für mich nicht in Frage. Die bringen sich gegenseitig um die Ecke, und wenn meinem Mann eines Tages irgendwas zustossen würde, säße ich dumm da, müsste seine Kinder allein großziehen und dauernd mit ihnen zum Friedhof rennen.»

«Stimmt, Masha!»

«Bisher habe ich zwei Kinder, einen Jungen und ein Mädchen, und ich glaube, das reicht. Vielleicht kriege ich noch eines. Fünf sind auf alle Fälle zu viel. Ich verwöhne sie nicht, aber ich gebe ihnen viel Freiheit; ich versuche nicht, sie zu gängeln oder sie nach meinem Willen zu formen, wie viele Eltern das tun. Sobald ein Kind anfängt selbständig zu denken, legen sich die Eltern mächtig ins Zeug, und jedes Mal, wenn sie den Mund aufmachen, kommen Sätze raus wie: ‹Das kannst du nicht machen, jenes kannst du nicht machen, lass die Finger davon und geh ins Bett, wenn ich es dir sage.› Ich arbeite als Krankenschwester auf der Intensivstation. Eine Vierundzwanzigstundenschicht und dann zwei Tage frei, zu Hause bei Mann und Kindern.»

«Ich male mir auch ein anderes Leben aus, aber ich möchte nicht darüber sprechen. Es ist meine Flucht aus dem Alltag, so viel kann ich wohl sagen. Ich flüchte mich in den Wodka, aber ich kann mich auch in die Musik vertiefen, wenn wir unsere Übungen machen. Ich tanze, ich lasse mich treiben.»

«Gott sei Dank lässt sie sich nicht aus dem Fenster treiben. Auf alle Fälle hat sie ihre Romanzen im richtigen Leben gehabt, ich nicht. Aber ich will sie auch gar nicht. Dasha ist eine unverbesserliche Romantikerin. Ständig wartet sie auf Wanja: dass er uns besucht, dass er anruft. Und sie hat alle Briefe von Slawa aufgehoben, in einem Buch unter dem Kopfkissen. Als er gestorben ist, wollte ich die Briefe zerreißen und wegwerfen, aber sie hat es nicht zugelassen. ‹Masha, Masha›, hat sie gerufen, ‹du zerreißt mein Herz gleich mit, wenn du das tust.› Ich hatte Mitleid mit ihr. Wenn sie sich total elend fühlt, holt sie die Briefe raus und liest sie. Hier sind sie, voller Eselsohren und total zerfleddert. Jetzt sind sie bald dreißig Jahre alt.»

«Vielleicht habe ich Slawa idealisiert. Vielleicht wollte er uns tatsächlich nur ausnutzen. Masha hat mir gesagt, dass eines von den Mädchen in Nowotscherkassk ihr erzählt habe, die Jungs hätten Wetten abgeschlossen, dass er mit mir schlafen würde. Vielleicht stimmt das. Vielleicht auch nicht …»

«Na, na! Willst du behaupten, ich hätte gelogen?»

«Nein, Masha. Vielleicht hat das Mädchen gelogen. Jedenfalls habe ich daraus etwas gelernt, was ich eigentlich nicht mehr hätte lernen müssen – dass man niemandem trauen kann. Selbst denen nicht, die man am meisten liebt. Man hat uns sogar gesagt, Tante Nadja habe sich dafür bezahlen lassen, dass sie sich um uns kümmerte. Vielleicht war das – zumindest teilweise – der Grund für den Bruch damals. Wir wollten es nicht glauben und haben versucht, es möglichst zu verdrängen, aber wenn der Verdacht erst mal ausgesät ist, wächst er und schlägt Wurzeln. Es ist schwer vorstellbar, dass uns jemand wirklich lieben oder uns ohne ersichtlichen Grund etwas Gutes tun könnte. Deshalb wollte ich immer unsere Mutter finden – ich dachte, wenn es jemanden auf der Welt gibt, der uns um unseretwillen liebt, dann ist das unsere Mutter, denn Mutterliebe ist bedingungslos. Und jetzt ist unsere Mutter tot. Vor ein paar Wochen haben wir es erfahren, und es war ein Schock ... aber wir haben nicht geweint.»

«Wir haben ja Valentina Alexejewna.»

«Ich würde Tolja gern noch mal sehen, du nicht, Masha? Aber er ruft nicht an, und wir haben seine Telefonnummer nicht. Serjoscha kann uns gestohlen bleiben, mit seinen Narben und Beulen von den Schlägereien. Im Suff prügelt er sich immer.»

«Er ist ein Monster – er hat Bier im Kopf, wo bei anderen Leuten das Gehirn ist. Dein Wanja hatte das gleiche Problem. Aber wir waren so traurig, als er wegging, dass du an unserer Geburtstagsparty deinen Kummer im Wodka ertränken wolltest. Ich hätte es ahnen sollen. Wir hatten alle unsere besten Freunde eingeladen – Ira, Tante Nadja, Valentina Alexejewna, Rita, die Schwesternschülerin aus dem Zwanzigsten, sie brachten Salate mit, und du konntest keinen Bissen essen.»

«Ich weiß, es war peinlich, und ich fühle mich schrecklich deswegen. Aber ich war nicht allein daran schuld, Masha, die anderen sagen, du hättest den Wodka zurückverlangt, den die anderen zur Sicherheit vor uns versteckt hatten.»

«Jetzt fang nicht an, mir die Schuld in die Schuhe zu schieben, Daria Kriwoschljapowa. Falls ich Alkoholikerin bin, dann deshalb, weil du mich dazu gemacht hast, vergiss das bitte nicht. Das müsste allen klar sein. Ich trinke nicht. Okay, ich wollte mir an meinem Geburtstag einen Schwips antrinken, aber ich hab mich augenblicklich übergeben. Inzwischen wird mir sogar schlecht, wenn du trinkst. Es wird immer schlimmer, aber was sollen wir tun?»

«Ich hätte vielleicht aufhören können, wenn ich es versucht hätte, bevor wir in Deutschland waren, aber als ich zurückkam, war es zu spät. Da wollte ich nicht mehr aufhören, weil ich nicht aufwachen wollte ... Hoffentlich gibt es weder Himmel noch Hölle, ich möchte nach meinem Tod nämlich nirgends mehr existieren ... Himmel und Hölle haben sich Leute ausgedacht, die sich vor dem Tod fürchten. Aber ich habe keine

Angst. Ich glaube nicht an Gott, ich habe nie an ihn geglaubt. Als wir klein waren, hat uns jemand etwas von Gott erzählt, die UdSSR war ja ein atheistisches Land. Alle Leute um uns herum waren Atheisten. Jetzt ist das anders. Plötzlich hat jeder eine Religion, und deshalb versuchen die Leute, uns auch zum Glauben zu überreden, aber es ist zwecklos. Wenn ich glauben würde, dass es Gott gibt und er mir das angetan hat, würde ich ihn hassen. Als wir gestern nach unten gegangen sind, war gerade der Priester da. Er besucht die bettlägerigen Leute und betet mit ihnen. Auf einmal sagte Valentina Alexejewna: ‹Ich wünsche mir so, dass ihr beide euch taufen lasst.› ‹Und wie verändert sich unser Leben, wenn wir getauft sind?›, fragte ich wütend. ‹Sag mir das!› Sie fing an zu erklären, wenn wir an Gott glaubten, würden wir Frieden finden, aber ich denke, es liegt an uns, Frieden zu finden … Also sagte ich: ‹Wenn du an Gott glaubst, dann frag dich doch mal, warum er uns das angetan hat. Wir sind keine schlechten Menschen, wir haben nie einen Menschen umgebracht oder bestohlen. Und jetzt sieh dir all die Mörder und Banditen an, von denen man in der Zeitung liest, die frei herumlaufen und ein gesundes, glückliches Leben führen.›»

«Ich würde an Gott glauben, wenn er meine Dasha heilen würde. Dann wäre ich bereit, auch an den Teufel zu glauben, an Gott und seine himmlischen Heerscharen. Eine Frau, die hier arbeitet, hat mir ein Kreuz geschenkt, und ich trage es – für alle Fälle.»

«Was den Tod angeht, so wünsche ich mir nur, dass er schnell kommt. Das Leben ist schwer genug, da möchte ich nicht, dass der Tod auch noch schwer wird.»

«Das Leben wäre noch schwerer, wenn wir einen Unfall hätten und einen bleibenden Schaden davontragen würden. Wenn wir nüchtern sind, ist das Gehen schon schwierig, aber sobald wir das kleinste bisschen Alkohol intus haben, wird es fast unmöglich, das Gleichgewicht zu halten. Tagsüber regen sich unsere Freunde auf, wenn wir sie nicht grüßen, aber ihnen ist nicht klar, dass die Fortbewegung unsere ganze Konzentration erfordert. Wir können uns nicht dauernd umdrehen und nicken und grinsen. An unserem Geburtstag ist Dasha im Badezimmer gestürzt und hat sich am Waschbecken die Lippe aufgeschlagen. Es war eine tiefe Wunde, überall war Blut, doch wir haben beide nicht groß darauf geachtet und uns wieder hingelegt und weitergeschlafen. Aber als wir am nächsten Morgen aufwachten, war die Lippe so angeschwollen, dass ich die Krankenschwester rufen musste. Sie wäre fast in Ohnmacht gefallen, als sie das ganze Blut sah. Gott, sie stand regelrecht unter Schock, und ich dachte schon, ich müsse sie wachküssen! Aber als sie sich dann wieder erholt hatte, meinte sie, man hätte uns ins Krankenhaus bringen sollen und Dasha hätte genäht werden müssen. Doch jetzt war es zu spät. Na ja, sie sieht trotzdem wieder ganz gut aus.»

«Aber nach diesem Vorfall habe ich mich so geschämt, dass ich beschloss, mit dem Trinken aufzuhören. Das musste ich in die Hand nehmen, niemand konnte es für mich tun. Ich dachte lange darüber nach, in welchem Sumpf ich zu versinken drohte, dass ich womöglich herunterkommen würde wie unser Bruder Serjoscha, der nicht besser ist als ein Landstreicher in der Gosse. Nicht wahr, Masha? Also habe ich mich zusammengerissen und gedacht: ‹Nein, diesmal muss ich es schaffen.› Mit Akupunktur haben wir es damals im Snip schon mehr oder weniger halbherzig versucht, und eine Weile haben wir uns auch bei einem Chinesen behandeln lassen. Er kam zu uns ins Heim und wollte schrecklich viel Geld dafür haben. Deshalb haben wir bis zum Schluss durchgehalten, obwohl es höllisch unangenehm war. Aber ich war nicht mit dem Herzen bei der Sache, sondern habe nur mitgemacht, weil alle mich dazu drängten. Der Chinese hat uns Nadeln in den Bauch gesteckt, in die Füße, überallhin, eine Woche lang sind wir sogar mit Nadeln in den Ohren rumgelaufen, die er mit Pflaster überklebt hatte. Aber die ganze Quälerei hat nichts geholfen. Mit Hypnose haben wir es auch versucht, ebenfalls ohne Erfolg. Dann hat uns eine Freundin erzählt, sie kenne eine Frau von der ‹Antialkoholiker-Gesellschaft›; sie sei bereit, für uns einen guten Arzt aufzutreiben. Sie kam vorbei, um sich mit uns über unser Problem zu unterhalten, und versprach, jemanden zu suchen, der uns helfen würde. Wir sollten uns keine Sorgen machen.»

«Wir sollten uns keine Sorgen machen! Diese hinterhältige kleine Schlange!»

«Ein paar Tage später erschien ein großer Artikel auf der Titelseite des Boulevardblatts ‹Komsomolka› mit der Schlagzeile ‹Siamesische Zwillinge sind Alkoholikerinnen!› Wie sich herausstellte, war die Frau Journalistin und wollte mit uns Geld machen … wie alle anderen auch.»

«Der Artikel war dermaßen gemein, geradezu hasserfüllt – man kann es sich kaum vorstellen. Sie schrieb darüber, wie hässlich wir seien und in was für einem ungemütlichen Zimmer wir hausten. Über Dashas Problem äußerte sie sich nur sarkastisch – der ganze Artikel war in einem herablassenden Ton verfasst, halb sollte er wohl humorvoll sein, halb zynisch. Alle, die darin vorkamen, wurden schlecht gemacht – Valentina Alexejewna, unsere Freunde und natürlich das ganze Heim. Kein wohlwollendes Wort stand da. Dasha hat eine ganze Woche lang nur geweint. Wir erfuhren von dem Machwerk erst, als unsere Direktorin Idito hereingestürmt kam, uns den Artikel unter die Nase hielt und anfing, uns anzuschreien, was uns denn einfalle, das Heim so zu verunglimpfen. Ich habe den Artikel gelesen, und mir wurde ganz schlecht. Soll das Demokratie sein? Da ist doch irgendwas oberfaul. Wir haben Jelzin gewählt, aber jetzt sind wir echt enttäuscht. Bei der nächsten Präsidentschaftswahl streichen wir alle Kandidaten durch, weil es sinnlos ist zu hoffen, dass vom Parlament etwas Gutes kommt. Man braucht sich doch nur die Presse anzusehen. Sicher, sie hat uns geholfen, aus dem Zwanzigsten rauszukommen, aber da steckte die Demokratie noch in den Kinderschuhen. Jetzt drehen alle durch: Jeder kann schreiben, was er will und über wen er will, kein Hahn kräht danach. Ich meine, was sollen wir machen? Die Zeitung verklagen? Wir haben keine Ahnung, wie man das macht, und darauf spekulieren solche Leute doch.»

«Dabei hat diese Journalistin wirklich einen netten Eindruck gemacht. Sie war jung – gerade mal zwanzig oder so – wirklich süß! Warum hat sie diesen ganzen Dreck über uns geschrieben? Wie konnte sie so gemein sein? Wen wundert es da noch, dass wir kein Vertrauen zu den Menschen mehr haben? Wir waren ganz offen zu dieser jungen Frau, wie zu einer Freundin, wir glaubten wirklich, sie würde uns helfen, nicht wahr, Masha? Wir wussten nicht, dass es ihr nur darum ging, in ganz Russland rumzuposaunen, dass wir Alkoholikerinnen sind. Wir geben uns Mühe, es soweit wie möglich für uns zu behalten, auch hier im Heim. Schließlich sind wir nicht gerade stolz darauf. Wir trinken in unserem Zimmer, in aller Stille, wir belästigen niemanden. Nach diesem Artikel kriegen wir zu jeder Tages- und Nachtzeit entsetzte Anrufe von allen möglichen Leuten.»

«Und was wäre, wenn wir stattdessen AIDS hätten? Hätte die Frau dann denselben schrecklichen Artikel über uns geschrieben? Ganz bestimmt! Wenn ich das kleine Miststück noch mal in die Finger kriege, reiß ich ihr die Haare einzeln aus.»

«Aber ein Gutes hatte die Sache doch. Ein paar Ärzte von der ‹Gesellschaft für Gesundheit und ein Leben ohne Alkohol› aus Perm haben uns angerufen und angeboten, nach Moskau zu kommen und uns zu behandeln. Gratis. Die Methode nennt sich in Russland ‹Kodieren›. Damit hat der Staat schon früher Alkoholiker vom Trinken abgehalten: Unter die Haut des Patienten wird eine Ampulle mit irgendeiner chemischen Substanz eingenäht, die tödlich wirkt, wenn sie mit Alkohol in Verbindung kommt. Gewöhnlich wird man für ein Jahr ‹vernäht›. Uns war diese Methode zu drastisch. Die ‹Gesellschaft für Gesundheit und ein Leben ohne Alkohol› versucht es zwar mehr oder weniger nach demselben Schema, aber sie benutzt eine Substanz, die einen ‹nur› blind macht oder lähmt, wenn man Alkohol zu sich nimmt. Dazu kommt eine Hypnosebehandlung, durch die erreicht werden soll, dass man gar nicht mehr trinken will. Von Freunden hatten wir gehört, dass die Therapie sehr wirksam sei, und wir waren inzwischen zu fast allem bereit. Ein paar Wochen später reisten zwei Ärzte mit dem Zug aus Perm an, um uns zu kodieren.»

«Einer von ihnen, Alexander, ist ein echt toller Typ!»

«Er ist verheiratet, Masha! Seine Frau ist wunderschön!»

«Kein Problem – sie ist dort, und ich bin hier! Es gibt ein altes russisches Sprichwort: ‹Eine Frau ist keine Mauer.› Ich hab ihm angeboten, er könne die Nacht auf unserem Sofa verbringen, und er hat gesagt: ‹O nein, es ist mir zu gefährlich, bei euch beiden zu bleiben!›»

«Die beiden Ärzte waren freundlich und lustig, und wir sind gut miteinander ausgekommen. Sie haben mit uns besprochen, was sie mit uns vorhatten, aber wir waren trotzdem nicht darauf gefasst, wie schrecklich das Kodieren tatsächlich sein würde. Alexander, der jüngere, machte so einen sanften und ruhigen Eindruck. Er und der andere Arzt flößten uns ein paar Tropfen von einem bitteren Gebräu ein, und auf einmal wurde seine Stimme laut und harsch, fast besessen, und er drückte so fest auf meine Augen, dass ich fast aufgeschrien hätte. Wie eine Beschwörungsformel wiederholte er ein paar Mal: ‹Entspann dich! Du wirst keinen Alkohol trinken. Du wirst keinen Alkohol wollen. Wenn du auch nur einen Tropfen trinkst, wirst du blind und gelähmt.› Dann ließ er uns los und sagte, das sei schon alles gewesen. Wir seien geheilt. Wir zitterten beide am ganzen Leib, und Masha hat sich beinahe übergeben. Aber Alexander sagte, wir würden ein ganzes Jahr lang nichts trinken wollen.»

«Unsere Behandlung basiert auf der Psychotherapie – wir erwecken im Patienten den Wunsch, nicht trinken zu wollen. Sicher, wir arbeiten auch mit Elementen der Angst, aber längst nicht so sehr wie beim traditionellen ‹Vernähen› des Patienten, bei dem es praktisch Selbstmord ist, wenn er Alkohol trinkt. Das nenne ich echte Angst.

Wir üben Druck auf bestimmte Punkte oberhalb der Augen aus. Der Patient konzentriert sich auf den Schmerz, andere Gedanken werden weitgehend ausgeschaltet, so dass unsere Worte eine hypnotische Wirkung ausüben können. Nachdem ich mit euch beiden geredet hatte, kam ich zu dem Schluss, dass es weniger Erfolg haben würde, wenn ich euch sagte, ihr würdet sterben, denn Dasha hat offenbar einen ziemlich ausgeprägten Todeswunsch. Deshalb hielt ich es für aussichtsreicher, euch damit zu drohen, ihr würdet gelähmt. Ich habe euch empfohlen, ein Jahr lang kodiert zu bleiben. Wenn ein Patient das Leben ohne Alkohol genießt und überhaupt ein ausgefülltes Leben führt, ist es leichter für ihn: Vom Lebensstil und der Umgebung hängt eine Menge ab. Bei Patienten, die eine Motivation haben, nicht zu trinken, verläuft die Therapie meist erfolgreicher, beispielsweise, wenn jemand einen Beruf und eine junge Familie hat – dann trinkt er auch nicht.

Einmal behandelten wir einen Geschäftsmann, der fünf Liter Wodka am Tag trank – das ist eine ganze Menge! –, aber als ihm klar wurde, dass ihm wegen seiner Sauferei Millionengeschäfte durch die Lappen gingen, kam er zu uns. Nach sechs Monaten war er wieder da, denn er musste für drei Wochen nach Paris und wollte sich für diese Zeit ‹dekodieren› lassen – weil es da Mädchen und Champagner geben würde. Als er nach Perm zurückkehrte, kodierte ich ihn von neuem.

Aber im Heim ist kein Mensch glücklich, deshalb wird es für euch schwer sein. Vor allem, wenn so viele Leute in eurer Umgebung trinken. Wir müssen abwarten.»

16

Masha & Dasha, Sommer 1998

«Fast dreizehn Wochen hielt ich es aus ... Anfangs glaubte ich daran, dass ich es schaffen würde. Ein Jahr erschien mir überschaubar, und ich war fest entschlossen, es durchzustehen, wirklich ganz fest entschlossen. Aber ich hatte keine Ahnung, wie schwer es sein würde, und nach einem Monat merkte ich, dass ich überhaupt nicht damit zurechtkam.»

«Drei Monate hat sie durchgehalten, dann hielt ich ihr Gejammer und Geheul nicht mehr aus. Es machte mich verrückt! Also beschloss ich, die Ärzte kommen und uns dekodieren zu lassen, damit Dasha wieder trinken konnte. Sie meinten, wenn wir uns nicht dekodieren ließen und trotzdem Alkohol zu uns nähmen, könnten alle möglichen schrecklichen Dinge passieren. Alle möglichen Leute versuchten, es mir auszureden. ‹Masha, du könntest sie bei der Stange halten, wenn du wolltest, du bist doch diejenige, die bestimmt›, sagten sie, aber ich brachte es einfach nicht fertig. Es war zu spät, ich konnte nichts tun, ganz ehrlich. Dasha benahm sich wie eine Irre, brach die ganze Zeit in Tränen aus und hatte hysterische Anfälle. Wie sollte ich damit leben? Alle lieben und respektieren Dasha, ich ziehe dabei immer den Kürzeren. Sie hat mich angefleht, uns dekodieren zu lassen, da habe ich schließlich nachgegeben, aber jetzt, wo sie wieder trinkt, will man mir die Schuld dafür in die Schuhe schieben. Ist das vielleicht fair?»

«Niemand gibt dir die Schuld, Masha, die Leute regen sich nur auf, weil ich wieder angefangen habe. Mir macht das übrigens auch zu schaffen. Alexander hat damals behauptet, ich würde nicht mal mehr den Wunsch verspüren zu trinken. Leider stimmte das überhaupt nicht. Ich sehnte mich furchtbar danach, aber ich hatte schreckliche Angst, dass wir gelähmt würden. Ich hatte auch Angst, Beruhigungsmittel zu nehmen, weil ich dachte, sie würden womöglich Alkohol enthalten. Es war niemand da, den ich hätte fragen können, welche Medikamente geeignet seien, denn sobald die beiden Ärzte uns kodiert hatten, waren sie stehenden Fußes nach Perm zurückgereist und verschwunden. Ich musste selbst zusehen, wie ich zurechtkam. Ein Telefongespräch wäre zu teuer gewesen, deshalb hing alles von uns ab.»

«Ja, und jetzt sieht man, wohin uns das alles geführt hat! Trink deinen Kakao.»

«Ich will ihn nicht, er steht schon seit zwei Tagen rum. Es schwimmen schon Fliegen drin rum.»

«Trink ihn und hör auf, dich zu beklagen. So ist's besser. Vielleicht gewöhnst du dir so den Wodka ab – du streust einfach ein paar tote Fliegen rein, und dann vergeht dir die Lust.»

«Tote Fliegen würden mir den Wodka nicht vermiesen, wenn ich ihn wirklich brauche, das ist ja das Schreckliche an dieser Krankheit. Ich sehe das Glas an und spüre eine Aversion dagegen, aber ich will den Wodka trotzdem, wegen seiner Wirkung. Gestern sind wir mal wieder gestürzt, und Masha hat sich den Kopf angeschlagen. Du hättest wegen der Beule wirklich zum Arzt gehen sollen, Masha.»

«Machst du Witze? Ich zeige mein Gesicht keinem Menschen, ehe die Schwellung und die blauen Flecken weg sind. Sonst wissen alle, dass du wieder angefangen hast.»

«Es würde dem Personal momentan gar nichts ausmachen, denn diese Woche kommen die Finanzinspektoren zur Buchprüfung. Wir könnten tot umfallen – sie würden uns einfach unters Bett schieben, damit die Inspektoren nicht über uns stolpern.»

«Als Dasha nicht getrunken hat, sind wir nach unten in die Halle gegangen, um uns mit Valentina Alexejewna und den Jungs zu unterhalten. Aber das machte die Sache durchaus nicht leichter, denn wir trafen fast immer andere Behinderte oder alte Leute, die voll waren wie die Strandhaubitzen. Sogar die Angestellten trinken. Vor etwa einem Monat hatte jemand Geburtstag, und das Personal genehmigte sich zur Feier des Tages eine Runde Sekt. Wir kamen ins Büro unserer Direktorin, und da tanzte sie auf dem Schreibtisch. Wir haben auf dem Absatz kehrtgemacht und sind verschwunden, so schnell wir nur konnten! Ja, es war echt hart. Jeder Tag ein Kampf. Wir taten, was wir konnten, um uns zu beschäftigen. Wenn es unten unerträglich wurde, schleppte ich Dasha wieder rauf in unser Zimmer, und wenn ich sah, dass sie weinte, legte ich Musik auf oder sagte ihr, ich würde eine neue Musikkassette oder eine Limo kaufen. Aber das heiterte sie auch nicht auf. Nichts heiterte sie auf. Und was war mit mir? Meinst du, für mich war das lustig? Ständig hatte ich Kopfschmerzen, mein Blutdruck war viel zu hoch. Vermutlich brauchte ich den Wodka genauso nötig …»

«Morgens standen wir auf und machten unsere Entspannungsübungen, weil die manchmal halfen, den Wunsch nach Alkohol zu vergessen. Abends nahm ich Schlaftabletten, aber ich konnte trotzdem nicht richtig schlafen. Als ich nach stärkeren Medikamenten fragte, meinte die Schwester, das seien schon die stärksten, die sie habe. So verstrich ein Tag nach dem anderen, und die ganze Zeit sehnte ich mich nach einem kleinen Schlückchen, damit das schreckliche Bedürfnis aufhörte und ich wieder einigermaßen funktionieren konnte.»

«So fängt es immer an – mit einem ‹kleinen Schlückchen›.»

«Wenn ich richtig unglücklich bin, brauche ich mehr, um

mich ein Weilchen abzulenken, nicht wahr, Masha? Ich brauche nur in den Spiegel zu sehen, und schon ist mir den ganzen Tag schlecht.»

«Zieh mich da nicht mit rein. Vielleicht klingt es seltsam, aber als wir den Film über die siamesischen Zwillinge aus Amerika gesehen haben, die am Kopf zusammengewachsen sind, da bekam ich einen richtigen Schock.»

«Ich glaube, wenn ich mich so sehen würde, wie mich andere Leute sehen, würde ich auch zu Tode erschrecken!»

«Diese Zwillinge sagten, sie versuchten, ihr eigenes unabhängiges Leben zu führen, mit eigenem Zimmer und eigener Arbeit. Gut für sie, aber ich persönlich halte das für wenig sinnvoll. Wie soll das gehen, wenn man zusammengewachsen ist? Man ist zusammen, ob man will oder nicht, damit sollte man sich am besten gleich abfinden.»

«Es gibt noch ein Zwillingspaar, Abigail und Brittany Hensel, die ähnlich zusammengewachsen sind wie wir, nur etwas weiter oben. Sie leben in Amerika. Ich habe einen Film über sie gesehen. Die Glücklichen: Sie haben liebevolle Eltern und ein gemütliches Zuhause – und sind in Amerika geboren. Ihre Mutter hat gesagt: ‹Ich möchte den Leuten klarmachen, dass sie zwei getrennte Kinder mit unterschiedlichen Persönlichkeiten sind, die sich nicht besser ergänzen könnten. Wenn man sie voneinander trennen würde, täte ihnen das nicht gut. Das sieht man doch.› Vermutlich dachte sie, bei einer Operation würden die beiden sterben, und das wollte sie nicht, weil sie ihre Töchter zu sehr liebt. Vielleicht hat sie Recht, denn die beiden haben gute Voraussetzungen, um ein relativ glückliches Leben zu führen. Aber wenn mich jemand gefragt hätte, ob ich lieber als Kind bei einer Operation gestorben wäre oder dieses Leben mit Masha führen wollte, dann hätte ich mich für Ersteres entschieden.»

«Ich nicht, ich bin ganz zufrieden, mit oder ohne Amerika. Und jetzt haben wir Valentina Alexejewna, die uns liebt.»

«Valentina Alexejewna war so froh, als ich aufgehört habe zu trinken – auch ein Faktor, der mir geholfen hat, die drei Monate durchzustehen. Ich dachte immer, wie sehr sich die Menschen, denen ich wichtig bin, darüber aufregen würden, wenn ich wieder anfinge zu trinken; zum Beispiel Tante Nadja und Valentina Alexejewna. Sie taten mir Leid.»

«Ach, wirklich? Und ich? Hab ich dir auch Leid getan? Sehr amüsant, Fräulein Kriwoschljapowa. Du bist eine Egoistin. Du denkst nur an dich.»

«Du rauchst dafür, Masha. Du suchst einen Ausweg für dich, ich einen für mich. Gestern zum Beispiel, da habe ich einen Schluck getrunken, bin nach unten gegangen, habe mit den anderen ein bisschen geschwatzt und gelacht und mich gut gefühlt. Eine halbe Stunde lang konnte ich vergessen, dass es aus dem Heim keinen Ausweg gibt. Trinken ist leichter als Selbstmord. Man braucht Mut, um sich das Leben zu nehmen, aber wenn du nicht wärst, würde ich es tun. Ich glaube nicht, dass es eine Sünde ist.»

«Wer könnte schon glauben, dass es eine Sünde ist, wo man doch mitkriegt, wie die ganzen Babuschkas, getauft und gottesfürchtig, wie sie sind, aus dem Fenster springen. Aber mir ist es ganz gleich, ob es eine Sünde ist oder nicht – ich möchte nicht Schluss machen. Ich will nicht noch mal im Fenster hängen wie damals im Zwanzigsten, als du unbedingt rausspringen wolltest.»

«Aber für dich ist es was anderes, du bist eine Optimistin, Masha. Du hast Spaß, du bist selbstbewusst und fröhlich. Du bist wie Ljena Fewralskaja (man hat sie Fewralskaja genannt, weil das Februar heißt und man sie am 1. Februar in einem Bahnhof gefunden hat, ein ausgesetztes Baby). Sie war eine Bekannte von uns in Nowotscherkassk, immer energisch und fröhlich. Sie hat im Heim eine Menge Dinge erledigt; unter anderem gehörte es zu ihren Aufgaben, die Leichen anzukleiden. So etwas hättest du auch tun können, ohne mit der Wimper zu zucken. Ich hätte das nie fertig gebracht, nicht für alles Geld der Welt. Vielleicht bin ich ein Feigling, aber mir graut vor so etwas. In Nowotscherkassk war es schlimm genug, mit dem Friedhof gleich nebenan und so. Jedes Mal, wenn die Schüler die Blaskapelle hörten und wussten, dass sich eine Trauerprozession näherte, rannten alle zum Fenster und pressten die Nase an die Scheibe, um zu sehen, wer dort unten im offenen Sarg lag. Ich brachte das nie über mich.»

«Schon damals hat sie getrunken; wir haben uns mit den anderen hinter dem Schulgebäude getroffen und den billigsten Wein gesoffen, den wir finden konnten – stark und süß. Gewöhnlich kauften ihn die Jungs und teilten ihn dann mit den Mädchen. Wer hätte gedacht, dass du mal so enden würdest?»

«Ich werde aufhören zu trinken, wenn ich es selbst will. So etwas wie diese Hypnose ertrage ich nicht noch mal. Versuch doch wenigstens nachzuvollziehen, wie ich mich gefühlt habe mit dieser Angst, die mir jede Minute im Nacken saß – ich war nur noch ein Nervenbündel. Ich möchte mich nicht durch Angst dazu zwingen lassen, mit dem Trinken aufzuhören. Damit konnte ich nicht umgehen, das hat mich ganz verrückt gemacht. Wenn ich den Alkohol aufgebe, muss der Wunsch von innen kommen, weil ich an mich selbst glaube. Ich vertraue diesen Ärzten nicht mehr. Sie haben eine Menge Fotos von uns gemacht und sich in allen Lokalzeitungen dafür gerühmt, die siamesischen Zwillinge ‹geheilt› zu haben.»

«Schöne Heilung!»

«Wir waren Werbematerial für ihren Verein, und wir haben die ganze Zeit gedacht, sie täten es aus Herzensgüte. Dabei hätte uns klar sein müssen, dass in diesem Land niemand aus reiner Menschenliebe handelt. Jemand hat uns einen Artikel aus der Zeitung *Trud* gezeigt: ‹Nach Informationen des Mediziners Alexander Metelin ist es diesen Winter gelungen, den im ganzen Land bekannten siamesischen Zwillingen Masha und Dasha Kriwoschljapowa ihre Leidenschaft für hochprozentige alkoholische Getränke abzugewöhnen. Doch Metelin meint, dass die beiden Moskauerinnen ihren Wodka zu sehr vermissen und inzwischen wieder an der Flasche hängen.› Und so geht es weiter.

Woher nimmt er das Recht, sich in der Zeitung über uns auszulassen? Und dann noch in diesem Ton, der klingt, als wäre alles ein Scherz! Wir hatten ihn ausdrücklich darum gebeten, mit niemandem darüber zu sprechen, schon gar nicht mit der Presse, und ich habe wirklich geglaubt, er würde es nicht tun. Er hat einen anständigen Eindruck gemacht…»

«Anständig! Das sind doch alles Mistkerle. Sie kommen hierher mit ihren Kameras und ihrem Geschwafel, und als Nächstes kriegen wir mit, dass schon wieder so ein Dreck über uns in der Zeitung steht. Die nutzen uns aus, genau wie alle anderen.»

«Es ist so demütigend: Jetzt weiß das ganze Land, dass wir wieder trinken. Warum können wir nicht wenigstens darauf antworten? Warum sind wir so wehrlos? Die Leute können alles über uns behaupten, aber wir können unseren Standpunkt nicht publik machen. Sämtliche Leute in ganz Russland werden diesen Artikel lesen und uns auslachen. Niemand hat Respekt vor uns. Es ist wirklich zum Heulen.»

«Du solltest zusehen, dass du mit dem Trinken aufhörst, ehe du dir Gedanken über Respekt machst.»

«Das werde ich, Masha. Ich will alles Menschenmögliche versuchen. Lass mich nur ein bisschen an mich selbst glauben. Lass mich damit anfangen.»

«Das ist doch wohl ein Witz!»

«Nein, red nicht in diesem Ton mit mir! Ich kann es schaffen, aber ich brauche deine Unterstützung.»

«Du hast einen schwachen Willen. Du bist egoistisch. Das sind alle Säufer. In den letzten zwei Tagen hast du fünf Flaschen Wodka getrunken, und soweit ich es beurteilen kann, hättest du weitergemacht, wenn du nicht diesen Anfall gehabt hättest. Mir wird allmählich angst und bange. So etwas ist uns noch nie passiert. Auf einmal waren unsere Arme und Beine halb gelähmt. Wir konnten die Finger nicht mehr bewegen, sie waren gekrümmt und steif. Erst als Dasha noch einen Schluck getrunken hat, um den Kater zu vertreiben, ging es uns besser. Ich hab der Schwester nichts davon erzählt, ich hab überhaupt niemandem davon erzählt. Die hätten uns bloß ins Krankenhaus geschickt, um irgendwelche Untersuchungen mit uns anzustellen, und dann wäre derselbe Zirkus von vorne losgegangen. Und wem hätte man wieder die Schuld dafür gegeben? Mir natürlich! Warum machen immer alle mir die Vorwürfe? Die Säuferin bin nicht ich! Ich kriege das Zeug nur durchs Blut mit.»

«Masha hat Recht. Was hat sie damit zu tun? Es ist allein mein Problem. Ich bin egoistisch. Gestern habe ich im Radio gehört, dass in Russland letztes Jahr fünfundzwanzigtausend Menschen an alkoholbedingten Krankheiten gestorben sind. Es gibt jede Menge illegalen Wodka. Darüber regt sich Valentina Alexejewna auch so auf. Wir hatten einmal eine Flasche, die schlecht war. Als wir sie getrunken hatten, war uns furchtbar übel und wir haben uns übergeben. Das ist das Risiko, das man eingeht, wenn man in diesem Land trinkt. Valentina Alexejewna hat Angst, dass wir eines Tages an irgendwelchem schlechten Zeug sterben. Das wäre kein schöner Tod, nicht wahr, Masha? Wenn wir uns darauf einigen würden, Schluss zu machen, würden wir es in aller Stille und möglichst schmerzlos erledigen.»

«Aber wir werden das nicht tun. Man kann die Insassen hier verstehen, die sich erhängen, die haben allen Grund, deprimiert zu sein, aber es ärgert mich, dass die Leute vom Personal sich ständig beklagen. Wenn man die reden hört, hat man das Gefühl, wir hätten das große Los gezogen. Sie labern und labern, über ihren angeblichen Hungerlohn, wie sie sich mit den Behörden rumstreiten müssen, und da sag ich dann: ‹Hört mal, *wir* sind diejenigen, die hier die Probleme haben!› Dasha faselt dauernd von Langeweile, aber ich langweile mich nicht. Ich entspanne mich. Wenn ich müde bin, schlafe ich. Wenn nicht, lese ich oder seh mir einen Film an, oder ich gehe nach unten auf ein Schwätzchen oder mache einen Spaziergang. Aber gestern war mein Blutdruck zu hoch …»

«… mein Blutdruck war in Ordnung. Ich könnte zum Mond fliegen.»

«Tu's doch, da gehörst du hin! Manchmal habe ich diese Phantasievorstellung, dass ich auf den Balkon gehe und ein UFO sehe. Es schwebt über mir, dann nimmt es mich an Bord und bringt mich hinauf ins All. Weil die Besatzung aus Außerirdischen einer uns überlegenen Zivilisation besteht, können sie unsere Krankheiten heilen – sie behandeln unsere Nieren, unsere Leber, die Verdauungsorgane, den Blutdruck, sie kümmern sich um unsere Rückenschmerzen. Danach setzen sie mich wieder auf dem Balkon ab, kerngesund. Keine Wehwehchen mehr. Aber das ist natürlich bloß ein alberner Traum. Wegen des hohen Blutdrucks wollte ich gestern überhaupt nicht raus, ich hatte nicht mal Lust fernzusehen, aber Dasha hatte andere Pläne, also musste ich sie zwingen, ins Bett zu gehen. Sie hat etwas gejammert und mir vorgeworfen, ich sei eine Tyrannin! Was ist denn in sie gefahren? Aber ich hab sie warm zugedeckt, und schließlich ist sie auch eingeschlafen. Mich stört es, wenn beim Schlafen der Fernseher läuft. Ihr macht das nichts aus ...»

«Das glaubst auch nur du.»

«... deshalb sehe ich fern, wenn sie schläft. Das einzige Problem ist, dass ich den Stecker aus der Wand ziehen muss, wenn der Film fertig ist. Ich habe Angst, ihn eingesteckt zu lassen, weil ich fürchte, dass das Gerät explodiert.»

«Also weckt sie mich, wie gestern Abend beispielsweise, und dann kann ich nicht wieder einschlafen. Den ganzen Tag versuche ich schon, ein Nickerchen zu machen, aber sie lässt mich nicht. Lass mich schlafen, Masha, ich bin so müde. Bitte.»

«Wer hindert dich denn daran? Schlaf doch ...

Jetzt ist sie tatsächlich eingeschlafen, das spüre ich, weil ich dann so ein schweres Gefühl im Magen kriege – ich spüre auch, wenn sie nervös ist oder Schmetterlinge im Bauch hat oder wenn sie angespannt und verkrampft ist. Ich reiße mich zusammen und weine nur, wenn sie schläft, denn ich will ihr nicht zeigen, dass ich manchmal auch schwach bin. Ich will nicht schwach sein, ich kämpfe dagegen an, aber andererseits habe ich den Drang, der Welt zu beweisen, dass die Schuld bei Dasha liegt. Ich habe es so satt, immer für alles verantwortlich gemacht zu werden. Also lasse ich sie weinen.

Wie glücklich sie aussieht! Nur im Schlaf ist sie so friedlich, wie ein kleines Mädchen. Süß und weich. Wenn sie wach ist, sagt sie mir, ich solle sie in Ruhe lassen, aber ich kann sie nur in Ruhe lassen, wenn sie schläft und träumt. Am entspanntesten fühlt sie sich, wenn sie vom Wodka praktisch bewusstlos ist und nicht mal mehr träumt …

Sie redet viel von Verzweiflung und Hoffnungslosigkeit, aber sie begreift nicht, dass ich tief in meinem Innern ebenso verzweifelt bin. Was würde es uns nützen, wenn wir uns beide hinsetzten und heulten? Vielleicht höre ich mich manchmal tatsächlich an wie eine Tyrannin, aber das braucht sie doch. Vielleicht sage und mache ich Dinge, die brutal wirken, aber Dasha weiß, dass ich es nicht brutal meine. Sie weiß es, und das allein ist wichtig. Wenn sie also sagt: ‹Lass mich in Ruhe›, dann antworte ich: ‹Na gut, wenn du uns trennen kannst, dann lass ich dich mit dem größten Vergnügen in Ruhe.› Das meine ich natürlich nicht wörtlich, das sind nur Frotzeleien, weil sie schließlich mein Fleisch und Blut ist und die Einzige, die ich habe.

Sie hat Geheimnisse vor mir, sie erzählt mir nicht, was sie wirklich fühlt und denkt. Sie verrät nicht gern, was in ihrem Kopf vor sich geht, weil das ihre eigene kleine Welt ist. Erzählt sie den anderen, was sie wirklich von mir hält, während ich schlafe? Von wegen! Nicht mal dann redet sie darüber. Sie erzählt mir auch nicht, wenn sie Brustschmerzen hat. Nicht weil sie Angst vor mir hat, sondern weil sie nicht will, dass ich mir Sorgen mache. Na ja, es geht mich schließlich auch was an, wenn sie Brustschmerzen hat, oder? Ich mag es nicht, wenn sie etwas verheimlicht, deshalb sage ich immer wieder: ‹Warum redest du nicht mit mir, warum sagst du mir nicht, was in dir vorgeht?› Und sie antwortet: ‹Ich kann nicht, Masha›, und schon laufen ihr wieder die Tränen über die Wangen.

Wir haben gehört, dass andere siamesische Zwillinge abwechselnd ‹abschalten›. Sie unterdrücken ihre eigenen Bedürfnisse, damit der andere Zwilling auch mal die Chance bekommt, eine Weile ein Individuum zu sein. Ich hab das nicht nötig, ich bin der Boss. Aber es macht mir Sorgen, dass Dasha sich so verändert hat. Ich kann sie nicht mehr so gut unter Kontrolle halten. Dabei muss ich das doch. Früher war sie viel lieber und sanfter – der Alkohol hat sie verändert. Sie sagt Sachen wie: ‹Schreib mir gefälligst nicht vor, was ich tun soll!› Sie widerspricht mir. Wahrscheinlich verändere ich mich auch, denn ich werde geduldiger. Vielleicht nähern wir uns gegenseitig an? Sie behandelt mich sehr liebevoll, küsst mir die Hände und die Wangen, streicht mir über die Haare, obwohl ich mich nach wie vor weigere, sie zu küssen. Das liegt mir einfach nicht. Genauso, wie Dasha sich gern Liebesromanzen ansieht und ich Horrorfilme bevorzuge. Sie fragt mich, warum es mir gefällt zuzuschauen, wie andere Menschen sich gegenseitig umbringen. Weil es mich hart macht. In gewisser Weise finde ich solche Filme auch abstoßend, aber ich nehme mich zusammen und sehe sie an, während Dasha sich die Augen zuhält. Sie behauptet, die Filme machten mich brutaler, nicht stärker. ‹Ach ja?›, sage ich dann. ‹Und wer tröstet dich, wenn du Alpträume hast? Ich, weil ich stark bin!›

Heute Morgen zum Beispiel sind wir nach unten gegangen, um unsere Behindertenrente abzuholen. Unterwegs begegneten wir einer Babuschka, die sagte: ‹Geht jetzt lieber nicht runter, gerade wollen alle ihr Geld abholen, die Hölle ist los.› Schon im zweiten Stock hörte man das Geschrei, aber ich musste mich trotzdem ins Gewühl stürzen, weil sich jemand angesagt hatte, der unseren Rollstuhl reparieren wollte. Den durften wir nicht warten lassen. Wenn man das Geld nicht gleich abholt, nehmen sie es wieder mit, also habe ich mich mit ausgefahrenen Ellbogen durch die Menge gedrängt und uns einen Weg gebahnt. Wenn es nach Dasha gegangen wäre, wären wir oben geblieben und hätten unser Geld nicht bekommen.

Nachdem wir kodiert worden waren, kam Wanja zu Besuch.

Er hatte eine Flasche Wodka dabei, war besoffen und versuchte natürlich gleich, uns auch zum Trinken zu verführen. Dasha wurde hysterisch, und ich musste Wanja mit Gewalt rauswerfen. Sie war echt schlecht drauf – eine Schwester musste kommen und ihr eine Beruhigungsspritze geben, und ich hatte großes Verständnis für sie. Da kämpft sie so hart, und plötzlich taucht ihr geliebter Wanja mit einer Flasche von ihrem geliebten Wodka auf, und sie muss zu beidem ‹nein› sagen. Das hätte sie allein nicht fertig gebracht. Wenn ich nicht stark genug gewesen wäre – Gott weiß, was dann passiert wäre! Sie hätte etwas getrunken, obwohl wir das Gift in uns hatten, und es hätte uns beide kaputtgemacht.

Es ist schon eine ziemliche Ironie. Man hätte doch denken sollen, unter angenehmen Lebensbedingungen und mit ein bisschen Geld wäre Dasha endlich zufrieden gewesen. Aber es hat sie anscheinend nicht so glücklich gemacht, wie sie immer gedacht hat. Nach unserer Deutschlandreise war sie wie ein Fisch auf dem Trockenen – es lag nicht am Geld, es lag an der Umgebung. Sie wollte nicht hier sein. Die zehn Tage in Deutschland haben ihr Leben verändert. Aber als sie hierher zurückkam, in ihr altes Leben, wo die Leute uns immer noch mit der gleichen Einstellung begegneten, hatte sie ein Gefühl wie ein Hamster in der Tretmühle. Daran konnten weder ich noch sonst jemand etwas ändern. Dieses Buch hat ihr ein bisschen geholfen, weil es ihr eine Art Ziel im Leben vermittelt hat. Etwas, auf das sie ihre Gedanken konzentrieren konnte.

Aber ihr grundlegendes Problem ist und bleibt, dass sie überzeugt ist davon, dass niemand sie liebt und niemand ihr Freund sein will. Das hat sie schon immer gedacht, seit wir ganz klein waren. Manchmal wirft sie sogar mir vor, ich würde sie nicht lieben. Dann sage ich: ‹Natürlich liebe ich dich, du Dummchen!› Mir macht es nichts, wenn andere mich nicht lieben. Ich denke bloß, na und? Wenn diese Idioten mich nicht lieben, ich liebe mich trotzdem, und Dasha liebt mich auch, alles andere ist doch egal. He, wach auf, ich will einen Kaffee.»

«... ich hab geschlafen, Masha, hättest du denn keine halbe Stunde warten können?»

«Nein.»

«Doch.»

«Widersprich mir nicht – koch lieber Kaffee.»

«Na gut, na gut ... Als wir klein waren, haben wir uns gestritten, aber hauptsächlich deshalb, weil wir nicht verstanden haben, dass wir zusammen sein müssen. Jetzt leben wir seit achtundvierzig Jahren so, und im Lauf der Zeit sind wir noch auf andere Weise zusammengewachsen. Wir haben sogar angefangen, zur gleichen Zeit das Gleiche zu denken, nicht wahr, Masha? Manchmal fangen wir plötzlich über dieselbe Person an zu reden, obwohl wir seit Wochen nicht mehr an sie gedacht haben. Wir haben gleichzeitig beschlossen, dieses Buch zu schreiben, und ich bin froh, dass wir Gelegenheit dazu hatten. Vielleicht irre ich mich, wenn ich glaube, dass meine eigenen Erfahrungen irgendjemandem etwas nützen könnten, aber ich hoffe, dass die Menschen, die dieses Buch über unser Leben und unsere Gedanken lesen, etwas mehr Verständnis für uns haben werden – nicht Mitleid, sondern echtes Verständnis für die, mit denen es das Schicksal weniger gut gemeint hat. Vielleicht macht es Behinderten Mut, für ein besseres Leben zu kämpfen. Wir mussten in der Sowjetunion gegen eine Backsteinmauer anrennen, mussten uns sogar mit Menschen anlegen, die wir lieben – beispielsweise mit Tante Nadja –, aber wir ließen uns nicht unterkriegen, nicht wahr, Masha? Wir haben immer für das gekämpft, was wir wollten. So hart es manchmal ist, man muss immer versuchen, sich durch andere nicht verbittern zu lassen und geduldig zu bleiben. Letztlich vergiftet man sich sowieso nur das eigene Leben. Manchmal überlege ich, ob es womöglich besser für uns gewesen wäre, wenn wir eine geistige Behinderung gehabt hätten. Dann hätte uns vieles nicht so sehr gestört, wir hätten es uns nicht so zu Herzen genommen. Im Zwanzigsten haben wir oft andere Behinderte gesehen, denen es vollkommen einerlei war, welche Meinung andere von ihnen hatten oder was andere über sie rumerzählten. Haben die ein Glück, dachte ich damals.

Aber in vielerlei Hinsicht haben wir auch Glück. Wir haben Glück, dass wir zusammen sind, nicht wahr, Masha? Wir können immer miteinander reden, und vielleicht lieben wir einander mehr als andere Geschwister, weil wir so sind, wie wir sind.»

«Manche Leute fragen mich, ob ich eine Notoperation haben wollte, wenn Dasha als Erste sterben würde. Die Antwort ist: Ich will nicht ohne sie leben. Wir sind zusammen geboren und werden auch zusammen sterben.»

«Stimmt genau, Masha. Wir sind aufeinander angewiesen – hundertprozentig! Auch wenn wir immer mal wieder kleine Streitereien haben, sind wir nie lange böse aufeinander, weil ... na ja, weil wir es einfach nicht aushalten. Keiner kann uns trennen. Masha und ich sind eine Einheit, heute mehr denn je. Wir machen alles gemeinsam durch. Ob die Zeiten gut sind oder schlecht – wir bleiben zusammen.»

Inhalt